Außenvertretung des Euroraums

Europäische Hochschulschriften

European University Studies

Publications Universitaires Européennes

Reihe II **Rechtswissenschaft**

Series II Law

Série II Droit

Band/Volume **5852**

Anna Serwotka

Außenvertretung des Euroraums

PL ACADEMIC RESEARCH

Bibliografische Information der Deutschen Nationalbibliothek
Die Deutsche Nationalbibliothek verzeichnet diese Publikation in der Deutschen Nationalbibliografie; detaillierte bibliografische Daten sind im Internet über http://dnb.d-nb.de abrufbar.

Zugl.: Heidelberg, Univ., Diss., 2016

D 16
ISSN 0531-7312
ISBN 978-3-631-67539-7 (Print)
E-ISBN 978-3-653-06968-6 (E-Book)
DOI 10.3726/978-3-653-06968-6

© Peter Lang GmbH
Internationaler Verlag der Wissenschaften
Frankfurt am Main 2016
Alle Rechte vorbehalten.
PL Academic Research ist ein Imprint der Peter Lang GmbH.
Peter Lang – Frankfurt am Main · Bern · Bruxelles · New York · Oxford · Warszawa · Wien

Das Werk einschließlich aller seiner Teile ist urheberrechtlich geschützt.
Jede Verwertung außerhalb der engen Grenzen des Urheberrechtsgesetzes ist ohne Zustimmung des Verlages unzulässig und strafbar.
Das gilt insbesondere für Vervielfältigungen, Übersetzungen, Mikroverfilmungen und die Einspeicherung und Verarbeitung in elektronischen Systemen.

Diese Publikation wurde begutachtet.

www.peterlang.com

Für meinen Vater
Dr.-Ing. Jan Serwotka

Vorwort

Die vorliegende Arbeit wurde von der Juristischen Fakultät der Ruprecht-Karls-Universität Heidelberg im Wintersemester 2015/2016 als Dissertation angenommen.

Mein besonderer Dank gilt

meinem Doktorvater
Prof. Dr. Dr. h.c. mult. Peter-Christian Müller-Graff,
dem Zweitgutachter
Prof. Dr. Dr. h.c. mult. Peter Hommelhoff,
dem Vorsitzenden des Prüfungsausschusses
Prof. Dr. Stefan J. Geibel, Maître en droit (Université Aix-Marseille III),

der Konrad-Adenauer-Stiftung,
der Gerta-Scharffenorth-Stiftung und
der Ruprecht-Karls-Universität Heidelberg
für die finanzielle Förderung,

Lena Hornkohl
für die stilistische Korrektur dieser Arbeit,

meiner ganzen liebevollen Familie und
meinen wunderbaren Freunden
– einfach – *für alles.*

Anna Serwotka
Heidelberg, im April 2016

Inhaltsverzeichnis

Tabellenverzeichnis

Abkürzungsverzeichnis

a.A.	am Anfang
a.a.O.	am angegebenen Ort
ABl.	Amtsblatt der Europäischen Gemeinschaft/der Europäischen Union
Abs.	Absatz
a.E.	am Ende
AEUV	Vertrag über die Arbeitsweise der Europäischen Union
AktG	Aktiengesetz
ANG	Antillen-Gulden
APuZ	Aus Politik und Zeitgeschichte
Art.	Artikel
AWG	Aruba-Florin
BayVBl.	Bayerische Verwaltungsblätter
BCBS	Basel Committee on Banking Supervision
Bearb.	bearbeitet
Begr.	begründet
BES-Inseln	Bonaire, Sint Eustatius und Saba
BGB	Bürgerliches Gesetzbuch
BIP	Bruttoinlandsprodukt
BIZ	Bank für Internationalen Zahlungsausgleich
bzw.	beziehungsweise
CEMAC	Zentralafrikanische Wirtschafts- und Währungsgemeinschaft
CEPS	Centre for European Policy Studies
CGFS	Committee on the Global Financial System
CMLRev.	Common Market Law Review
COM	Kommissionsdokument
CONTRIB	Contribution
CONV	Dokument des Europäischen Konvents
CPSS	Committee on Payment and Settlement Systems
CRIS	Sonderausschuss des Europäischen Parlaments zur Finanz-, Wirtschafts- und Sozialkrise
DG ECFIN	Generaldirektion der Kommission „Economic and Financial Affairs“
DÖV	Die Öffentliche Verwaltung
EAD	Europäischer Auswärtiger Dienst

EBA	European Banking Authority
ECB	European Central Bank
ECOFIN-Rat	Rat in der Zusammensetzung der Finanz- und Wirtschaftsminister
ECON	Ausschuss des Europäischen Parlaments für Wirtschaft und Währung
ECU	Europäische Währungseinheit
EFA	Europäische Freie Allianz
EFARev.	European Foreign Affairs Review
EFC	Economic and Financial Committee (Wirtschafts- und Finanzausschuss)
EFSF	European Financial Stability Facility (Europäische Finanzstabilisierungsfazilität)
EG	Europäische Gemeinschaft
EGV	Vertrag zur Gründung der Europäischen Gemeinschaft
EIOPA	European Insurance and Occupational Pensions Authority
ELJ	European Law Journal
EMU	European Monetary Union
engl.	englisch
EP	Europäisches Parlament
EPP	European People's Party
ESFS	European System of Financial Supervisors
ESM	European Stability Mechanism (Europäischer Stabilitätsmechanismus)
ESMA	European Securities and Markets Authority
ESRB	European Systemic Risk Board
ESZB	Europäisches System der Zentralbanken
et al.	et altera
EU	Europäische Union
EuGH	Europäischer Gerichtshof
EuR	Zeitschrift Europarecht
EUR	Euro
EUV	Vertrag über die Europäische Union
EuZW	Europäische Zeitschrift für Wirtschaftsrecht
EWWU	Europäische Wirtschafts- und Währungsunion
EZB	Europäische Zentralbank
EZB-Satzung	Satzung des Europäischen Systems der Zentralbanken und der Europäischen Zentralbank

f./ff.	folgende
FAZ	Frankfurter Allgemeine Zeitung
Fed	Federal Reserve System
Fn.	Fußnote
Fortgef.	fortgeführt
FSB	Financial Stability Board
GASP	Gemeinsame Außen- und Sicherheitspolitik
GbR	Gesellschaft des bürgerlichen Rechts
GEG	Global Economic Governance (Programme, University of Oxford)
gem.	gemäß
GG	Grundgesetz
ggf.	gegebenenfalls
GHP	Gemeinsame Handelspolitik
GmbH	Gesellschaft mit beschränkter Haftung
GmbHG	Gesetz betreffend die Gesellschaften mit beschränkter Haftung
HGB	Handelsgesetzbuch
Hrsg.	Herausgeber
i.d.F.	in der Fassung
i.e.	id est
i.V.m.	in Verbindung mit
IADI	International Association of Deposit Insurers
IAIS	International Association of Insurance Supervisors
IEDOM	Institut d'Émission des Départements d'Outre-Mer
IEOM	Institut d'Émission d'Outre-Mer
IFC	Irving Fisher Committee on Central Bank Statistics
IWF	Internationaler Währungsfonds
IWFC	Monetary and Finance Committee (of IWF)
INI	Initiativbericht
insb.	insbesondere
IOSCO	International Organization of Securities Commissions
IWF	Internationaler Währungsfonds
JCMS	Journal of Common Market Studies
KG	Kommanditgesellschaft
lit.	litera
MEFP	Memorandum of Economic and Financial Policies

MoU	Memorandum of Understanding on Specific Economic Policy Conditionality
NJW	Neue Juristische Wochenschrift
Nr.	Nummer
nZB	Nationale Zentralbanken der Mitgliedstaaten
o. Ä.	oder ähnliche(s)
OCAT	Optimum Currency Area Theory
OECD	Organisation for Economic Cooperation and Development (Organisation für wirtschaftliche Zusammenarbeit und Entwicklung)
OHG	offene Handelsgesellschaft
PJZS	Polizeiliche und Justizielle Zusammenarbeit in Strafsachen
REIO	Regional Economic Integration Organisation
RIO	Regional Integration Organisation
Rn.	Randnummer
Rs.	Rechtssache
S.	Seite
SKS-Vertrag	Vertrag vom 2. März 2012 über Stabilität, Koordinierung und Steuerung in der Wirtschafts- und Währungsunion
Slg.	Sammlung der Rechtsprechung des EuGH
sog.	sogenannt
SZR	Sonderziehungsrecht
TFEU	Treaty on the Functioning of the European Union
u.a.	unter anderem, und andere
UEMOA	Westafrikanische Wirtschafts- und Währungsunion
ÜLG	Überseeische Länder und Gebiete
Unterabs.	Unterabsatz
USD	US-Dollar (United States Dollar)
vgl.	vergleiche
VO	Verordnung
vs.	versus
VVE	Vertrag über eine Verfassung für Europa
WKM II	Wechselkursmechanismus II
WTO	Welthandelsorganisation (World Trade Organisation)
WÜD	Wiener Übereinkommen vom 18. April 1961 über die diplomatische Beziehungen Wiener
WÜK	Wiener Übereinkommen vom 24. April 1963 über konsularische Beziehungen

WÜRV	Wiener Übereinkommen vom 23. Mai 1969 über das Recht der Verträge
WÜRV-IO	Wiener Übereinkommen vom 21. März 1986 über das Recht der Verträge zwischen Staaten und internationalen Organisationen oder zwischen internationalen Organisationen
WWU	Wirtschafts- und Währungsunion
XPF	CFP-Franc
z. B.	Zum Beispiel
ZaöRV	Zeitschrift für ausländisches öffentliches Recht und Völkerrecht
ZEuS	Zeitschrift für Europarechtliche Studien

Einleitung

„Der Euroraum soll mit *einer Stimme* sprechen" – heißt die Botschaft, die die Außenvertretung des Euroraums zu einem der gängigen Themen in den Medien und in der wissenschaftlichen Literatur erhebt.[1]

Die allgemeine und recht vage Verwendung des Ausdrucks „Außenvertretung des Euroraums" ohne Zuweisung einer genauen Bedeutung degradiert ihn teilweise zu einer politischen Floskel, die einerseits mit dem gewöhnlichen Sprachgefühl zu verstehen versucht wird, und andererseits je nach Kontext von Mehrdeutigkeit geprägt ist. Die Medien informieren über die Vertretung durch die EZB, durch die Kommission, bei der G20, im IWF, usw. Es erscheinen z.B. der Präsident des Europäischen Rates, die Ratspräsidentschaft, der Präsident der Euro-Gruppe. Sogar bei einem erfahrenen Beobachter des wirtschaftspolitischen Lebens erweckt dies den Eindruck, dass die Beteiligung der Vertreter möglicherweise von der Abstufung der Gremien je nach ihrer Bedeutung abhängt oder mit den Kriterien von Verhandlungszeit und -ort verbunden ist.

Die bisherigen wissenschaftlichen Beiträge reduzieren sich meist auf eine Analyse der „verwirrenden" Kompetenzstruktur in der Wirtschafts- und Währungsunion, das Aufzeigen der die Vertretung komplizierenden Vielzahl der Akteure und die Aufzählung der Vertreter in den einschlägigen internationalen

---

1 Das Postulat der außenpolitischen Einstimmigkeit des Euroraums tritt sowohl in politischen Aussagen (zu in der Presse aufgezeichneten Beispielen siehe: EU's Almunia: euro zone should speak with one voice, Reuters vom 16. November 2007, abrufbar unter: http://in.reuters.com/article/2007/11/16/eurozone-almunia-voice-idINL1621208420071116; *Vucheva*, Eurozone countries should speak with one voice, Juncker [als Präsident der Euro-Gruppe] says, EU Observer vom 15. April 2008, abrufbar unter: http://euobserver.com/economic/25984), in Dokumenten der Institutionen der Europäischen Union (z.B. in der Erklärung zum Euroraum 2009, COM (2009) 527) als auch in wissenschaftlichen Veröffentlichungen (u.a. in *Khan*, in: Geiger/Khan/Kotzur, EUV/AEUV, Art. 138, Rn. 3, mehrmals in *McNamara/Meunier*, International Affairs 2002, S. 849 ff.) auf. Die Formulierung hat keine exakte Etymologie und wird oft auch in anderen Kontexten verwendet, in denen gewünscht wird, dass eine Gruppe eine einheitliche Meinung ausarbeitet und diese den anderen präsentiert.

Gremien.[2] Nicht nur vereinzelt schlagen sie einen noch zusätzlich zu schaffenden „Mr. Euro" vor.[3]

Die vorliegende Arbeit stellt einen komplexen Ansatz vor, der die verschiedenen Einzelheiten – wie die Position des Vertreters des Euroraums, seine Auswahl, der Standpunkt und die Entscheidung über den Standpunkt – die im Kontext der Vertretung bisher nicht präzise geordnet auftauchen, in ein kohärentes System bringt. Die Arbeit zielt darauf ab, das System der Gewährleistung einer einheitlichen Außenvertretung des Euroraums herauszuarbeiten, das sich auf zwei abzugrenzende, detailliert konzipierte Grundlagen – dem sachlichen und dem organisatorischen Aspekt der Außenvertretung – stützt. Neben dieser strikten Unterscheidung werden auch Systematisierungen und spezifisch geordnete Begrifflichkeiten vorgeschlagen, deren einheitliche Verwendung, mindestens im wissenschaftlichen Kontext, zur Vermeidung der Verwirrung wünschenswert ist.

Die Struktur der Arbeit selbst folgt nicht dem konventionellen ganzheitlichen Schema: Status quo, Problemstellung und Vorschläge. Die Neuartigkeit liegt in der Ebenen-Struktur, in der die Lösung nicht den einzigen Hochpunkt darstellt. Der Leser wird anhand eines kontinuierlichen Aufbaus geführt:

- von der Analyse der Rahmenbedingungen (**Teil I**) mit Erörterung des im Kontext der Außenvertretung verwendeten Begriffs des Euroraums (**Kapitel I** mit der Unterscheidung zwischen dem Subjekt und dem Objekt der Außenvertretung), der Situationskonfiguration (im Sinne der Darstellung von Partnern und Arten der Zusammenarbeit innerhalb der Außenvertretung des Euroraums; **Kapitel II**) und der Verflechtung der Euroraum-externen (allgemein-völkerrechtlichen) und internen (unionsrechtlichen), die Untersuchungen beeinflussenden Regelungen (**Kapitel III**),
- über die Ausarbeitung des Konzepts (**Teil II**) mit der Untergliederung
  - o in den **Unterteil I** „Sachlicher Aspekt: Standpunkt des Euroraums", der sich mit der Materie der Festlegung einer gemeinsamen Stellung des Euroraums beschäftigt (wobei zwischen *einheitlichen* und *koordinierten* Standpunkten unterschieden wird) und auf diesem Hintergrund die Rolle (Auslegung) des mit dem Vertrag von Lissabon eingeführten Art. 138 AEUV (und damit des *gemeinsamen* Standpunktes) untersucht wird, und

---

2 Nach diesem Muster bauen u.a. *Herrmann*, EFARev. 2002, S. 1 ff., *Weiß*, EuR 2002, S. 165 ff., *Martenczuk*, ZaöRV 1999, S. 93 ff. und *Zilioli/Selmayr*, CMLRev. 1999, S. 273 ff. auf.

3 So z.B. in: *Everts*, European Affairs, Spring 2000.

- o in den **Unterteil II** „Organisatorischer Aspekt: Einheitliches Vertretungsmuster", der die Union/Euro-Mitgliedstaaten-Vertretungsebene und die institutionelle Vertretungsebene behandelt (wobei zuerst der Spielraum für die Wahl eines Vertreters des Euroraums u.a. in Hinsicht auf die kohärente Unionsaußenvertretung, Verbindung zwischen der ESZB- und Euroraum-Vertretung, Problem der politischen Legitimation und der demokratischer Legitimation, danach die bisherigen Empfehlungen der Union und schließlich der Prozess der personenbezogenen Suche nach einem Vertreter dargestellt wird),
- bis zur umfassenden Darstellung der Umsetzung des Konzepts in internationalen Gremien (**Teil III**), indem die Stichhaltigkeit der zurzeit in einem internationalen Gremium bestehenden Vertretungskonfiguration geklärt oder die Änderungsnotwendigkeit aufgezeigt wird. (Die praxisbezogenen Beispiele werden aber schon vorher in der Arbeit, während der Lösungsanalyse, angegeben.)

Jeder Teil (und jeder Unterteil) kann als ein selbstständiger, die Probleme lösender Abschnitt gelesen werden.

Auf diese Weise wird das Zusammenwirken der verschiedenen Problem- und Vertretungsebenen aufgezeigt, die Einheitlichkeit der Vertretung in die analytischen Bestandteile zergliedert und nicht zuletzt der genaue Vergleich mit der Vertretung in anderen Politikbereichen durchgeführt. Da die Thematik nicht ohne eine über die juristische Methodik hinausgehende Perspektive zu betrachten ist, wird die politische Problemdarstellung nicht ausgespart.

Teil I Rahmenbedingungen

Eine Legaldefinition der Außenvertretung des Euroraums finden zu wollen, ist ergebnislos. Sowohl der Ausdruck „Außenvertretung des Euroraums“ als auch dessen Komponenten – die „Außenvertretung“ und der „Euroraum“ – kommen in den für die Europäische Union[4] grundlegenden Verträgen (dem Vertrag über die Europäische Union (EUV) und dem Vertrag über die Arbeitsweise der Europäischen Union (AEUV))[5], sonstigen primärrechtlichen Akten und dem Unionssekundärrecht nicht vor.

Ausgehend von dem allgemeinen Sprachgebrauch setzt die Außenvertretung des Euroraums ein zu vertretendes Subjekt im Zusammenhang mit einem Objekt der Vertretung voraus. Diese Begrifflichkeiten wurden bisher nicht im Kontext der Vertretung angewendet, allerdings sind sie für die Bestimmung, „wer“ und „was“ vertreten wird, nützlich. Die Vertretung erfolgt nach außen, geschieht also in einer zu bestimmenden Außenkonfiguration. Zugleich weist die Vertretung auf eine Tätigkeitsart im Interesse des Subjektes, die sich auf das Objekt bezieht, und auf deren Ausführenden (den Vertreter) hin.

Dieser Umriss ist juristisch auszufüllen, wobei die in diesem Teil folgende Bestimmung des Euroraums und der Außenvertretung als die bekannten Komponente zur Suche nach den unbekannten Komponenten – dem rechtlich berechtigten Ausführenden (dem Vertreter) und der zu vertretenden Position – in den weiteren zwei Teilen fungieren soll.

I. Euroraum

Der Euroraum soll sich als erstes nach der allgemeinen Unterteilung in einem vertretungsfähigen Subjekt niederschlagen, dessen Vertretung sich als nächstes auf ein Objekt der Vertretung (i.e. auf einen sachlichen Rahmen) begrenzt.

---

4 Im Folgenden: die Union.

5 Im Folgenden: die Verträge.

Als allerersten Ausgangspunkt zu diesen Festlegungen dient die Begrifflichkeit der interinstitutionellen Regeln für Veröffentlichungen der Europäischen Union. Trotz des Nichtvorhandenseins des Ausdrucks in den Verträgen, ist der Euroraum demgemäß als eine Alternative zum Ausdruck „Euro-Währungsgebiet“[6] zur einheitlichen Bezeichnung der „am Euro teilnehmenden Länder als Ganzes“ vorgesehen.[7]

1. Subjekt der Vertretung

Aus der Bezeichnung „am Euro teilnehmenden Länder als Ganzes“ folgt einerseits die Länder- und andererseits die Unionsbezogenheit des Euroraums, die weitgehend der Bestimmung des Subjektes der Vertretung „von unten“ (aus der staatlichen Perspektive) und „von oben“ (aus der überstaatlichen Perspektive) entspricht.

a) Euroraum als Euro-Staaten

Wie auch im allgemeinen Sprachgebrauch versteht man unter dem Euroraum zuallererst ein durch die Euro-Währung bestimmbares Gebiet. Danach machen diejenigen Staaten den Euroraum aus, die die Euro-Währung benutzen.

Es ist allerdings weiter zwischen dem Euroraum im engeren und dem Euroraum im weiteren Sinne zu unterscheiden.

In dieser Hinsicht weist „die Teilnahme am Euro“ in den interinstitutionellen Regeln auf die im Unionsrecht, insbesondere in Art. 3 Abs. 4 EUV und detailliert in der Verordnung über die Einführung des Euro[8] und Art. 140 AEUV, vorgesehene Einführung des Euro und damit auf die volle Teilnahme an der Europäischen Wirtschafts- und Währungsunion (EWWU), also auf den Euroraum im engeren Sinne, hin. Damit umfasst der Euroraum eine Teilmenge der Gesamtheit der Mitgliedstaaten, die in den Verträgen (Art. 3 Abs. 1 lit. c AEUV, Art. 5 Abs. 1 AEUV und Dritter Teil Titel VIII Kapitel 4 AEUV) als „Mitgliedstaaten, deren Währung der Euro ist“ beschrieben ist.

---

6 Der Ausdruck „Euro-Währungsgebiet“ kommt primärrechtlich nur in Art. 139 Abs. 2 lit. a AEUV vor.

7 Zugleich wird von der Verwendung der weiteren Begriffe „Euroland“ und „Eurozone“ für dasselbe abgeraten. Siehe: Punkt 7.3.1 der Interinstitutionellen Regeln für Veröffentlichungen, Amt für Veröffentlichungen der Europäischen Union.

8 Verordnung (EG) Nr. 974/98 des Rates vom 3. Mai 1998 über die Einführung des Euro, ABl. L 139/1 vom 11. Mai 1998.

Dazu gehören heute 19 Mitgliedstaaten: Belgien, Deutschland, Estland, Finnland, Frankreich, Griechenland, Irland, Italien, Lettland, Litauen, Luxemburg, Malta, die Niederlande, Österreich, Portugal, die Slowakei, Slowenien, Spanien und Zypern.[9] Allerdings sind, wie sich aus Art. 52 EUV i.V.m. Art. 355 Abs. 2 AEUV und dem Anhang II zum AEUV ergibt, aufgrund der räumlichen Anwendbarkeit des Unionsrechts die überseeischen Länder und Hoheitsgebiete (ÜLG) von diesem Territorium auszunehmen. Zu diesen ÜLG zählen die zu Frankreich gehörenden Gebiete Neukaledonien mit den Nebengebieten, Französisch-Polynesien, Wallis und Futuna, St. Pierre und Miquelon und SaintBarthélemy und die zu den Niederlanden gehörenden Gebiete Aruba, Curaçao, Sint Maarten und die BES-Inseln (Bonaire, Sint Eustatius und Saba) und dies, obwohl in St. Pierre und Miquelon und in Saint-Barthélemy der Euro benutzt wird.[10]

---

9 Die rechtlichen Grundlagen für die Euro-Einführung in diesen Staaten sind die Folgenden: - Verordnung (EG) Nr. 974/98 des Rates vom 3. Mai 1998 über die Einführung des Euro, ABl. L 139/1 vom 11. Mai 1998 – für die Pionier-11-Euro-Mitgliedstaaten (Belgien, Deutschland, Finnland, Frankreich, Irland, Italien, Luxemburg, die Niederlande, Österreich, Portugal und Spanien). (Ausführlich zu den rechtlichen Grundlagen siehe den „Unionsteil" in: *Schorkopf*, NJW 2001, S. 3734.).
– Entscheidung des Rates vom 19. Juni 2000 gemäß Artikel 122 Absatz 2 des Vertrags über die Einführung der Einheitswährung durch Griechenland am 1. Januar 2001, ABl. L 167/19 vom 7. Juli 2000; Entscheidung 2006/495/EG des Rates vom 11. Juli 2006 gemäß Artikel 122 Absatz 2 des Vertrags über die Einführung der Einheitswährung durch Slowenien am 1. Januar 2007, ABl. L 195/25 vom 15. Juli 2006; Entscheidung 2007/503/EG des Rates vom 10. Juli 2007 gemäß Artikel 122 Absatz 2 des Vertrags über die Einführung der einheitlichen Währung durch Zypern am 1. Januar 2008, ABl. L 186/29 vom 18. Juli 2007; Entscheidung 2007/504/EG des Rates vom 10. Juli 2007 gemäß Artikel 122 Absatz 2 des Vertrags über die Einführung der einheitlichen Währung durch Malta am 1. Januar 2008, ABl. L 186/32 vom 18. Juli 2007; Entscheidung des Rates vom 8. Juli 2008 gemäß Artikel 122 Absatz 2 EG-Vertrag über die Einführung der einheitlichen Währung durch die Slowakei am 1. Januar 2009, ABl. L 195/24 vom 24. Juli 2008; Beschluss 2010/416/EU des Rates vom 13. Juli 2010 gemäß Artikel 140 Absatz 2 des Vertrags über die Einführung des Euro in Estland am 1. Januar 2011, ABl. L 196/24 vom 28. Juli 2010; Beschluss 2013/387/EU des Rates vom 9. Juli 2013 über die Einführung des Euro in Lettland am 1. Januar 2014, ABl. L 195/24 vom 18. Juli 2013; Beschluss 2014/509/EU des Rates vom 23. Juli 2014 über die Einführung des Euro in Litauen zum 1. Januar 2015, ABl. L 228/28.

10 Neukaledonien mit seinen Nebengebieten, Französisch-Polynesien, Wallis und Futuna benutzen den CFP-Franc; Aruba den Aruba-Florin; Curaçao und Sint Maarten den Antillen-Gulden und die BES-Inseln den US-Dollar.

Für die Zugehörigkeit zum Euroraum spielt es bei dem in dieser Weise abgegrenzten Gebiet weiter keine Rolle, ob dort die Euro-Währung benutzt wird. Das bezieht sich etwa auf Büsingen am Hochrhein, die deutsche Exklave in der Schweiz, in der trotz der amtlichen Euro-Währung überwiegend mit dem Schweizer Franken bezahlt wird.[11] Als die amtlich vorgeschriebene Währung wird der Schweizer Franken auch in Campione d'Italia, der italienischen Exklave in der Schweiz, benutzt. Der Euro wird aber gleichzeitig in beiden Gebieten zur Zahlung akzeptiert. Trotzdem sind sie im Euroraum zu platzieren und ihre Währungsanliegen als Deutschland-intern oder und Italien-intern, ohne jegliche Störung des Zusammenhalts der EWWU, zu behandeln.

Einen Sonderfall bildet das Gebiet der Türkischen Republik Nordzypern, eines de facto-Regimes, das die Türkische Lira zur offiziellen Währung bestimmte.[12] International wird es, mit Ausnahme der Türkei, nicht als Staat anerkannt und ist de iure ein Teil der Republik Zypern. Nicht nur aus der Sicht der Union, sondern auch aus der Sicht eines Großteils der restlichen Staatengemeinschaft gehört es aber zum Euroraum, was für die Außenvertretung des Euroraums von grundlegender Bedeutung ist. Im Kontext der Außenvertretung können infolgedessen Verhandlungsprobleme im Verhältnis zur Türkei oder in anderen politischen Konstellationen auftauchen, wo Nordzypern als ein Verhandlungspunkt benutzt wird, der sonst nicht das Thema des Gesprächs ist.

Die ökonomische Betrachtung führt von dem dargestellten engeren Sinne zum Verständnis des EuroraumBegriffs im weiteren Sinne.[13] Erstens gibt es die der Union nicht angehörigen Staaten, die den Euro anhand von besonderen Währungsvereinbarungen mit der Union als offizielle Währung verwenden und zur eigenständigen, auf einen jährlichen Nennwert begrenzten

---

11 Siehe Informationen auf der Seite der Gemeinde Büsingen, abrufbar unter: http://www.buesingen.de/de/Unser-B%C3%BCsingen/Deutsche-Insel-in-der-Schweiz/W%C3%A4hrung.

12 In Nordzypern sind aber faktisch die beiden Währungen, der Euro und die Türkische Lira, im Umlauf.

13 Für den Euroraum im weiteren Sinne verwendet man eher den Begriff „Eurozone" im Anschluss an den entsprechend verwendeten Begriff „Dollarzone".

Euro-Münzen-Prägung berechtigt sind. Dazu zählen Monaco[14], San Marino[15] und der Vatikan[16]. Zweitens führten einige Staaten den Euro von sich selbst aus ein, wozu die allgemein anerkannten, souveränen Hoheitsrechte des Staates berechtigen.[17] Das sind: Kosovo, Montenegro[18] und Andorra[19]. Andorra hat jedoch später eine entsprechende, zur Prägung der Euro-Münzen ermächtigende Währungsvereinbarung mit der Union, wie im Falle von Monaco, San Marino und des Vatikans, abgeschlossen.[20]

Drittens spricht man im noch weiteren Sinne über den Euroraum auch inklusive von Staaten und Gebieten, die ihre Währung an den Euro – entweder

---

14 Währungsvereinbarung zwischen der Europäischen Union und dem Fürstentum Monaco, siehe: Anhang zum Beschluss der Kommission vom 28. November 2011 über den Abschluss der Währungsvereinbarung zwischen der Europäischen Union und dem Fürstentum Monaco im Namen der Europäischen Union, ABl. C 23/1 vom 13. Oktober 2012. (Diese Währungsvereinbarung ersetzte die Währungsvereinbarung vom 26. Dezember 2001 zwischen der Regierung der Französischen Republik – im Namen der Europäischen Gemeinschaft – und der Regierung Seiner Durchlaucht des Fürsten von Monaco, ABl. L 142/59 vom 31. Mai 2002.).

15 Währungsvereinbarung vom 27. März 2012 zwischen der Europäischen Union und der Republik San Marino, ABl. C 121/2 vom 27. April 2012 (die die Währungsvereinbarung vom 27. Juli 2001 zwischen der Italienischen Republik – im Namen der Europäischen Gemeinschaft – und der Republik San Marino, ABl. C 209/1 vom 27. Juli 2001, ersetzte).

16 Währungsvereinbarung vom 17. Dezember 2009 zwischen der Europäischen Union und dem Staat Vatikanstadt, ABl. C 28/13 vom 4. Februar 2010 (die die Währungsvereinbarung vom 29. Dezember 2000 zwischen der Italienischen Republik – im Namen der Europäischen Gemeinschaft – und dem Staat Vatikanstadt, vertreten durch den Heiligen Stuhl, ABl. C 299/1 vom 25. Oktober 2001 ersetzte).

17 Dazu etwa: *Herrmann*, Währungshoheit, Währungsverfassung und subjektive Rechte, S. 99–102.

18 Kosovo und Montenegro benutzen den Euro seit seiner Einführung, der die dort davor verwendete, vom Euro abgelöste Deutsche Mark ersetzte. Im Kosovo wird der Serbische Dinar parallel von den serbischen Minderheiten benutzt.

19 Den französischen Franc und die Peseta ersetzend, führte Andorra den Euro am 1. Januar 1999 ein.

20 Währungsvereinbarung vom 30. Juni 2011 zwischen der Europäischen Union und dem Fürstentum Andorra, ABl. C 369/1 vom 17. Dezember 2011. Die ersten Verhandlungen zwecks des Abschlusses eines formellen Abkommens mit der Union wurden schon im Jahr 2004 aufgenommenen.

mit einem festen Wechselkurs[21], mit bestimmten Wechselkursbreiten[22] oder über einen Währungskorb[23] – gebunden haben.

Die Reichweite des Euroraums in der Bedeutungskonstellation Außenvertretung des Euroraums, löst sich aber von dem Begriff des Euroraums im weiteren Sinne ab und verbleibt bei seiner unionsamtlichen Bezeichnung, i.e. bei dem Euroraum im engeren Sinne. Dieses Gebiet stellt lediglich eine territoriale Begrenzung der Außenvertretung des Euroraums dar. Die damit einhergehende Ländergemeinschaft macht aber noch nicht das Subjekt der Vertretung aus.

b) Euroraum als Unionsteil

Das Kriterium der Teilnahme am Euro in der unionsamtlichen Definition des Euroraums verbindet den Raumtopos mit den währungs und wirtschaftspolitischen

21 Ein fester Wechselkurs bedeutet ein absolut starres Verhältnis der inländischen Währung gegenüber einer ausländischen Währung. Wenn sich der Wechselkurs innerhalb bestimmten Bandbreiten bewegen darf, spricht man über das System mit Wechselkursbreiten. Der Wechselkurs kann auch an einen Währungskorb oder durch einen Währungskorb an eine Währung verbunden werden. Ein Währungskorb setzt sich aus bestimmten Währungen, deren Anteil jeweils genau festgelegt ist, zusammen. Mit einem festen Wechselkurs an den Euro sind die folgenden Währungen gebunden: der Kap-Verde-Escudo von Kap Verde (der früher an den portugiesischen Escudo gebunden war), die Konvertible Mark von Bosnien und Herzegowina (die früher an die Deutsche Mark gebunden war), der CFA-Franc BCEAO von den Staaten der UEMOA (der Westafrikanischen Wirtschafts- und Währungsunion), der CFA Franc BEAC den Staaten der CEMAC (der Zentralafrikanischen Wirtschafts- und Währungsgemeinschaft), der Komoren-Franc von Komoren und der CFP-Franc von Neukaledonien mit den Nebengebieten, Französisch-Polynesien, Wallis und Futuna (die ÜLG Frankreichs). (Die letzten drei Währungen waren früher an den französischen Franc gebunden.). Auch ein Mitgliedstaat hat seine Währung fest an den Euro gebunden: Bulgarien mit dem Lew.

22 Eine Wechselkursbreite gilt für die Mitgliedstaaten, die an dem sog. Wechselkursmechanismus II (WKM II) teilnehmen. Heutzutage ist dies nur Dänemark. Die der Union nicht angehörenden Autonomiegebiete Dänemarks, nämlich Grönland (mit der dänischen Krone) und die Faröer Inseln (mit der faröischen Krone), sind ebenso, zusammen mit Dänemark, über den WKM II an den Euro gebunden.

23 Das bezieht sich etwa auf Marokko (mit dem Dirham), Russland (mit dem Rubel) und China (mit der Renminbi). Die Währung Ugandas, der Uganda-Schilling, ist durch das Sonderziehungsrecht (SZR) des IWF indirekt an den Euro gekoppelt, das als eine Recheneinheit durch einen Währungskorb von dem US-Dollar, dem Euro, dem Pfund Sterling und dem Yen definiert wird.

Unionsregelungen, die als die Europäische Wirtschafts- und Währungsunion (EWWU) bezeichnet werden.

Die EWWU wurde in einem dreistufigen Plan[24] eingeführt und die volle Teilnahme an ihr bedeutet den Eintritt in die dritte und damit letzte Stufe des Prozesses, die mit der unwiderruflichen Festlegung der Wechselkurse der Währungen der elf Mitgliedstaaten zum Euro am 1. Januar 1999 begann und mit der Übertragung währungspolitischen Kompetenz dieser Mitgliedstaaten an die Union verbunden ist. Dieser Teilnahme steht die Aufhebung der Ausnahmeregelung der Art. 139–144 AEUV durch einen Beschluss des Rates für die den Euro später einführenden Mitgliedstaaten gleich. Die Mitgliedstaaten, die nicht zum Euroraum gehören, sind dementsprechend in den Verträgen als „Mitgliedstaaten, für die eine Ausnahmeregelung gilt" oder „Mitgliedstaaten mit Ausnahmeregelung" bezeichnet.[25]

Mit der Geltung einer derartigen Ausnahmeregelung ist es klar, dass die Wirtschafts- und Währungsunion, deren Währung der Euro ist und die ausdrücklich von Art. 3 Abs. 4 EUV als ein Ziel der ganzen Union genannt wird, jedoch nicht von allen der Union heutzutage angehörigen Mitgliedstaaten, umgesetzt ist. Es handelt sich hier um eine abgestufte Integration und es ist deshalb eine allgemeinsprachliche Unkorrektheit, mit dem Terminus der EWWU eine Union (der Euro-Mitgliedstaaten) innerhalb der Europäischen Union zu bezeichnen.

Damit ergibt sich für den Euroraum, dass die teilnehmenden Staaten eine Basiseinheit sind. Die Union ist aber auch selbst eine separate Einheit – eine internationale Organisation, der die Mitgliedstaaten einen Teil ihrer nationalen Kompetenzen mit jeweils unterschiedlicher, in Art. 2–6 AEUV beschriebenen Wirkungsintensität übertragen haben. Diese Wirkungsintensität reicht dabei von der ausschließlichen Unionszuständigkeit, die mitgliedstaatliches Handeln in dem Bereich ausschließt, bis zu den bloß unterstützenden Maßnahmen seitens der Union. Dementsprechend gibt es unterschiedliche Konstellationen der

---

24 Siehe u.a. EZB-Informationen abrufbar unter: http://www.ecb.int/ecb/history/emu/html/ index.de.html und *Deutsche Bundesbank*, Sonderveröffentlichung vom April 2008, S. 16–27. Rechtliche Grundlagen der EWWU wurden mit dem Vertrag von Maastricht im Jahr 1992 geschaffen; hinsichtlich des Übergangs zur zweiten und dritten Stufe siehe insb. die Übergangsregelungen des Kapitels „Wirtschafts -und Währungspolitik" in Art. 109e -109m EGV i.d.F. vom Vertrag von Maastricht (Art. 116–124 EGV i.d.F. vom Vertrag von Nizza).

25 In dieser Arbeit wird zur terminologischen Vereinfachung die Bezeichnung „Nicht-Euro-Mitgliedstaaten" benutzt.

zum Handeln Berechtigten. Einerseits kann es auf einem Pol nur die Union und können es auf dem anderen Pol nur die Mitgliedstaaten sein. Andererseits sind Konstellationen der Berechtigung sowohl der Union als auch der Mitgliedstaaten mit verschiedenen Abgrenzungsregelungen des Zusammenwirkens denkbar. Diese Berechtigung (Zuständigkeit) entscheidet über das einschlägige Subjekt im Rahmen der Außenvertretung des Euroraums.

Der Euroraum als solcher ist dabei kein selbstständiger Teil der Union und kann in sich kein selbstständiges Subjekt der Vertretung sein. Der Euroraum ist keine von der Union separate Einheit. Ihn bilden nämlich einerseits – „von unten" – die Euro-Mitgliedstaaten, andererseits – „von oben" – die Union.

c) Ergebnis: Zwei Vertretungsebenen

Infolgedessen kann das zu vertretende Subjekt bei der Außenvertretung des Euroraums entweder die Union oder es können die Euro-Mitgliedstaaten sein. Man könnte diese Sachlage die „Dualität" des Euroraums hinsichtlich des Subjektes der Vertretung nennen.

Wer Subjekt der Vertretung ist, hängt davon ab, ob die Union oder aber die Mitgliedstaaten für den jeweiligen Sachbereich, auf den sich die Vertretung bezieht (das Objekt der Vertretung) zuständig sind. Diese Bestimmung ist disjunktiv in dem Sinne, dass in Hinsicht auf einen Sachbereich entweder die Union oder die Euro-Mitgliedstaaten als Subjekte der Vertretung auftreten. Das Erfordernis des Zusammenwirkens kann daher gleichzeitig Sachbereiche in der Zuständigkeit der Union und Sachbereiche in der Zuständigkeit der Euro-Mitgliedstaaten betreffen. In diesem Fall würden gleichzeitig beide vertreten.[26]

Die Außenvertretung des Euroraums ist daher auf zwei Ebenen zu betrachten. Einmal gibt es die hier beschriebene *vertikale* Vertretungsebene, d.h. die Vertretung der Union oder die Vertretung der Euro-Mitgliedstaaten, ggf. die gleichzeitige Vertretung der beiden Subjekten. Gleichzeitig gibt es die *horizontale* Vertretungsebene, die sich auf die Person des Vertreters des Euroraums (potenziell auch der beiden auf der *vertikalen* Ebene bestimmten Subjekte – der Union und der Euro-Mitgliedstaaten) bezieht.[27] Auch allgemein gibt es dann

---

26 Z.B. im Fall, wenn ein gemischtes Abkommen (ein Vertrag, dessen Materie sowohl in die Zuständigkeit der Union als auch der Mitgliedstaaten fällt) abzuschließen ist.

27 Diese Begrifflichkeit – *vertikale* und *horizontale* Vertretungsebene – wurde bisher in der Wissenschaft in diesem Kontext nicht verwendet und wird hier als eigenes Konzept eingeführt. Dennoch sind diese Begriffe nicht unbekannt. So werden sie auch bei der

zwei Ebenen: die *vertikale* mit der Unterscheidung Union/(Euro-)Mitgliedstaaten und die *horizontale*, die sich auf die Organe der Union/der (Euro-)Mitgliedstaaten bezieht. Diese Begrifflichkeit wurde gewählt, um klar zwischen diesen Ebenen zu unterscheiden.

2. Objekt der Vertretung (Sachbereich)

Weiter ist festzulegen, dass die Union und die Euro-Mitgliedstaaten mit der Außenvertretung des Euroraums nicht in der Gesamtheit ihrer Tätigkeit vertreten werden, sondern in Bezug auf einen abgegrenzten Sachbereich. Dieser abgegrenzte Bereich ist das Objekt der Vertretung.

Der Euroraum soll in den Sachbereichen (Politikbereichen) vertreten werden, die unmittelbar die Euro-Währung betreffen. Dies wird wieder von der durch die Regelungen der Europäischen Wirtschafts- und Währungsunion (EWWU) bestimmten Teilnahme am Euro definiert.

a) Politikkonglomerat

Die regelungspolitische Reichweite der Europäischen Wirtschafts- und Währungsunion wird von Art. 119–133, 136–138 AEUV und die EZB-Satzung (im Protokoll Nr. 4 zu den Verträgen) bestimmt. Die Außenvertretung der Union und der Euro-Mitgliedstaaten wird damit auf ein definiertes Politikgeflecht begrenzt. Dieses Politikgeflecht ergibt sich aus der Außenwirkung oder, anders gesagt, einer internationalen Relevanz.

Prinzipiell sollte, dem Namen und der vertraglichen Aufgliederung (Kapitel 1 und Kapitel 2 innerhalb des Titels VIII „Wirtschafts- und Währungspolitik" im dritten Teil des AEUV) folgend, die Wirtschaftspolitik und die Währungspolitik nach außen vertreten werden. Ihre sachlichen Grenzen werden im Folgenden umgerissen.

aa) Zu vertretende Währungspolitik vs. Außenwährungspolitik

Der Kern der Europäischen Wirtschafts- und Währungsunion ist die Euro-Währungspolitik. Sie umfasst die folgenden Aspekte:

Festlegung der Vertretung eines föderalistischen Staates benutzt. Das ist so z.B. im Fall Deutschlands, da auf der *vertikalen* Ebene bestimmt wird, ob der Bund oder die Länder international zu vertreten sind; die *horizontale* Ebene klärt, welche Organe diese zu vertreten haben.

- Festlegung und Durchführung der Geldpolitik nach Art. 127 Abs. 2 Strich 1 AEUV (darunter die Euro-Ausgabe[28] und die Durchführung von Notenbankinstrumenten[29]) und
- Festlegung und Durchführung der Wechselkurspolitik (darunter durch Abschluss von internationalen Verträgen nach Art. 219 Abs. 1 und 2 AEUV und Durchführung von Devisengeschäften gemäß Art. 127 Abs. 2 Strich 2 AEUV und Art. 23 Strich 2 EZB-Satzung).

Die regelungspolitische Reichweite des AEUV-Kapitels „Währungspolitik" reicht jedoch viel weiter, da es tatsächlich die Aufgaben des Europäischen Systems der Zentralbanken (ESZB) zusammenfasst. Daraus ergibt sich weiter ein umfangreicher Aufgabenbereich der Förderung der Finanzstabilität u.a. nach Art. 127 Abs. 5 und 6 AEUV i.V.m. Art. 25.1 EZB-Satzung durch:

- Förderung des reibungslosen Funktionierens der Zahlungssysteme und
- Beitrag zur Durchführung der finanziellen Aufsicht.

Dieser umfassende Bereich ist zu beschränken.

Die erste potenzielle Beschränkung könnte währungspolitisch intern erfolgen. Die Verbindung des Euro mit den Außenverhältnissen legt nämlich die Einschränkung der Währungspolitik auf die Wechselkurspolitik nahe, die, im Unterschied zur Geldpolitik (der inneren Währungspolitik), auch als die äußere Währungspolitik (oder Außenwährungspolitik), bezeichnet wird.

Diese Beschränkung ist aber irreführend. Es ist zwar richtig, dass eine Währung sich international insbesondere durch ihren Wechselkurs, ihren Preis in einer anderen Währung, ausdrückt. Allerdings ist der Wechselkurs das Resultat zahlreicher Faktoren, darunter auch der geldpolitischen Ausrichtung, die international von den Zentralbanken koordiniert werden können. So hatte z.B. die 2007 begonnene Finanz -und Wirtschaftskrise eine ihrer Ursachen in der Niedrigzins-Politik großer Zentralbanken.[30] Im Rahmen des Krisenmanagements wurden auch, neben den Einzelzentralbankmaßnahmen, koordinierte

---

28 Siehe dazu u.a.: Art. 128 AEUV, Art. 16 EZB-Satzung und Verordnung (EG) Nr. 974/98 des Rates vom 3. Mai 1998 über die Einführung des Euro, ABl. L 139/1 vom 11. Mai 1998.

29 Offenmarkt- und Kreditgeschäfte, ständige Fazilitäten, Mindestreserven u.a., dazu: Art. 127 Abs. 1 Strich 1 AEUV und Art. 17–20 EZB-Satzung sowie grundlegend EZB-Leitlinie vom 20. September 2011 über die geldpolitischen Instrumente und Verfahren des Eurosystems, ABl. L 331/1 vom 14. Dezember 2011.

30 Siehe u.a.: BIZ, 78. Jahresbericht vom 30. Juni 2008, S. 8–9, abrufbar unter: http://www.bis.org/publ/arpdf/ar2008_de.htm.

Zentralbankaktionen, wie beispielweise diejenigen zur Überwindung der Interbankenmarkt-Refinanzierungsschwierigkeiten im November 2011,[31] vorgenommen. Die Nicht-Begrenzung auf die Wechselkurspolitik in der Außenvertretung des Euroraums spiegelt sich auch in den Beispielen der zur Prägung der Euro-Münzen berechtigenden, internationalen Verträge der Union mit Monaco, San Marino, dem Vatikan und Andorra wieder.[32]

Die zweite potenzielle Beschränkung könnte die Gleichstellung des Objektes der Euroraum-Außenvertretung mit der Währungspolitik bedeuten.

Dies wäre nur dann zu bejahen, wenn die Währungspolitik sehr breit gefasst würde, i.e. als die Geldpolitik, Wechselkurspolitik und die die Währungspolitik beeinflussenden Bereiche der allgemeinen Wirtschaftspolitik.[33] Die Wirtschaftspolitik ist nämlich zwingend, weil strikt mit der Geld- und Wechselkurspolitik verbunden, in die Außenvertretung des Euroraums einzubeziehen. Die strikte Verknüpfung besteht im Allgemeinen deswegen, weil mit einer Währungsunion der Wechselkurs als ein Instrument zur wirtschaftlichen Steuerung entfällt. Folglich können, da die realwirtschaftlichen Divergenzen (Konjunkturentwicklungs-, Wachstumsraten-, Realzinsendifferenzen) zwischen den Staaten bestehen bleiben, diese ohne entsprechende wirtschaftspolitische Maßnahmen zu Spannungen führen.[34] Deswegen sind auch die Rettungspakete zur Gewährleistung der Euroraum-Stabilität, die bis jetzt vier Euro-Mitgliedstaaten (Griechenland, Irland, Portugal und Spanien) gewährt wurden,[35] mit den wirtschaftspolitischen Bedingungen (Konditionalität) in den Memoranda of Economic and Financial

31 Dazu: Coordinated central bank action to address pressures in global money markets, ECB Press Release vom 30. November 2011, abrufbar unter: http://www.ecb.int/press/pr/date/2011/html/pr111130.en.html.

32 Zu diesen Wechselvereinbarungen siehe: Fn. 14, 15, 16 und 20.

33 Vgl. *Wolf*, in: Heinelt/Knoldt (Hrsg.), Politikfelder im EU-Mehrebenensystem, S. 97.

34 Zu den Divergenzen zwischen Euro-Mitgliedstaaten, den daraus potenziell resultierenden asymmetrischen Schocks und daneben solchen Ursachen der Euroraumschuldenkrise siehe: *Hacker*, Veröffentlichung der Friedrich-Ebert-Stiftung 2011, S. 4–7, und *Schwarzer*, Integration 2009, S. 18–20. Vgl. auch die Theorie der optimalen Währungsräume (Optimum Currency Area Theory, OCAT), deren Kriterien nur zum Teil von der EWWU erfüllt sind; dazu etwa: Box I.1.2 „Ist die EWU ein Optimaler Währungsraum?" in: *Görgens/Ruckriegel/Seitz*, Europäische Geldpolitik, S. 40–41 und der Abschnitt über die asymmetrischen Schocks auf S. 418–419; *Issing*, Der Euro, S. 42–45; *Mittendorfer*, Benötigt eine Europäische Wirtschafts und Währungsunion einen europäischen Staat?, S. 16–21.

35 Informationen abrufbar auf der Internetseite der Kommission unter Financial assistannce in EU Member States.

Policies (MEFP) und Memoranda of Understanding on Specific Economic Policy Conditionality (MoU) zu verknüpfen.

Es ist zwar nicht ausgeschlossen, dass sich die Außenvertretung des Euroraums im Einzelfall nur auf die Währungspolitik bezieht. Allerdings geht das potenzielle Objekt der Vertretung über die Währungspolitik hinaus.

bb) Zu vertretende Wirtschaftspolitik vs. Außenwirtschaftspolitik

Die Reichweite der nach außen zu vertretenden Wirtschaftspolitik als notwendige Ergänzung der zentralen Integrationsprojekte der Union – des Binnenmarkts und der Währungsunion – ergibt sich erstens durch den Ausschluss der zahlreichen Spezialbereiche der Wirtschaftspolitik, die gesondert in den Verträgen geregelt sind. Dazu zählt insbesondere die Handelspolitik. Zweitens sind dazu die punktförmigen Regelungen der Art. 120–126 AEUV i.V.m. Art. 119 AEUV maßgeblich. In Art. 119 AEUV findet sich dabei sogar eine für die Wirtschaftspolitik und die Währungspolitik gemeinsame Regelung.

Die Haushaltspolitik ist – im Überwachungsrahmen des Art. 123–126 AEUV und den darauf basierenden Unionsrechtsakten – begrifflich in die Wirtschaftspolitik der Wirtschafts- und Währungsunion integriert.

Weitere einschlägige wirtschaftliche Sachbereiche beinhalten die Grundzüge der Wirtschaftspolitik der Mitgliedstaaten und der Union, die die Basis der allgemeinen Koordinierung und Überwachung darstellen. Eine solche Koordinierung der Wirtschaftspolitik „zielt (…) gerade im Sinne eines Auffangtatbestandes auf anderweitig nicht integrierte Wirtschaftspolitiken“[36]. Sie umfasst, unter anderem, die Überwachung der makroökonomischen Ungleichgewichte und der Struktur-, Regional-, Infrastruktur- und Industriepolitik.[37] Die sachliche Reichweite wird insoweit jedes Mal durch die erwähnten Grundzüge bezeichnet, die je nach den gerade bestehenden Wirtschaftsbedürfnissen andere Bereiche in den Vordergrund verschieben können.[38]

---

36 *Rodi*, in: Vedder/Heintschel von Heinegg (Hrsg.), Europäisches Unionsrecht, Art. 119 AEUV, Rn. 6.

37 Die Beschäftigungspolitik, obwohl in Art. 145–150 AEUV gesondert geregelt, ist anhand der integrierten Leitlinien, die die Grundzüge der Wirtschaftspolitik der Mitgliedstaaten und der Union (Art. 121 AEUV) und die beschäftigungspolitischen Leitlinien (Art. 148 AEUV) zusammenstellten, in demselben Überwachungsverfahren koordiniert.

38 Vgl. beispielsweise die Leitlinien der Grundzüge der Wirtschaftspolitik der Mitgliedstaaten und der Union im Anhang zur Empfehlung des Rates vom 13. Juli 2010 über die Grundzüge der Wirtschaftspolitik der Mitgliedstaaten und der Union, ABl. 191/28

Es ist weiter zu betonen, dass die Wirtschaftspolitik in der Außenvertretung des Euroraums nicht der Unionsaußenwirtschaftspolitik gleichsteht. Dies ist deswegen zutreffend, da z.B. die Handelspolitik ausgenommen wird. Unter der Außenwirtschaftspolitik versteht man nämlich alle Maßnahmen, mit denen die internationalen Wirtschaftsbeziehungen, also der internationale Waren-, Dienstleistungs- und Kapitalverkehr, beeinflusst und gesteuert werden.[39] Daraus folgt weiter, dass der Schwerpunkt der Außenwirtschaftspolitik gerade auf die Außenhandelspolitik gelegt wird. Darüber hinaus ist die Wirtschaftspolitik der Wirtschafts- und Währungsunion teilweise auch ausschließlich intern ausgerichtet. Die Außenwirtschaftspolitik und Wirtschaftspolitik der Wirtschafts- und Währungspolitik haben dementsprechend eine Schnittmenge.

b) Gemeinsame Interessen

An die einführende Bestimmung des Politikkonglomerats, das den Sachbereich der Außenvertretung ausmacht, schließt sich die weitere Feststellung an, dass die gemeinsamen Interessen der Euro-Mitgliedstaaten das Objekt der Vertretung darstellen. Die Einführung des Kapitels „Besondere Bestimmungen für die Mitgliedstaaten, deren Währung der Euro ist" (Art. 136–138 AEUV) durch den Vertrag von Lissabon[40] betont nämlich noch stärker die Tatsache, dass der Euroraum eine besondere, die wirtschaftliche Integration antreibende Interessengemeinschaft inmitten der Union ist.[41]

Das Euroraum-Spezifikum zeigt sich, neben seinem Kern – der einheitlichen Währungspolitik – durch die seit Längerem praktizierte Einbettung eines besonderen Euroraum-Teils in die Grundzüge der Wirtschaftspolitik und

vom 23. Juli 2010 und die Leitlinien in der Empfehlung des Rates vom 14. Mai 2008 über die Grundzüge der Wirtschaftspolitik der Mitgliedstaaten und der Gemeinschaft, ABl. 137/13 vom 27. Mai 2008.

39 Siehe den Begriff „Außenwirtschaftspolitik" im Online-Lexikon der Bundeszentrale für Politische Bildung, abrufbar unter: http://www.bpb.de/nachschlagen/lexika/lexikon-der-wirtschaft/18753/aussenwirtschaftspolitik.

40 Art. 136 Abs. 3 AEUV wurde nachher mit dem Beschluss des Europäischen Rates vom 25. März 2011 zur Änderung des Artikels 136 des Vertrags über die Arbeitsweise der Europäischen Union hinsichtlich eines Stabilitätsmechanismus für die Mitgliedstaaten, deren Währung der Euro ist, ABl. L 91/1 vom 6. April 2011, eingeführt.

41 Vor dem Vertrag von Lissabon gab die gemeinsamen Interessen der Euro-Mitgliedstaaten als einen der Gründe für eine stärkere Außenvertretung des Euroraums u.a. L. Bini Smaghi an, in: *Bini Smaghi*, International Finance 2006, S. 270–271.

die Festlegung der besonderen Hinweise zu seiner Umsetzung.[42] Dies wurde mit dem Vertrag von Lissabon in Art. 136 Abs. 1 lit. b AEUV bestätigt. Art. 136 Abs. 1 lit. a AEUV sieht überdies vor, dass weitere, gesonderte Maßnahmen zur Koordinierungs- und Überwachungsverstärkung in ihrer Haushaltspolitik für die Euro-Mitgliedstaaten erlassen werden können. Schließlich ist, eben in Hinsicht auf die internationale Zusammenarbeit, Art. 138 AEUV innerhalb der „Besonderen Bestimmungen für die Mitgliedstaaten, deren Währung der Euro ist" die Grundlage, wonach die Einheitlichkeit der internationalen Präsenz verstärkt werden soll. Das Interesse an der Einheitlichkeit der internationalen Präsenz ist dabei sekundär im Verhältnis zu den sachpolitischen Interessen. Es geht um die Anwendung der effektivsten Mittel in der Verfolgung der sachpolitischen Interessen auf internationaler Ebene.

Im Vordergrund dieser sachpolitischen Interessen steht jeweils das Ziel, die Stabilität des Euro-Währungsgebiets zu wahren. Die besonderen Euroraum-Regelungen sind nämlich „im Hinblick auf das reibungslose Funktionieren der Wirtschafts- und Währungsunion" (Art. 136 Abs. 1 AEUV) zu erlassen, „um die Stabilität des Euro-Währungsgebiets insgesamt zu wahren" (Art. 136 Abs. 3 AEUV) und „die Stellung des Euro im internationalen Währungssystem" (Art. 138 Abs. 1 AEUV) zu gewährleisten.

Die genannte Stabilität des Euro-Währungsgebiets wurde in den Verträgen nicht näher präzisiert. Man assoziiert sie mit dem in den Art. 119 Abs. 2 und 3 und Art. 127 AEUV vorgeschriebenen Preisstabilitäts- und, genereller, mit dem Finanzsystemstabilitätsziel, das als die effiziente Erfüllung von zentralen Finanzsystemfunktionen – der Allokation der Finanzmittel und des Risikos sowie der Zahlungsabwicklung – verstanden wird.[43] Auf das Finanzsystemstabilitätsziel deuten die der Europäischen Wirtschafts- und Währungsunion spezifischen Grundsätze der gesunden öffentlichen Finanzen und monetären Rahmenbedingungen sowie einer dauerhaft finanzierbaren Zahlungsbilanz in Art. 119 AEUV hin. Dies alles soll letztendlich dienen:

---

42 Siehe z.B. Leitlinie 3 der Empfehlung des Rates vom 13. Juli 2010 über die Grundzüge der Wirtschaftspolitik der Mitgliedstaaten und der EU Nr. 2010/410/EU, ABl. L 191/28 vom 23. Juli 2010 und Empfehlung des Rates vom 9. Juli 2013 zur Umsetzung der Grundzüge der Wirtschaftspolitik der Mitgliedstaaten, deren Währung der Euro ist, ABl. 217/97 vom 30. Juli 2013.

43 Siehe: Begriff der Finanzstabilität im Glossar auf der Internetseite der Deutschen Bundesbank.

- allgemein dem ausgewogenen und nachhaltigen Wirtschaftswachstum der Union gemäß dem zielrichtungsgebenden Art. 3 Abs. 3 EUV und
- partikular der Beibehaltung der Vorteile der einheitlichen Währung (wie Steigerung des Wettbewerbs und der Beschäftigungs- und Produktivitätsgewinne) als auch der Abwendung von Risiken (wie Spill-over-Effekte einer schlechten wirtschaftlichen Lage eines Euro-Mitgliedstaates auf die Lage der anderen).[44]

Die Finanzsystemstabilität steht von Anfang an mit den Euro-Einführung-Konvergenzvoraussetzungen des Art. 140 AEUV, dem Stabilitäts- und Wachstumspakt und der wirtschaftlichen Koordinierung im Mittelpunkt der regulatorischen Ausgestaltung der Wirtschafts- und Währungsunion. In dieser Hinsicht könnte die Rede von einer EWWU-Stabilitätspolitik sein.[45]

Auf den internationalen Kontext übertragen ist die Euroraum-Stabilität eine der Komponenten der globalen Finanzsystemstabilität. Der Euroraum trägt daher Verantwortung in einer globalen Dimension. Das gemeinsame Interesse des Euroraums ist zugleich das globale Interesse, was auf das Bedürfnis der internationalen Zusammenarbeit hinweist. In diesem Zusammenhang steht eine Erklärung zum Vertrag von Maastricht:

> „Die Konferenz erklärt, dass die Gemeinschaft [heute: Union] zu stabilen internationalen Währungsbeziehungen beitragen will. Zu diesem Zweck ist die Gemeinschaft [heute: die Union] bereit, mit anderen europäischen Ländern und mit denjenigen außereuropäischen Ländern, zu denen sie enge wirtschaftliche Bindungen hat, zusammenzuarbeiten."[46]

---

44 Zu Vorteilen und Risiken des Euro siehe etwa: *Eijffinger/de Haan*, European Monetary and Fiscal Policy, S. 16–26. Die Angaben zur wirtschaftlichen Entwicklung im Euroraum führt etwa *Schwarzer*, Integration 2009, S. 17–21.

45 So in: *Beck*, Stabilitätspolitik in der Europäischen Wirtschafts- und Währungsunion, Baden-Baden 1997. Die stabilitätsorientierten Regelungen wurden allerdings nicht immer eingehalten. Als Beispiele dazu könnte man die Aufweichung von den Stabilitäts- und Wachstumspakt-Regeln im Jahr 2005 nennen. Dies geschah im Anschluss an die Nichteinhaltung der 3 %- BIPD-efizitgrenze durch Deutschland und Frankreich (siehe dazu: *Hatje*, DÖV 2006, S. 597 ff.). Weiter könnte das Problem der Konvergenzkriterienerfüllung durch Griechenland angeführt werden, das in der Schuldenkrise publik gemacht wurde (siehe dazu: *Welter*, Der Euro in der Krise: Beschuldigt nicht Griechenland, FAZ vom 11. Mai 2010).

46 Erklärung zur Zusammenarbeit mit dritten Ländern im Währungsbereich gemäß der Schlussakte zum Vertrag über die Europäische Union vom 7. Februar 1992, ABl. C 191/98 vom 29. Juli 1992.

Diese Aussage schlägt die Brücke zu einem weiteren, wie erwähnt, sekundären Ziel des Euroraums: der Sicherstellung der einheitlichen Vertretung. „Die Gewährleistung der Stellung des Euro im internationalen Währungssystem" (Art. 138 Abs. 1 AEUV) ist ein mehrdimensionaler Plan. Die Stellung soll einerseits organisatorisch mit einer einheitlichen Delegation gesichert werden. Diese soll einen institutionellen Einfluss auf die internationale Regelungsgestaltung ausüben. Dies fällt andererseits mit dem wirtschaftlichen und finanziellen „Gewicht" des Euro, also dem ökonomischen Einfluss, als der Soll-Entsprechungsgröße zusammen. Dem institutionellen Ansatz, der mit einer gewissen internationalen Soft-Power einhergeht, ist dementsprechend das „Euro-Portfolio" zum Vergleich gegenüberzustellen.[47]

c) Vereinigende Standpunkte

Diese allen, für den Euroraum gemeinsamen Interessen drücken sich schließlich in einer vereinigten Stellungnahme des Euroraums zu seinen internen und externen Problemen aus.

Diese Vereinigung schließt keineswegs mögliche Unterschiede in Bezug auf partikuläre Interessen zwischen den Euro-Mitgliedstaaten aus.[48] Durch die Teilnahme am Euro einigten sie sich aber auf die Einführung einer einheitlichen Währungspolitik und den damit verbundenen Ausgleich verschiedener wirtschaftspolitischer Interessen. Sie verpflichteten sich (deutlich gemäß dem spezifischen Art. 136 Abs. 1 AEUV), zum reibungslosen Funktionieren der Wirtschafts- und Währungsunion beizutragen, indem sie gemeinsam die wirtschaftlichen Probleme abwenden und fortwährend Verbesserungen der Struktur der Europäischen Wirtschafts- und Währungsunion anstreben.

47 Das „Euro-Portfolio" weist darauf hin, dass der Euro die zweite internationale Leitwährung nach dem US-Dollar ist. Die internationale Bedeutung einer Währung kann daran gemessen werden, in welchem Maße sie von den Wirtschaftsakteuren als Anker-, Anlage- und Transaktionswährung benutzt wird und wie viel Bargeld der Währung sich im Umlauf befindet; dazu: *Issing*, Der Euro, S. 152–159. (Die aktuellen Angaben findet man in: *European Central Bank*, The international role of the euro, July 2011, S. 13–32). Weiter kann man auch die anzustrebende Position des Euro, bezogen auf die Kerngrößen wie Output, Einwohnerzahl und Handelsvolumen des Euroraums messen.

48 Siehe beispielsweise die Bemerkungen in: *Ahearne/Eichengreen*, in: Sapir (Hrsg.), Fragmented Power: Europe and the Global Economy, S. 133; und den Kommentar zu Interessen der Mitgliedstaaten, die sich auf den Aufgabenbereich des IWF beziehen, in: *Bini Smaghi*, JCMS 2004, S. 237–240.

Diesen Zielen dienen gerade die den Euroraum vereinigenden Standpunkte zur Währungs- und Wirtschaftspolitik. Sie stellen die eigentliche inhaltliche Basis für die Außenvertretung des Euroraums dar. Das Ergebnis der in diesem Kapitel (Kapitel 2) durchgeführten induktiven Analyse, die von einem Politikkonglomerat über die Feststellung der gemeinsamen Interessen des Euroraums führt, ist ein vereinigender Standpunkt des Euroraums. Er ist das Objekt der Außenvertretung des Euroraums. Ein Standpunkt tritt weiterhin auch vertraglich im internationalen wirtschafts- und währungspolitischen Zusammenarbeitskontext in Art. 138 Abs. 1, Art. 219 Abs. 3 und Art. 218 Abs. 9 AEUV auf. Die nicht zu dieser Stelle gehörenden umfangreichen Einzelheiten zu dieser Festlegung des Ausgangspunkts zum Objekt der Außenvertretung werden als ein Schwerpunkt der Untersuchung in Teil II Unterteil I weiter ausgearbeitet.

Hier ist zusammenfassend festzustellen, dass die Union und die Euro-Mitgliedstaaten nach außen in der für den Euroraum spezifischen Wirtschafts- und Währungspolitik zu vertreten sind, insoweit ein den Euroraum vereinigender Standpunkt besteht bzw. nach den Verträgen zu bestehen hat.

II. Außenkonfiguration

Die Vertretungsbedingungen und damit die Bedeutung des Handelns in Vertretung bestimmen als nächstes die Außenkonfiguration.

Die Außenkonfiguration bestimmt sich erstens durch die Partner, gegenüber denen der Euroraum zu vertreten ist und zweitens die Art der mit ihnen aufzunehmenden Beziehungen.

1. Außenpartner

Bei der Festlegung der Außensituation scheint der Fokus auf die Währung hilfreich. Die Vertretung würde damit in die Richtung der Repräsentanz der Euro-Währung gegenüber den anderen Währungen gelenkt.

Dies würde bedeuten, dass die Außenvertretung des Euroraums die Vertretung der Union und der Euro-Mitgliedstaaten gegenüber den Subjekten mit anderen Währungen ist. Art. 219 Abs. 1 und Art. 219 Abs. 2 AEUV, die die „Währungen von Drittstaaten" dem Euro gegenüber stellen, stehen, einzeln betrachtet, einer solchen Auslegung nicht fern.

Daraus würde sich allerdings ergeben, dass die Nicht-Euro-Mitgliedstaaten zu den Drittstaaten zählen. Dies ist ein falscher Ansatz, der die systematische Auslegung außer Betracht lässt. Dem Art. 219 Abs. 3 AEUV kann man die Gegenüberstellung der Drittstaaten und der Union, nicht aber der Drittstaaten und der Euro-Mitgliedstaaten, entnehmen.[49] Es geht darin um die Union, die Vereinbarungen mit Drittstaaten und internationalen Organisationen zu schließen hat.

a) Drittsubjekte

Als Drittstaaten oder Drittländer gelten in der Nomenklatur der Verträge diejenigen Staaten, die nicht zur Europäischen Union gehören. Mit gleicher Bedeutung treten diese Begriffe an verschiedenen Stellen auf. Hier sind insbesondere Art. 216, 218, 220 und 221 AEUV aufzuzählen, die im Allgemeinen für alle Politikbereiche der Union gelten, die internationalen Beziehungen der Union betreffen.

Ebenso ist es bei Art. 219 AEUV, der den Abschluss von internationalen Verträgen in der Wirtschafts- und Währungspolitik regelt und, breiter, bei der Gesamtheit der Außenvertretung des Euroraums. Dementsprechend ist der Präfix „Außen“ aus der Perspektive der Union zu sehen.[50]

Einerseits ist der Euroraum im Rahmen der thematischen Außenvertretung des Euroraums nicht gegenüber den Nicht-Euro-Mitgliedstaaten zu vertreten. Die Verhältnisse mit den Nicht-Euro-Mitgliedstaaten bilden „das innere Außen“ in Gegenüberstellung zu „dem äußeren Außen“, das die Außenkonfiguration in der Außenvertretung des Euroraums ausmacht.[51] Die Wechselkursvereinbarung, die den Wechselkursmechanismus zwischen dem Euro und den nationalen Währungen der daran teilnehmenden Nicht-Euro-Mitgliedstaaten reguliert,[52] stellt in diesem Kontext keinen Anwendungsfall der Außenvertretung des Euroraums dar. Diese Art der Zusammenarbeit ist unionsintern geprägt, i.e. bezogen auf das Innenverhältnis der Union. Seit einiger Zeit wird dies in Bezug auf die Änderungen der oben angeführten Wechselkursvereinbarung durch eine entsprechende

---

49 Dazu siehe auch: *Palm*, in: Grabitz/Hilf/Nettesheim (Hrsg.), Das Recht der Europäischen Union, Art. 219 AEUV, Rn. 19.

50 So auch u.a.: *Smits*, in: Groeben/Schwarze/Hatje (Hrsg.), Europäisches Unionsrecht, Art. 138 AEUV, Rn. 2 a.A. und 3.

51 Eine solche Unterscheidung führt D. Wolf ein: *Wolf*, in: Heinelt/Knodt (Hrsg.), Politikfelder im EU-Mehrebenensystem, S. 111.

52 Abkommen vom 16. März 2006 zwischen der Europäischen Zentralbank und den nationalen Zentralbanken der nicht dem Euro-Währungsgebiet angehörenden Mitgliedstaaten über die Funktionsweise eines Wechselkursmechanismus in der dritten Stufe der Wirtschafts- und Währungsunion, ABl. C 14/6 vom 20. Januar 2007.

Überschrift „Interinstitutionelle Vereinbarungen" im Amtsblatt der Europäischen Union betont.[53]

Internationale Verträge werden im Bereich der Währungspolitik im Namen der Union abgeschlossen, nicht im Namen der Euro-Mitgliedstaaten. Trotzdem berühren diese Verträge nicht die Rechtsstellung der Nicht-Euro-Mitgliedstaaten. Dies ergibt sich aus den unionsinternen Regelungen. Wenn es den Außenpartner nicht klar ist, soll diese Rechtslage durch eine entsprechende Erklärung den Vertragsparteien zur Klarstellung mitgeteilt werden.[54]

Dass der Euroraum gegenüber den aus der Unionssicht betrachteten Drittsubjekten zu vertreten ist, schließt andererseits nicht aus, dass die Drittsubjekte den Euro benutzen.[55] Der Euroraum ist sowieso gegenüber diesen Subjekten zu vertreten.

Insgesamt gehören zu den Drittsubjekten insbesondere die Staaten außerhalb der Union (Drittstaaten) und internationale Organisationen. Dies ist auch dann so, wenn die Institutionen der Drittstaaten bzw. der internationalen Organisationen (wie z.B. nationale Zentralbanken) international auftreten. Dennoch gelten als die Subjekte der Vertretung Drittstaaten bzw. internationale Organisationen.

b) Gremien

Diese gerade bestimmten Subjekte können sich nun in einer bilateralen oder multilateralen Konfiguration, i.e. in einem Gremium, versammeln.

Zu solchen Gremien zählen sowohl die in verschiedenem Maße verfestigten Strukturen, als auch ad hoc einberufene Treffen. Sie werden in Art. 138 Abs. 2 AEUV, dieser Reihenfolge entsprechend, als internationale Einrichtungen und Konferenzen bezeichnet.[56] Die Verfestigung als der Unterscheidungsfaktor, die

---

53 Siehe: ein solches Änderungsabkommen vom 13. November 2014, ABl. C 64/1 vom 21. Februar 2015.

54 So etwa *Martenczuk*, ZaöRV 1999, S. 96–97.

55 Dazu: Teil I Kapitel I.1.a.

56 Die Nomenklatur wird in den Verträgen nicht homogen angewendet. Der die internationale Zusammenarbeit generell betreffende Art. 220 Abs. 1 Unterabs. 2 AEUV deutet nur auf internationale Organisationen hin, umgreift aber auslegungsgerecht auch andere internationale Einrichtungen und Konferenzen. EWWU-spezifisch wird in Art. 219 Abs. 4 AEUV umfassend über internationalen Gremien gesprochen, während in Art. 6 EZB-Satzung über internationale Währungseinrichtungen, die im weiten Sinne alle internationalen Währungsgremien umfassen, an denen sich die Zentralbanken beteiligen können (diesbezüglich: *Smits*, in: Groeben/Schwarze/Hatje (Hrsg.), Europäisches Unionsrecht, Art. 6 EZB-Satzung, Rn. 17–23).

man mit einer offiziellen, die Mitgliedschaft/Teilnahme regelnden und die Aufgaben zuweisenden Satzung und mindestens einem Sekretariat verbindet, gibt dazu aber keine strikte Abgrenzung.[57] Die Unterscheidung spielt, außer bei der Aussonderung von internationalen Organisationen, die sich durch die vertragliche Gründung, die Organausstattung und das eigenständige Auftreten im internationalen Rechtsverkehr kennzeichnen, keine Rolle.

Die Vertretung in einem Gremium, i.e. gegenüber den darin versammelten Einzelsubjekten, oder gegenüber dem Gremium, wie gegenüber einer internationalen Organisation, erfolgen kann. Das sind zwei unterschiedlichen Fälle, da in dem zweiten gerade die internationale Organisation möglicherweise als Vertragspartner auftritt, während in dem ersten die in dem Gremium versammelten Einzelsubjekte die Vertragspartner wären.

Die internationalen Organisationen, in denen der Euroraum angesichts der zu behandelnden Themen zu vertreten ist, stellen der IWF und die OECD dar. Bei dem IWF können die Union und die Euro-Mitgliedstaaten sowohl gegenüber anderen Staaten bzw. internationalen Organisationen im IWF, als auch gegenüber dem IWF als solchem vertreten werden, wie es auch oben unterschieden wurde. Ein verstetigtes Gremium ist z. B. der *Financial Stability Board.* Den Konferenzen könnten die Treffen der G7 und G20 zugeordnet werden.

2. Zusammenarbeitsarten

Die Zusammenarbeit mit den Außenpartnern kann verschiedene Formen annehmen.

Als Sammelbegriff könnten dazu der Begriff der Außenbeziehungen oder derjenige der internationalen Beziehungen (auswärtige Beziehungen) dienen. Sie sind durch eine umfangreiche Beschreibung gekennzeichnet als „alle die Beziehungen zwischen Völkern, Volksteilen und ihren Mitgliedern (…) die politisch von Bedeutung sind“[58].

Für die Außenvertretung des Euroraums ist die Unterscheidung dieser Beziehungen in zwei Basisgruppen relevant: internationale Verträge und andere Arten der Zusammenarbeit.

57 So auch *Häde*, in: Calliess/Ruffert (Hrsg.), EUV/AEUV, Art. 138 EUV, Rn. 6.

58 Begriff der internationalen Beziehungen in: *Strupp/Schloschauer* (Hrsg.), Wörterbuch des Völkerrechts, S. 50.

a) Internationale Verträge

Das Handeln in der ersten Basisgruppe beabsichtigt eine rechtliche Bindung internationaler Partner. Die mehr oder weniger formalisierten Verhandlungen sollen letztendlich im Ergebnis in gemeinsame Verpflichtungen durch einen internationalen Vertrag münden.

aa) Völkerrechtliche Verträge

Bei den internationalen Verträgen geht es herkömmlich um die völkerrechtlichen Verträge, die das Wiener Übereinkommen über das Recht der Verträge vom 23. Mai 1969 (WÜRV) regelt. Dieses Übereinkommen ist selbst ein völkerrechtlicher Vertrag und daher selbst konstituierend.

Neben der thematischen Vielfalt der Verträge werden überdies auch die Gründung einer internationalen Organisation und der Beitritt zu dieser durch einen völkerrechtlichen Vertrag vollzogen. Zu den völkerrechtlichen Verträgen zählen weiter die Verträge, die im Rahmen einer solchen Organisation geschlossen werden, da, wie es bei der Beschreibung der Gremien angesprochen wurde, die internationalen Organisationen neben der eigenen Subjektivität auch die Zusammenarbeitsgremien sind. Solche Verträge werden oft als Beschlüsse von Hauptorganen der internationalen Organisationen (der Generalversammlung, der Konferenz o. Ä.) geschlossen. So findet das WÜRV gemäß seinem Art. 5 Anwendung auf jeden Vertrag, der die Gründungsurkunde einer internationalen Organisation bildet, sowie auf jeden im Rahmen einer internationalen Organisation angenommenen Vertrag, unbeschadet aller einschlägigen Vorschriften der Organisation.

bb) Privatrechtliche Verträge

In Bezug auf die internationalen Verträge erhebt sich fernerhin die Frage, ob die Außenvertretung des Euroraums auch Verträge betrifft, die zwischen den Außenpartnern des Euroraums abgeschlossen werden, aber privatrechtlicher Natur sind. Die Frage besteht im weiteren Umfang darin, ob die Außenvertretung des Euroraums nicht nur die völkerrechtlich bezogenen oder völkerrechtsähnlichen (wie insbesondere informelle Absprachen) Handlungen, sondern auch alle externen Aktivitäten (Außenaktivitäten) der Union und der Euro-Mitgliedstaaten im thematischen Vertretungsspektrum umfasst.

Ein für die Außenvertretung des Euroraums denkbarer Fall eines privatrechtlichen Vertrags würde sich in der Situation verwirklichen, in der eine Zweckgesellschaft, die zu einem internationalen Ziel benötigt wird, wie die im Jahr 2010 gegründete Europäische Finanzstabilisierungsfazilität (EFSF, engl. European

Financial Stability Facility) zur Gewährung finanzieller Unterstützung von Euro-Mitgliedstaaten[59], nicht nur zwischen Euro-Mitgliedstaaten, sondern auch mit den Außenpartnern gegründet würde.

So ein Fall liegt auch bezüglich der Tätigkeit der EZB und der nationalen Zentralbanken der Euro-Mitgliedstaaten im Rahmen des Europäischen Systems der Zentralbanken (ESZB) vor, da sie nach Art. 23 EZB-Satzung bankspezifische, privatrechtliche Geschäfte mit Drittstaaten und internationalen Organisationen, wie den An-/Verkauf von Devisen, und die Aufnahme/die Gewährung von Krediten, tätigen können. Die Union und die Euro-Mitgliedstaaten bedienen sich dann des Privatrechts, weil sie bei solchen Geschäften nicht als Träger hoheitlicher Gewalt in einer Über- /Unterordnung gegenüber den Geschäftspartnern stehen.[60] Anders ist es bei den staatlichen inländischen Geschäften, die je nach dem Vertragsgegenstand dem Privatrecht, dem öffentlichen Recht oder als ein komplexes Geflecht beiden zuzuordnen sind.[61]

Die privatrechtlichen Beziehungen sind jedoch nur am Rande der völkerrechtlichen und der dieser ähnlichen Zusammenarbeit zu betrachten, die den Schwerpunkt bei der Außenvertretung des Euroraums bildet. In diesem Kontext dienen nämlich die privatrechtlichen Verträge vor allem der Durchführung der völkerrechtlichen Bestimmungen.

b) Andere Zusammenarbeitsarten

Neben dem Abschluss von internationalen Verträgen stehen die Verwaltungskooperation und die Unterhaltung diplomatischer oder ähnlicher Beziehungen als andere Formen der internationalen Zusammenarbeit (die zweite Basisgruppe).[62]

---

59 Die European Financial Stability Facility (EFSF) war eine zivilrechtliche Zweckgesellschaft luxemburgischen Rechts, die im Anschluss an eine zwischenstaatliche Vereinbarung der Euro-Mitgliedstaaten, zur Wahrung der Finanzstabilität des gesamten Euro-Währungsgebiets durch die Gewährung finanzieller Unterstützung gegründet wurde. Seine Aufgaben übernahm seit Juni 2013 der European Stability Mechanism (ESM). Die näheren Informationen sind auf der Internetseite der EFSF (www.efsf.europa.eu) und des ESM (www.esm.europa.eu/) zu finden.

60 Auf andere Theorien der hoheitlichen Gewalt (die modifizierte Subjektstheorie oder die Interessentheorie) kommt es hier nicht an.

61 Dazu: *Tschekuschina*, Rechtliche Aspekte der geldpolitischen Instrumente des Europäischen Systems der Zentralbanken, S. 30–33 und 67–70.

62 So etwa *MacLeod/Hendry/Hyett*, The external relations of the European Communities, S. 165 ff.

Der Verwaltungskooperation wird dabei ein breites Spektrum der internationalen Kontakte zugeschrieben, die unter der Schwelle des Vertragsabschlusses im Sinne der rechtlichen Verbindlichkeit siedeln. Ihr Ziel kann beispielsweise in einem reinem Informations- und Dokumentenaustausch, in Konsultationen bezüglich von Anliegen von gemeinsamem Interesse (wie z.B. zur Abstimmung der Politiken oder zur Konfliktvermeidung) oder in einer gemeinsamen Problemausarbeitung in den gemeinsamen Arbeitsgruppen (engl. joint working groups) bestehen. Dafür können informelle Vereinbarungen oder sogar früher abgeschlossene internationale Rahmenverträge eine Grundlage bilden. Der zweite Fall besteht z.B. dann, wenn eine Zusammenarbeit, die selbst nicht auf den Abschluss eines internationalen Vertrags abzielt, im Rahmen einer internationalen Organisation erfolgt.

Thematisch kann die Verwaltungskooperation sowohl von politischem als auch von technischem Charakter sein.

Die Verwaltungskooperation verbindet man mit der Ministerebene oder mit anderen unter dieser im staatlichen Verwaltungsaufbau stehenden Ebenen. Zusammen mit den politischen Treffen auf höchster Ebene – der Staats- und Regierungschefs (alltagssprachlich „Gipfeltreffen" genannt) –, kann sie als „Soft"-Kooperation bezeichnet werden. Damit wird der Unterschied zum Abschluss von internationalen Verträgen zum Ausdruck gebracht, also zur ersten Basisgruppe der internationalen Zusammenarbeitsarten, die die rechtliche Verbindlichkeit gekennzeichnet.

Des Weiteren zählt auch die Unterhaltung von diplomatischen Beziehungen zu einem Staat bzw. zu einer internationalen Einrichtung mit der einhergehenden Unterhaltung einer diplomatischen Vertretung in einem Staat bzw. bei einer internationalen Einrichtung zu den internationalen Beziehungsarten. Solche Vertretungen erfüllen umfangreiche Aufgaben: vom Schutz der Bürger des Entsendestaats bis zur Förderung der wirtschaftlichen und kulturellen Beziehungen zwischen dem Empfangs- und dem Entsendestaat.

Im Kontext der Außenvertretung des Euroraums geht es allerdings nicht um die diplomatische Tätigkeit im Sinne einer solchen Botschaft oder eines Konsulates. Die Unterhaltung einer diplomatischen Vertretung des Euroraums bei einer internationalen Einrichtung kann eine von zwei Typen der Ausübung der Vertretung bedeuten: die Errichtung einer ständigen Sondervertretung, die bei der Einrichtung ansässig ist, oder eine ad hoc-Vertretung, die zum Zweck eines Treffens gebildet wird. Diese zwei Typen von Vertretungen engagieren sich in den oben dargestellten Formen der internationalen Zusammenarbeit: entweder zielen sie durch Verhandlungen auf den Abschluss von internationalen

Verträgen oder sie betreiben eine sich unter dieser Schwelle befindenden „Soft"-Kooperation.

Zusätzlich zu den zwei Basisgruppen ist die Außenvertretung des Euroraums schließlich auf die Kontakte mit der Presse oder anderen Medien zu erweitern. Auch der Öffentlichkeit soll klar und deutlich sein, wer im Namen des Euroraums spricht, also wer zuverlässig die Standpunkte des Euroraums äußert.

3. Ergebnis: Zwei Regelungsebenen

Als Folge der Außenkonfiguration wird die Vertretung des Euroraums in die für den Euroraum geltenden externen Völkerrechtsrahmen gesetzt.

Obwohl nicht alle Kontakte, die die Union und die Euro-Mitgliedstaaten als Euroraum vornehmen, auf den Abschluss eines völkerrechtlichen Vertrags gerichtet sind, stellen die völkerrechtlichen Regelungen die Basis auch für diese anderen Kontakte dar. Dies dient der Vereinheitlichung.

Die völkerrechtlichen Bedingungen legen Anforderungen an die Vertretung fest. Neben dem internen Recht des Euroraums bestimmen sie daher die Vertretung mit. Daraus ergeben sich zwei Regelungsebenen der Außenvertretung des Euroraums, die hier als die *externe* Regelungsebene und die *interne* Regelungsebene bezeichnet werden.

Extern wird die Vertretung des Euroraums sowohl durch das für alle Subjekte des internationalen Verkehrs geltende allgemeine Völkerrecht als auch durch das partikuläre Völkerrecht[63], mitbestimmt bzw. beschränkt. Zu dem allgemeinen Völkerrecht zählt insbesondere das völkergewohnheitsrechtliche Recht der Verträge, dessen Kodifizierung das Wiener Übereinkommen über das Recht der Verträge vom 23. Mai 1969 (WÜRV) ist. Es gilt für die Außenbeziehungen der Union in vollem Umfang ebenso wie für die Staaten.[64] Zu dem partikulären Völkerrecht hingegen zählen insbesondere die Mitgliedschaftsregelungen der internationalen Gremien. Das partikuläre Völkerrecht gilt für die Subjekte, die sich schon in dem einschlägigen Gremium befinden bzw. die Vertragsparteien sind. Es muss aber auch beachtet werden, wenn ein Subjekt den Beitritt zu dem Gremium anstrebt. Es hat deswegen eine über die zwischen den Urhebern hinausgehende Wirkung.

63 Dazu sogleich. Klar zu stellen ist aber, dass dies als neue Begrifflichkeit hier eingeführt wird.

64 Dazu etwa: *Oppermann*, Europarecht, S. 138, Rn. 152–164.

Das Völkerrecht unter Ausschluss des Unionsrechts (das ebenfalls partikuläres Völkerrecht ist)[65] stellt dementsprechend die *externe* Regelungsebene der Außenvertretung des Euroraums dar. Die *interne* Regelungsebene, i.e. das Recht des Euroraums, macht hingegen überwiegend das Unionsrecht aus. Allerdings zählt auch das partikuläre nationale Recht der Euro-Mitgliedstaaten dazu. Die nationalen Rechtsordnungen bestimmen einerseits, wer die Mitgliedstaaten international vertritt, wenn keine Regelung der Union einschlägig ist. Andererseits, bestimmen sie, wer bei Abstimmungen innerhalb der Institutionen der europäischen Union seitens der Mitgliedstaaten teilnimmt.

Die *interne* und *externe* Regelungsebene ist die Folge der der Vertretung als juristisches Phänomen immanenten Aufteilung in das Außen- und Innenverhältnis. Hier besteht eine Parallele zu einer privatrechtlichen Gesellschaft. Auch dort lassen sich zwei Regelungsebenen unterscheiden: die *interne*, die die Satzung der Gesellschaft und die zwingenden bzw. ergänzenden Bestimmungen des Gründungsrechts ausmachen, und die *externe*, also die Regelungen des Rechtsverkehrs, an dem die Gesellschaft teilnimmt.

III. Vertretung

Nach der Klärung, wer, was und in welcher Konfiguration bei der Außenvertretung des Euroraums vertreten werden soll, ist es schließlich möglich, zu der detaillierten Klarstellung der Vertretungsbegriffe zu übergehen.

Es könnte unter Vertretung einerseits das Handeln und andererseits der Handelnde verstanden werden. Während das Thema „Außenvertretung des Euroraums“ an beiden Bedeutungen anknüpft, behandelt dieser Abschnitt nur den Akt der Vertretung. Es geht um die Erklärung des Willens des Vertretenen, im Namen des Vertretenen durch den Vertreter mit der Vertretungsmacht.[66]

---

65 Zur besonderen Stellung (der Eigenständigkeit) des Unionrechts äußerte sich grundlegend der EuGH in der Van-Gend-&-Loos-Entscheidung: „Die Europäische Wirtschaftsgemeinschaft stellt eine neue Rechtsordnung des Völkerrechts dar, zu deren Gunsten die Staaten, wenn auch in begrenztem Rahmen, ihre Souveränitätsrechte eingeschränkt haben; eine Rechtsordnung, deren Rechtssubjekte nicht nur die Mitgliedstaaten, sondern auch die Einzelnen sind.“ (EuGH Rs. 26/762 (Van Gend & Loos), Slg. 1963, 1).

66 Vgl. Begriff der Vertretung, in: *Creifelds* (Begr.)/*Weber* (Hrsg.), Rechtswörterbuch, S. 1405, 1189–11190.

Demgemäß sind die Bedeutung und die Überschneidung der in Kapitel I.1.c unterschiedenen zwei Vertretungsebenen (der *vertikalen* und *horizontalen*) und der Einfluss der in Kapitel II.3 unterschiedenen zwei Regelungsebenen (der *externen* und *internen*) zu klären.

Die *horizontale* Vertretungsebene geht die Bestimmung eines Vertreters des Euroraums an, dem die Vertretungsmacht seitens der Union und der Euro-Mitgliedstaaten (je nach der Zuständigkeit) zu erteilen ist. Die *vertikale* Vertretungsebene betrifft hingegen die Bestimmung des Vertretenen, i.e. des Zurechnungssubjekts, das die Wirkung des Handelns des Vertreters direkt trifft (das Handeln im Namen des Vertretenen).[67] Zusammenfassend ist die *vertikale* Ebene die den Vertretenen bestimmende, während die *horizontale* Ebene die die Person des Vertreters bestimmende ist.

Die beiden Problemebenen werden durch die *externe* und die *interne* Regelungsebene determiniert. Erstens muss der Vertretene im Außenverhältnis vertretungsfähig sein. Die Vertretungsfähigkeit legen die *externen* Regelungen fest (Kapitel III.1.a). Diese bestimmen, ob das nach den *internen* Regelungen Erwünschte (das unionsrechtlich gemäß der Zuständigkeitsverteilung zwischen der Union und den Euro-Mitgliedstaaten zu ermitteln ist) extern durchsetzbar ist (Kapitel III.2.a und Kapitel III.3.a). Der Vertreter muss weiter im Außenverhältnis als solcher anerkannt werden (Kapitel III.1.b): Die einschlägigen Befugnisse, die die *internen* Regelungen festlegen, setzen sich im Falle ihrer Verletzung nur in gewissem, durch die *externen* Regelungen bestimmten Maße, im Außenverhältnis durch (Kapitel III.2.b und Kapitel III.3.b).

Insgesamt wird hier für dieses Kapitel die folgende Systematisierung eingeführt: Die Analyse wird nach den Regelungsebenen aufgeteilt. Zuerst werden die Regelungen der *externen* Ebene und danach der *internen* Ebene betrachtet. Die Interdependenz der beiden Ebenen wird jedoch schon nach der *externen* Regelungsebene besprochen, da sie weitestgehend von den Regelungen dieser bestimmt wird. Weiter wird gemäß den Problemebenen aufgeteilt. Es wird

---

67 Wie in Kapitel I.1 gezeigt, ist der zu vertretende Euroraum ein Hybride der zwei Verbandsarten – der Union und der Euro-Mitgliedstaaten –, die durch ihre Organe handeln. Auf das Eigenzurechnungsproblem im Verbandsrecht, i.e. auf den dogmatischen Streit zwischen der Organ- und der Vertretertheorie („Nach der Vertretertheorie ist die juristische Person selbst nicht fähig zum Wollen und Handeln; dies erledigen Dritte, nämlich ihre Vertreter. Nach der Organtheorie ist der Verband selbst mittels seiner Organe Willens- und Handlungsträger") wird hier nicht eingegangen; dazu siehe aber: *Schmidt*, Gesellschaftsrecht, S. 250–254 (das Zitat, S. 250).

jeweils in dem ersten Unterkapitel die *vertikale* und in dem zweiten die *horizontale* Vertretungsebene behandelt.

1. Vertretung gemäß *externer* Regelungsebene

Damit die beabsichtigten, materiellen völkerrechtlichen Folgen durch einen Vertretungsakt direkt für ein Subjekt bewirkt werden, müssen bestimmte formelle Voraussetzungen erfüllt werden. Solche gelten zum einen in Hinsicht auf die Eigenschaften des vertretenen Subjektes (Kapitel a), da am völkerrechtlichen Verkehr nur ein begrenzter Subjektkreis teilnehmen darf. Zum anderen gibt es externe Regelungen über die Eigenschaften des Vertreters des zum völkerrechtlichen Verkehr zugelassenen Subjektes (Kapitel b), da der Vertreter sich, um das Vertrauen der Außenpartner zu schützen, mit einer völkerrechtlich anerkannten Vertretungsmacht zu legitimieren hat.

An dieser Stelle ist wieder zu bemerken, dass, obwohl nicht alle Beziehungsarten der Außenvertretung des Euroraums eine völkerrechtliche Bindung bezwecken, auch die „Soft"-Kooperation sich an den völkerrechtlichen Vertretungsprinzipien orientiert.

a) Vertretungsfähigkeit (vertikale *Vertretungsebene)*

Damit ein Subjekt (im Falle des Euroraums: die Union und die Euro-Mitgliedstaaten) nach außen vertreten werden kann, muss es zuerst vertretungsfähig sein. Die Vertretungsfähigkeit bedeutet hier die Zulassung zur Teilnahme am Außenrechtsverkehr.

Die Teilnahme am völkerrechtlichen Verkehr (Außenrechtsverkehr) des Subjektes bestimmen zwei Elemente: einerseits seine allgemeinen, völkerrechtlichen Eigenschaften, die für die Teilnahme am völkerrechtlichen Verkehr im Allgemeinen maßgebend sind (Unterkapitel aa), und andererseits die Bedingungen der völkerrechtlichen Einzelzusammenarbeit, womit ihre Beteiligten die Teilnahme am völkerrechtlichen Verkehr partikulär mit der Drittwirkung in Hinsicht auf eine Beteiligungsmöglichkeit beschränken können (Unterkapitel bb).

aa) Völkerrechtssubjektivität – allgemeine Voraussetzung

Über die Zulassung zur Teilnahme am völkerrechtlichen Verkehr entscheidet im Allgemeinen die Völkerrechtssubjektivität (Völkerrechtsfähigkeit) im Sinne der Fähigkeit eines Subjektes, Träger von völkerrechtlichen Rechten und Pflichten sein zu können und die völkerrechtliche Handlungsfähigkeit (i.e. die Fähigkeit, diese völkerrechtlichen Rechte und Pflichten durch eigene Handlung erzeugen zu können).[68] Die Handlungsfähigkeit führt zu der Vertretungsfähigkeit, also der Fähigkeit, vertreten werden zu können.

Es ist folglich nach der Völkerrechtssubjektivität der Subjekte der Außenvertretung des Euroraums zu fragen. Die Staaten (darunter Euro-Mitgliedstaaten) sind a priori Völkerrechtssubjekte. Die Völkerrechtssubjektivität der anderen Subjekte (darunter der Union) muss hingegen grundsätzlich durch die anderen Teilnehmer des völkerrechtlichen Verkehrs, zuallererst also die Staaten, anerkannt werden. Die Grundlage für eine solche Anerkennung im Falle eines interstaatlichen Gebildes ist ihre Kompetenz- und Organausstattung in dem Gründungsvertrag, wenn die Kompetenzen ihre Verwirklichung auch im völkerrechtlichen Verkehr zulassen. Diese Kompetenzen begrenzen dann funktionell die Völkerrechtssubjektivität eines solchen Gebildes.[69] Die Völkerrechtssubjektivität der Union findet ihre zwischen den Mitgliedstaaten geltende Grundlage in Art. 47 EUV und ist auch heutzutage von Drittstaaten allgemein anerkannt.[70]

Die völkerrechtliche Handlungsfähigkeit setzt die Völkerrechtssubjektivität voraus. Sie brauchen sich aber insoweit nicht zu decken, als die völkerrechtliche Handlungsfähigkeit beschränkt werden kann. Die völkerrechtliche Handlungsfähigkeit wird jedoch nur in atypischen Fällen beschränkt sein, da das Völkerrecht den äußeren Verkehr der Subjekte regelt, welcher sich überwiegend im Wege des Handelns dieser Subjekte realisiert.[71]

Von der Völkerrechtssubjektivität kann man dementsprechend grundsätzlich die Vertretungsfähigkeit ableiten, die, rechtlich erfasst, in dem Gesandtschaftsrecht in subjektivem Sinne[72] ihren Ausdruck findet. Das Gesandtschaftsrecht in subjektivem Sinne bedeutet nämlich das Recht, eigene Vertreter zu entsenden

---

68 Siehe: *Strupp/Schlochauer* (Hrsg.), Wörterbuch des Völkerrechts, S. 665 (Allgemeines) und 667 (Rechts- und Handlungsfähigkeit) unter dem Begriff „Völkerrechtsfähigkeit".

69 Zu der Völkerrechtssubjektivität der internationalen Organisationen siehe: *Seidl-Hohenveldern/Loibl*, Das Recht der Internationalen Organisationen einschließlich der Supranationalen Organisationen, S. 44–49, 52–53 und 89–90. Allgemein zu der Völkerrechtssubjektivität etwa: *Stein/Buttlar*, Völkerrecht, S. 165–170.

70 Dazu etwa: *Ruffert* in: Calliess/Ruffert (Hrsg.), EUV/AEUV, Art. 47 EUV, Rn. 5–8; und *Müller-Ibold*, in: Lenz/Borchardt, EU-Verträge Kommentar, Art. 216, Rn. 2–3.

71 So *Strupp/Schlochauer* (Hrsg.), Wörterbuch des Völkerrechts, S. 667 (Rechts- und Handlungsfähigkeit) unter dem Begriff „Völkerrechtsfähigkeit".

72 Das Gesandtschaftsrecht im subjektiven Sinne ist von dem sog. objektiven Gesandtschaftsrecht zu unterscheiden, das die Gesamtheit der völkerrechtlichen Normen bezeichnet, die die Regelung des gesandtschaftlichen Verkehrs zum Gegenstand haben, siehe: Begriff „Gesandtschaftsrecht" in: *Strupp/Schlochauer* (Hrsg.), Wörterbuch des Völkerrechts, S. 666.

(aktives Gesandtschaftsrecht) und Vertreter fremder Völkerrechtssubjekte zu empfangen (passives Gesandtschaftsrecht). Es ist die eigentliche Basis für die Teilnahme an der internationalen Zusammenarbeit.

Da die Union und die Euro-Mitgliedstaaten Völkerrechtssubjektivität besitzen, sind sie folglich auch vertretungsfähig.

bb) Teilnahmeregelungen – Voraussetzung im Einzelfall

Das subjektive Gesandtschaftsrecht korrespondiert allerdings mit keinem Anspruch auf den Empfang von Vertretern eines Völkerrechtssubjektes seitens eines anderen. Die Teilnahme am völkerrechtlichen Verkehr kann nämlich partikulär beschränkt werden.

Die Vertretung der Subjekte der Euroraum-Außenvertretung (der Union und aller Euro-Mitgliedstaaten) stößt oft auf Beschränkungen der Mitgliedschafts- bzw. Teilnahmeregelungen. So kann dies bei einem Einzelvorhaben (z.B. bei einem völkerrechtlichen Vertrag) oder aber auch bei einer Zusammenarbeit in einem Gremium vorkommen. Im letzten Fall betrifft dies die Situation, in der begrenzende Regelungen in der Satzung eines internationalen Gremiums enthalten sind.

Im Fall der Außenvertretung des Euroraums sind insbesondere zwei beschränkende Teilnahmeregelungsarten problematisch. Erstens gibt es exklusive Gremien, wie G7 und G20, die nur einen begrenzten Teilnehmerkreis zulassen; insbesondere sind nicht alle Euro-Mitgliedstaaten Mitglieder. Zweitens kann die Teilnahme bei einer internationalen Organisation oder bei einem völkerrechtlichen Vertrag nur auf die Staaten durch eine sog. NurStaatenKlausel[73] beschränkt werden, die das vollberechtigte Mitmachen der Union ausschließt. Es wird nämlich nur ausnahmsweise die Mitgliedschaft von internationalen Organisationen neben den Staaten gestattet. Das geschieht entweder durch eine direkte individuelle Mitgliedschaftsverleihung oder, wie bei der Zusammenarbeit innerhalb der VN-Sonderorganisationen, durch die Mitgliedschaftsanerkennung der sog. Regional Economic Integration Organisations (REIOs) oder, breiter, der Regional Integration Organisations (RIOs).[74] Sie haben keine allgemein anerkannte

73 Siehe als Beispiel: Art. II Abs. 2 des IWF-Übereinkommens.

74 Zu REIO-Status und RIO-Status siehe: *Emerson* et al., Upgrading the EU's role as global actor, S. 31–36. Das Verzeichnis der eine REIO-Klausel enthaltenden Verträge, deren Partei die Union ist, findet man in: Inventory of agreements containing the REIO clause, (Rechtsstand: 7. Juli 2011), European Commission, DG RELEX/B2 – Treaties Office Database.

Definition. Zu solchen zählt allerdings unstreitig die Union, die die am meisten fortgeschrittene wirtschaftliche Integration darstellt.

*b) Vertreteretablierung (*horizontale *Vertretungsebene)*

Nach den Ausführungen zu der *vertikalen* Vertretungsebene besteht der nächste Schritt der Analyse in der Ermittlung, wie die *externe* Regelungsebene die *horizontale* Vertretungsebene beeinflusst.

Zur Ausübung des Gesandtschaftsrechts eines Völkerrechtssubjekts (*vertikale* Vertretungsebene) ist ein Vertreter im Außenverhältnis (*horizontale* Vertretungsebene) zu etablieren. Es muss gegenüber den Zusammenarbeitspartnern bekannt gemacht werden, dass eine bestimmte Person im Namen der Union und der Euro-Mitgliedstaaten auftritt.

Das Gesandtschaftsrecht umfasst dabei das Recht zur Etablierung aller organisatorischen Vertretungsarten, sowohl der ständigen, bei einem Staat bzw. einer internationalen Organisation angesiedelten als auch der mit einem Sachauftrag betrauten, ad hoc entsendeten Vertreter, obwohl der Schwerpunkt bei dem herkömmlichen Verständnis des Gesandtschaftsrechts auf der ersten Vertretungsart liegt.[75] Auf die beiden Vertretungsarten unter dem Gesichtspunkt der Außenvertretung des Euroraums wird nacheinander im Folgenden eingegangen.

aa) WÜD-diplomatische Missionen vs. Euroraum-Vertreter

Zuerst ist das Verhältnis des Vertreters des Euroraums zu diplomatischen Missionen im Sinne des Wiener Übereinkommens vom 18. April 1961 über die diplomatischen Beziehungen (WÜD) zu klären.

Als Ausgangspunkt ist festzustellen, dass mit dem Vertretungsbegriff im völkerrechtlichen Verkehr der allgemein benutzte Begriff der Diplomatie verwandt ist. Die gewöhnliche Bedeutung der Diplomatie setzt allerdings einen anderen Kernpunkt. Sie legt das Gewicht auf die politische Vertretung. Dabei kann sie einerseits die Tätigkeit der zur Vertretung berufenen Personen und andererseits die Unterhaltung der vielfältigen Beziehungen zwischen den Staaten bedeuten.

Die Vertretung des Euroraums fügt sich nur teilweise in eine derartige Diplomatie ein. Die Unterhaltung solcher politischen Beziehungen könnte man dann

75 Die Bedeutung des Gesandtschaftsrechts ist weiter nicht mit der Bedeutung des Begriffs „Gesandte" gemäß dem Wiener Übereinkommen vom 18. April 1961 über die diplomatischen Beziehungen (WÜD) zu konnotieren, der nur zum Zwecke der Rangfolge und der Etikette zur Bezeichnung einer der drei Klassen der Missionschefs angewendet wird (Art. 15 Abs. 1 WÜD).

unter dem Sammelbegriff der Euro-Diplomatie zusammenfassen. Außerhalb der Diplomatie bliebt jedoch die strikt operative Zusammenarbeit, wie z.B. der EZB mit Zentralbanken der Drittstaaten.

Völkerrechtlich tritt der Begriff der Diplomatie in den abgeleiteten Formen – der diplomatischen Beziehungen und eines Diplomaten – in dem erwähnten Wiener Übereinkommen vom 18. April 1961 über die diplomatischen Beziehungen (WÜD) auf. Die diplomatische Beziehungen bedeuten danach die Unterhaltung der dauerhaft eingerichteten Vertretungsstellen (i.e. der diplomatischen Missionen, anders: der diplomatischen Vertretung) eines Staates in einem anderen Staat.[76] Der Begriff des Diplomaten bezeichnet nach Art. 1 lit. e WÜD den Missionschef und die Missionspersonalmitglieder, deren Aufgaben nach Art. 3 WÜD u.a. in dem Schutz der Interessen des Entsendestaates und seiner Angehörigen im Empfangsstaat und der Förderung der freundlichen (wirtschaftlichen, kulturellen und wissenschaftlichen) Beziehungen zwischen dem Entsendestaat und dem Empfangsstaat bestehen.

Das WÜD betrifft die organisatorischen Anliegen einer ständigen Vertretung, die innerstaatlich dem Auswärtigen Dienst des Entsendestaats untergeordnet und sachlich mit den für eine solche Vertretung typischen außenpolitischen Aufgaben betraut ist. Unabhängig davon, ob die Union (eines der Subjekte der Euroraum-Vertretung) die diplomatischen Beziehungen im Sinne des WÜD führt,[77] bilden die Euroraum-Delegationen keine gewöhnlichen diplomatischen WÜD-diplomatischen Missionen. Das schließt nicht aus, dass die Immunität, die den Diplomaten nach dem WÜD zusteht, auch als das

76 Keine diplomatische Vertretung stellt die konsularische Vertretung, i.e. Konsulate und Konsulatagenturen, dar, die vom Wiener Übereinkommen vom 24. April 1963 über konsularische Beziehungen (WÜK) geregelt sind. Sie sind Auslandsvertretungen eigener Art: die administrativen und die reinen Verbindungsbüros. Bezüglich der konsularischen Aufgaben siehe: Art. 5 WÜK.

77 Einen Anwendungsbereich dazu stellen die der Leitung des Hohen Vertreters der Union für Außen- und Sicherheitspolitik unterstehenden Delegationen der Union in Drittstaaten und internationalen Organisationen (Art. 221 AEUV) dar. Sie sorgen für die Vertretung der Union (auch zum Schutz der Unionsbürger) in enger Zusammenarbeit mit den diplomatischen und konsularischen Vertretungen der Mitgliedstaaten und sind der integrale Teil des Europäischen Auswärtigen Diensts (EAD) (Art. 27 Abs. 3 EUV). *De iure* sind diese Delegationen jedoch keine diplomatischen Missionen, werden aber *de facto* von den Ländern, in denen sie akkreditiert sind, als solche behandelt.

durch das WÜD kodifizierte Gewohnheitsrecht auf die Rechtsposition der Vertreter des Euroraums entsprechende Anwendung findet.[78]

bb) WÜRV-Vertretungsmacht

Nach der Betrachtung des Vertreters des Euroraums in Bezug auf die diplomatischen Missionen nach dem Wiener Übereinkommen vom 18. April 1961 über die diplomatischen Beziehungen (WÜD) sind als nächstes die Einzelheiten der Vertretung beim Abschluss von internationalen Verträgen nach dem Wiener Übereinkommens über das Recht der Verträge vom 23. Mai 1969 (WÜRV) zu klären.

Das WÜD nimmt die organisatorische Perspektive der Vertretung ein. Das WÜRV regelt dagegen die Vertretung bei der Vornahme von Handlungen bestimmter Art. Der gemeinsame Nenner des geregelten Handelns in Vertretung ist dabei die wirksame Abgabe einer Willenserklärung im völkerrechtlichen Sinne (siehe: Art. 2 Abs. 1 lit. c WÜRV).

Angesichts der Außenvertretung des Euroraums, die internationale Verträge sowohl der Euro-Mitgliedstaaten als auch der Union deckt, ist festzustellen, dass das WÜRV überwiegend das Gewohnheitsrecht im Bereich internationaler Verträge kodifiziert und deswegen trotz seiner unmittelbaren Geltung ausschließlich für Verträge zwischen Staaten auch auf Verträge zwischen Staaten und internationalen Organisationen und zwischen internationalen Organisationen entsprechend anzuwenden ist (vgl. Art. 1 und 3 WÜRV). Das Wiener Übereinkommen über das Recht der Verträge zwischen Staaten und internationalen Organisationen oder zwischen internationalen Organisationen von 1986 (WÜRV-IO), das dem WÜRV deutlich ähnelt und das Gros seiner Regelungen wörtlich übernimmt, trat wegen der nicht ausreichenden Zahl der Ratifizierungen noch nicht in Kraft.[79] Auf die relevanten Besonderheiten der WÜRV-IO wird hier aber eingegangen.

---

78 Allgemein zu den Privilegien und Immunitäten der Vertreter der internationalen Organisationen siehe: *Seidl-Hohenveldern/Loibl*, Das Recht der Internationalen Organisationen einschließlich der Supranationalen Organisationen, S. 285–291.

79 Dazu siehe Informationen auf der Internetseite der Vereinten Nationen (der Generalsekretär der Vereinten Nationen ist Depositar des Übereinkommens): http://treaties.un.org/Pages/ViewDetails.aspx?src=TREATY&mtdsg_no=XXIII-3&chapter=23&lang=en. Zu den Vertragsparteien zählen 18 Mitgliedstaaten (Belgien, Bulgarien, Dänemark, Deutschland, Estland, Griechenland, Italien, Kroatien, die Niederlande, Malta, Österreich, Schweden, Slowakei, Spanien, Tschechien, Ungarn, Vereinigtes Königsreich und Zypern). Alle ratifizierten das Übereinkommen.

Als eines der Anliegen regelt das WÜRV, wer als Vertreter eines Staates bei den auf den Abschluss eines internationalen Vertrags bezogenen Handlungen gilt. Es beschäftigt sich dementsprechend mit der völkerrechtlich anerkannten Grundlage der Vertretungsmacht eines Vertreters. Das ist für die Etablierung des Vertreters des Euroraums von Bedeutung.

Als die drei möglichen Grundlagen werden in Art. 7 Abs. 1 WÜRV die Folgenden genannt:

- die Vorlage einer gehörigen Vollmacht (einer staatlichen, den Vertreter des Staates einsetzenden Urkunde mit der Legaldefinition in Art. 2 Abs. 2 Abs. 1 lit. c WÜRV),
- die Übung der beteiligten Staaten bzw. die anderen Umstände, aus denen hervorgeht, dass die Staaten die Absicht haben, die betroffene Person als Vertreter des Staates für die bestimmten Zwecke anzusehen und auch keine Vollmacht zu verlangen oder
- die Vertretung kraft Amtes.

Als Vertreter kraft ihres Amtes gelten gemäß Art. 7 Abs. 2 WÜRV: Staatsoberhäupter, Regierungschefs und Außenminister, Chefs diplomatischer Missionen und beglaubigte Vertreter bei einer Konferenz, einer internationalen Organisation oder einem Organ einer internationalen Organisation. Die Vertretungsmacht der ersten drei erstreckt sich dabei auf die Vornahme aller sich auf den Abschluss eine Vertrags beziehenden Handlungen, während diejenigen der Chefs diplomatischer Missionen[80] und diejenigen der beglaubigten Vertreter[81] begrenzt sind. Dies bezieht sich auf die Staaten. Im Rahmen der Außenvertretung des Euroraums könnte dies dann Anwendung finden, wenn jeder Euro-Mitgliedstaat einzeln einen Vertreter zu entsenden hätte.

Für internationale Organisationen, darunter die Union, fehlt in dem analogen Art. 7 WÜRV-IO angesichts ihrer unterschiedlichen Strukturen die generelle Regelung zur Vertretung kraft Amtes. Dass auch eine Anerkennung der beglaubigten Vertreter als Vertreter kraft ihres Amtes fehlt, ist aber nicht verständlich. Den Vertretern von internationalen Organisationen bleibt jedoch die Etablierung durch eine Vollmacht oder durch die Übung.

Folglich ist festzustellen, dass das WÜRV die für die Außenvertretung des Euroraums geltende Bedeutung der Vertretung, der Vertretungsmacht und des

80 Nur zum Annehmen des Textes eines Vertrags zwischen Entsende- und Empfangsstaat.

81 Nur zum Annehmen des Textes eines Vertrags im Rahmen der Konferenz, der Organisation oder des Organs.

Vertreters vorschreibt. In jeder Beziehungsart, in der die Union und die Euro-Mitgliedstaaten als der Euroraum einbezogen werden, wird nämlich darauf gesetzt, dass der Vertreter eine Willenserklärung in ihrem Namen wirksam im Außenverhältnis abgeben darf.

Die Vertretungsmacht des einzigen Vertreters des Euroraums kann sich dann, den obigen Ausführungen folgend, auf eine Vollmacht (eine Urkunde, die je nach dem Zuständigkeitsbereich von der Union und/oder den Euro-Mitgliedstaaten zu erteilen ist) oder auf eine Übung stützen, die eine bevollmächtigende Urkunde entbehrlich machen würde. Der zweite Fall könnte dabei nur dann eintreten, wenn ein gerade mit dieser Arbeit aufzustellendes: einheitliches, in jeder Situation der Zusammenarbeit anwendbares und für den Außenpartner klares *Euroraum-Vertretungsmuster* eingeführt und ausgeübt wird.

2. Interdependenz der *externen* und *internen* Regelungsebene

Das Gegenstück der *externen* Regelungsebene ist die *interne* Regelungsebene, die für die Vertretung grundsätzlich ausschlagegebend sein soll. Dieses bedeutet eine gegenseitige Wirkung.

a) Formelle Vertretungsfähigkeit (vertikale *Vertretungsebene)*

Die Völkerrechtssubjektivität selbst lässt keine Aussagen über die materiellen (inhaltlichen) Kompetenzen des Subjektes zu, die auf der *internen* Regelungsebene bestimmt sind. Diese materiellen Kompetenzen bestimmen zwar intern, welche völkerrechtliche Rechte und Pflichten das bestimmte Subjekt innehaben kann, sie sind aber von dem „Formalbegriff" der Völkerrechtssubjektivität und der daraus folgenden Vertretungsfähigkeit unabhängig.[82]

Dieser Feststellung kann anschaulich eine Parallele mit der Handlung einer sich im innerstaatlichen Rechtsverkehr bewegenden Gesellschaft dienen. Ein Völkerrechtssubjekt lässt sich trotz ihrer gegebenenfalls innerlich komplizierten Struktur in ihrem Skelett mit einer privatrechtlichen Gesellschaft vergleichen. So hat eine Gesellschaft eine interne Struktur und sind ihre Handlungen primär nach außen gerichtet. Wenn eine Gesellschaft nach innerstaatlichem Recht rechtsfähig ist, besitzt sie zugleich die gegenüber den Geschäftspartnern unbeschränkte Geschäftsfähigkeit. Die Teilnahme der Gesellschaft am Rechtsverkehr

82 Vgl. *Krück*, Völkerrechtliche Verträge im Recht der Europäischen Gemeinschaften, S. 17–18 und *Rosenbach*, Status und Vertretung der Europäischen Gemeinschaften in internationalen Organisationen, S. 13–15.

setzt weiter die Vertretungsfähigkeit voraus, die der Gesellschaft als einem Subjekt, das nur durch die Organe zur Handlung fähig ist, als eine formelle Befugnis zusteht. Entsprechend gilt dies bezüglich der Vertretungsfähigkeit eines Völkerrechtssubjekts.

Als weiteres ist, wie bei einer Gesellschaft, zu bemerken, dass man die Vertretungsfähigkeit eines Völkerrechtssubjektes zwar z. B. durch die Satzung (im Falle der Union: durch die Verträge) beschränken kann, dies aber nur im Innenverhältnis zwischen Mitgliedern und nicht im internationalen Verkehr gilt.[83] Dies ist in dem Sinne zu verstehen, dass potentiell, obwohl die Kompetenzausstattung für die Völkerrechtssubjektivität konstituierend ist, ein wirksamer völkerrechtlicher Vertrag auch ohne eine inhaltlich entsprechende Kompetenz des Völkerrechtssubjektes geschlossen werden kann. Die Konsequenzen verlagern sich dann aber auf die Durchführungsebene und die aus dem Vertrag resultierende Verpflichtung.

Das Problem der Anfechtbarkeit bzw. Nichtigkeit dieses Vertrags in solchen Fällen wird nämlich nicht einheitlich nach der *externen* Regelungsebene behandelt. Einerseits ist die Lösung nach dem Konflikt der zwei aufeinanderfolgenden, völkerrechtlichen Verträge denkbar. Andererseits ist die Anwendbarkeit der WÜRV-Evidenztheorie[84] (der Verfassungsverletzungsregelung) vorstellbar, die aber primär für die Probleme der *horizontalen* Vertretungsebene bestimmt ist.[85]

Als Folge für die Außenvertretung des Euroraums steht primär fest, dass es die Euro-Mitgliedstaaten und die Union sind, die die Zuständigkeitsverteilung (die Kompetenzen der beiden) und die dementsprechende Vertretung im eigenen Interesse zu beachten haben. Allerdings hat die Nichtbeachtung der Zuständigkeitsverteilung Konsequenzen auf der internen Ebene.

*b) WÜRV-Evidenztheorie (*horizontale *Vertretungsebene)*

Für den völkerrechtlichen Verkehr ist der Vertrauensschutz zwischen den Partnern von grundlegender Bedeutung. In Bezug auf die *horizontale* Vertretungsebene entscheidet dieser Vertrauensschutz darüber, dass die Vertretungsmacht mit ihrer Offenlegung verbunden sein muss (Offenlegungsprinzip). Sie verkörpert sich entweder in einer bevollmächtigenden Urkunde oder kommt im Wege

83 Siehe: *Krück*, Völkerrechtliche Verträge im Recht der Europäischen Gemeinschaften, S. 18, Fn. 91.

84 Dazu sogleich.

85 Siehe dazu: *Geiger*, Grundgesetz und Völkerrecht mit Europarecht, S. 102 und 107.

der anerkennenden Übung der Partner zum Ausdruck. In dieser Weise löst sich die internationale Vertretungsregelung vom internen Recht des zu vertretenden Subjektes.[86] Aus der völkerrechtlichen Sicht ist nämlich die völkerrechtsgemäße Vertretung (gemäß dem WÜRV) von Bedeutung, während aus der innerstaatlichen Perspektive danach gefragt wird, wer intern für das Treffen von Entscheidungen und ihre Außenerklärung zuständig ist.[87]

Dies spiegelt sich sowohl in Hinsicht auf die Vertretungsbefugnis (Vertretungsmacht) eines Vertreters als auch in Hinsicht auf den internen Willensbildungsprozess wider.

Erstens könnten die im völkerrechtlichen Verkehr als Vertreter geltenden Personen gegebenenfalls im Widerspruch zu der sich aus dem internen Recht ergebenden Vertretungsbefugnis handeln. Aus dem Art. 2 Abs. 1 lit. c WÜRV, wonach das zuständige Organ die Vollmachtsurkunde auszustellen hat, leitet man völkerrechtlich noch keine negativen Folgen ab. Eine solche Urkunde unterzeichnet gewöhnlich entweder ein Vertreter kraft Amtes, wie z.B. der Außenminister eines Staates, oder ein durch die Übung der Partner anerkannter Vertreter.

Zweitens könnte die Vertretung unter Verletzung des internen Rechts zum Beispiel dann ausgeübt werden, wenn die Zustimmung einer internationalen Organisation, an einen völkerrechtlichen Vertrag gebunden zu sein, durch ihren Vertreter ohne einen vorherigen, in der Organisationssatzung vorgeschriebenen, positiven Beschluss der Generalversammlung erfolgt.[88]

Die Konsequenzen bestimmt Art. 46 WÜRV (und ebenso Art. 46 WÜRV-IO). Danach gilt die Unantastbarkeit (Unanfechtbarkeit) eines internationalen Vertrags bis zur Grenze der offenkundigen Verletzung einer Vorschrift von grundlegender Bedeutung. Die Offenkundigkeit einer Verletzung ist dann gegeben, wenn sie für jeden Staat, der sich im Einklang mit der allgemeinen Übung und

86 Schon löst sich die WÜRV-Begrifflichkeit, die dem Übereinkommenszweck angepasst wurde, von der Bedeutung ab, die ihr im innerstaatlichen Recht gegebenenfalls zukommen kann (siehe: Art. 2 Abs. 2 WÜRV und entsprechend Art. 2 Abs. 2 WÜRV-IO).

87 Vgl. Unterscheidung zwischen der auswärtigen Gewalt nach der völkerrechtlichen und innerstaatlichen Perspektive in: *Karalus*, Die diplomatische Vertretung der Europäischen Union, S. 8.

88 Dies könnte der Fall bei dem zusammengesetzten Verfahren zum Abschluss eines internationalen Vertrages sein, wenn vor der endgültigen Unterzeichnung des Vertrags (und dem Eintritt seiner Bindungswirkung) noch ein innerstaatliches Zustimmungsverfahren erfolgt. Zu den Phasen des Abschlusses eines internationalen Vertrages siehe: Teil I Kapitel III.3.b.bb und Fn. 98.

nach Treu und Glauben verhält, objektiv erkennbar ist. Nur in einem solchen Fall darf sich der betroffene Staat (bzw. die betroffene internationale Organisation) darauf berufen, dass seine (ihre) Zustimmung, durch einen Vertrag gebunden zu sein, ungültig sei. Diese Lösung wird als die Evidenztheorie bezeichnet.[89] Sie ist strikt einzelfallabhängig und deswegen sind pauschale Festlegungen für die Außenvertretung des Euroraums nicht möglich.

In diesem Zusammenhang erscheint die Einfügung eines Zusatzes zum Art. 7 WÜRV-IO über die Vertretungsmacht im Vergleich zum Art. 7 WÜRV merkwürdig. Danach gilt eine Person als Vertreter einer internationalen Organisation dann, wenn aus den Umständen hervorgeht, dass die beteiligten Staaten und internationalen Organisationen die Absicht haben, diese Person ohne Vorlage einer Vollmacht als Vertreter der Organisation für die genannten Zwecke anzusehen, aber doch nach Abs. 3 dieser Vorschrift „im Einklang mit den Vorschriften der Organisation". Das könnte als eine Grundlage dafür gelten, dass die Erkennbarkeit bei der Offenkundigkeit der Verletzung für internationale Organisationen möglicherweise anders als für Staaten auszulegen ist.

Der dargestellte Verletzungsfall ist weiter von der Situation zu unterscheiden, dass eine Handlung von einer Person in angeblicher Vertretung vorgenommen wurde, die völkerrechtlich (in Übereinstimmung mit Art. 7 WÜRV bzw. Art. 7 WÜRV-IO) nicht als Vertreter angesehen werden kann.[90] Es geht dann um die WÜRV-Widrigkeit, nicht um die Verletzung internen Rechts. Der dies regelnde Art. 8 WÜRV geht, anders als Art. 46 WÜRV, davon aus, dass die Handlung ohne Rechtswirkung sei. Die Handlung kann aber von dem betroffenen Staat nachträglich mit der „heilenden" Wirkung bestätigt werden. Auf die Außenvertretung des Euroraums angewendet, müsste die Handlung in einem solchen Fall, je nach Zuständigkeit, entweder von den Euro-Mitgliedstaaten oder von der Union oder von den beiden zusammen bestätigt werden.

---

89 Auch abgeschwächte Irrelevanztheorie genannt. Zur Unterscheidung zwischen der Irrelevanz-, Relevanz- und abgeschwächten Irrelevanztheorie siehe: *Geiger*, Grundgesetz und Völkerrecht mit Europarecht, S. 103–104.

90 Es handelt sich um die Person, die keine Vollmacht bzw. keine gehörige Vollmacht vorlegte und aus der Übung oder aus anderen Umständen nicht hervorging, dass sie ohne Vorlage einer gehörigen Vollmacht als Vertreter des Staates angesehen werden konnte, und sie nicht kraft ihres Amtes ohne Vorlage einer gehörigen Vollmacht als Vertreter des Staates gilt (Umkehrschluss zu Art. 7 WÜRV).

3. Vertretung gemäß *interner* Regelungsebene

Wie in den zwei vorgehenden Kapiteln gezeigt, sind die Anforderungen an eine Vertretung auf der *externen* Regelungsebene minimal. Die *internen* Euroraum-Regelungen, also überwiegend das Unionsrecht,[91] sind dann für die Einberufung eines Euroraum-Vertreters ausschlaggebend.

Vor der spezifischen Lösungssuche in Teil II sind deswegen die allgemeinen Problembereiche der *internen* Regelungsebene zu klären.

a) Zuständigkeitsverteilung – Vertretungsbefugnis auf vertikaler *Ebene*

Das Subjekt der Vertretung (die *vertikale* Vertretungsebene) wird durch die unionsrechtliche Zuständigkeitsverteilung bestimmt. Diese Zuständigkeitsverteilung bedeutet eine Kompetenzverteilung nach Sachbereichen zwischen der Union und den Euro-Mitgliedstaaten.

Die bedeutet, dass das Auftreten – der Union oder der Euro-Mitgliedstaaten – bei der Außenvertretung des Euroraums von der Sachkompetenz abhängt. Deswegen braucht die Union keine gesonderte, formelle Handlungsermächtigung der Mitgliedstaaten, wenn ihr eine sachliche Ermächtigung (durch die Verträge) erteilt wurde.

b) Zuweisung der Organbefugnis – Vertretungsbefugnis auf horizontaler *Ebene*

Die Vertretungsbefugnis auf *horizontaler* Ebene richtet sich nach der Befugniszuweisung an die Organe.

Dazu sind drei Aspekte zu klären: die Unterscheidung zwischen der Erklärungs- und Entscheidungsbefugnis, zwischen der Verhandlungs- und Unterzeichnungsbefugnis und zwischen dem vertretenden Organ und seinem Organwalter.

Die in diesem Kapitel eingeführten Systematisierungen und die daraus im Folgenden abgeleiteten Schlussfolgerungen für die Außenvertretung des Euroraums wurden bisher in diesem Kontext von niemandem ausdrücklich vorgebracht. Ihnen kommt aber in der weiteren Analyse in Teil II eine grundlegende Bedeutung zu.

---

91 Dazu kommt das die Bevollmächtigung eines gemeinsamen Vertreters betreffende mitgliedstaatliche Recht, da der gemeinsame Vertreter auch in ihrem Zuständigkeitsbereich einzusetzen ist.

aa) Erklärungs- und Entscheidungsbefugnis

Die Aussage, dass der Vertreter durch einen Vertretungsakt das vertretene Subjekt rechtlich bindet, verbindet ihn mit der sachlichen Kompetenz des internen Rechts in dem einschlägigen Anliegen. Es ist aber festzustellen, dass der Vertreter mit dem sachlichen Kompetenzträger nicht identisch ist. Dieses wurde in den bisherigen Beiträgen zur Außenvertretung des Euroraums nicht deutlich zum Ausdruck gebracht.

Als Ausgangspunkt dazu soll zwischen dem Außen- und dem Innenverhältnis des zu vertretenden Subjektes unterschieden werden. Bei der Verknüpfung des Völkerrechts und des internen Rechts ging es dabei um die *externe* und die *interne* Regelungsebene, während es an dieser Stelle um die ausschließlich regelungsinterne Dimension der Willensäußerung (die sich im Außenverhältnis verwirklicht) und Willensbildung (die im Innenverhältnis stattfindet) geht.[92]

In diesem Kontext hilft die Unterscheidung zwischen der Vertretungsbefugnis (Vertretungsmacht) und der Geschäftsführungsbefugnis im deutschen Gesellschaftsrecht. Die Vertretungsbefugnis ist danach die Berechtigung, die Gesellschaft nach außen hin wirksam zu vertreten, sodass im Verhältnis zu Dritten rechtliche Bindungen entstehen. Die Geschäftsführungsbefugnis besagt hingegen, dass der Geschäftsführer der Gesellschaft gegenüber, also den anderen Gesellschaftern gegenüber, berechtigt ist, wirksam zu handeln.[93] Dementsprechend kann sich die Geschäftsführungsbefugnis mit der Entscheidungsmacht des Geschäftsführers in der Sache decken. Das Vertretene kann auch die Entscheidung eines anderen Organs verkörpern.[94]

Ähnlich ist es im völkerrechtlichen Verkehr. In einem Staat besitzt meist das Staatsoberhaupt die Vertretungsbefugnis. Es schließt völkerrechtliche Verträge im Namen des Staates ab. Staatsintern wird dazu aber meist die Zustimmung

92 Diese Systematisierung wird durch die vorliegende Arbeit eingeführt.

93 Dazu siehe: *Windbichler*, Gesellschaftsrecht, S. 70–71, Rn. 11–12.

94 Im deutschen Gesellschaftsrecht gibt es, je nach dem Gesellschaftstyp, verschiedene Konstellationen. Vgl. die Rückfallkonfiguration bei der Gesellschaft des bürgerlichen Rechts (GbR) (§ 709 und 714 BGB), der offenen Handelsgesellschaft (OHG) (§ 114 Abs. 1, § 115 Abs. 1, § 116 und § 125 Abs. 1 HGB), der Kommanditgesellschaft (KG) (die Vorschriften gleich wie bei der OHG i.V.m.§ 161 Abs. 2, § 164 und § 170 HGB), der Gesellschaft mit beschränkter Haftung (GmbH) (§ 35 Abs. 1 und 2, § 37 und § 46 GmbHG) und der Aktiengesellschaft (§ 78 Abs. 1, § 82 und § 119 AktG).

(Entscheidung) oder Mitwirkung eines anderen Organs, wie des Bundestags und des Bundesrats in Deutschland, benötigt.[95]

Es lässt sich folglich eine generelle Systematisierung[96] mit der Unterscheidung nach der Erklärungsbefugnis und der Entscheidungsbefugnis erstellen, die jeweils bei der Analyse der Außenvertretung des Euroraums zu beachten ist. Die Vertretungsbefugnis ist danach zuallererst die Erklärungsbefugnis. Diese Erklärungsbefugnis kann dem Entscheidungsbefugten zustehen, das muss aber nicht der Fall sein. Der Erklärungsbefugte und der Entscheidungsbefugte können auseinanderfallen. Einer Erklärung liegt dabei immer eine Entscheidung zugrunde, die (organisatorisch) die Erklärung bestimmt und (sachlich) den nach außen zu erklärenden Standpunkt bestimmt.

Fernerhin wird mit dem Standpunkt der Verhandlungsspielraum des Vertreters bestimmt, der auch einen Entscheidungsteil an den Vertreter delegieren kann. So kann der Verhandlungsspielraum von einer gebundenen Entscheidung bis zur fast vollen, delegierten Entscheidungsbefugnis reichen.[97] Ein gewisser Verhandlungsspielraum ist erwünscht, da dies die Zusammenarbeit beschleunigt: Er führt dazu, dass nicht in jedem Fall der Rückgriff auf die internen Gremien des Vertretenen abgewartet werden muss. Das ist aber weiterhin der Entscheidungsbefugte, der endgültig, nachdem die Verhandlungen durchgeführt werden, über den Abschluss eines internationalen Vertrags entscheidet.

Für die Wahl eines Euroraum-Vertreters relevant anzusehen ist, dass für die Verbindung der Erklärungsbefugnis mit der Entscheidungsbefugnis die Flexibilität und die Reaktionspromptheit sprechen. Hierzu ist aber zu bemerken, dass das Entscheidungsorgan meist ein Mehrpersonenorgan ist, während die Vertretung ein Organwalter (eine Person) übernimmt. Diese Person ist selbst, auch wenn sie dem Mehrpersonenorgan angehört, nicht entscheidungsbefugt. In der Union (einem der Subjekte der Außenvertretung des Euroraums) gibt es keine entscheidungsbefugten Einmannorgane.

95 Vgl. Art. 59 GG (des Grundgesetzes der Bundesrepublik Deutschland).

96 Die Systematisierung wird durch die vorliegende Arbeit eingeführt.

97 So ist z.B. für die Gemeinsame Handelspolitik (GHP) in Art. 207 Abs. 3 AEUV ausdrücklich vorgeschrieben, dass die Kommission die Verhandlungen eines internationalen Vertrags im Benehmen mit einem zu ihrer Unterstützung vom Rat bestellten Sonderausschuss und nach Maßgabe der Richtlinien führt, die ihr der Rat erteilen kann.

Es spricht für die Vertretungsbefugnis eines entscheidungsbefugten Organs, die von seinem Organwalter weiter ausgeübt wird, dass dieser den Prozess der Entscheidungsfindung miterlebt hat. Das ist für die Treffsicherheit von Erklärungen über die getroffene Entscheidung in verschiedenen Zusammenarbeitskontexten von grundlegender Bedeutung.

Das gleiche Ergebnis lässt sich aber auch durch eine letztendlich nicht stimmberechtigte Teilnahme des Vertreters an Tagungen des entscheidungsbefugten Organs erzielen.

Zusammengefasst ist die Zusammensetzung der Vertretungsdelegation keine schlichte Widerspiegelung der Verteilung der Entscheidungsbefugnis. Es sollten aber die entsprechenden Verbindungen zwischen einem Vertreter des Euroraums und den inneren Entscheidungsstrukturen in dem Sinne vorhanden sein, dass er, nicht stimmberechtigt, zumindest an Tagungen des Entscheidungsbefugten teilnimmt.

bb) Verhandlungs- und Unterzeichnungsbefugnis

Bis hierher wurde allgemein über die Vertretungsbefugnis gesprochen. Sie ist jedoch selbst nicht homogen.

So wird üblicherweise zwischen der Ermächtigung zum Aushandeln eines Vertrags (der Verhandlungsbefugnis) und der gesondert benötigten Ermächtigung zur seiner Unterzeichnung (der Unterzeichnungsbefugnis) unterschieden. Die beim Abschluss eines Vertrags ermächtigten Vertreter – der Verhandlungsführer und der Unterzeichner – können zusammenfallen, müssen aber nicht.

Dies spiegelt sich in den Phasen des Vertragsabschlusses wider. Bei einem einfachen Verfahren werden zuerst die Verhandlungen durchgeführt, danach erfolgt die den Vertragstext vorläufig festlegende (fakultative) Vertragsparaphierung durch den Verhandlungsführer und schließlich die den Vertragstext endgültig festlegende Vertragsunterzeichnung. Beim zusammengesetzten Verfahren kommt dazu noch die Ratifikation.[98] Die nach dem internen Recht des Vertretenen eventuell erforderliche Zustimmung eines seiner Organe (des Entscheidungsbefugten) geht dann entweder der Unterzeichnung beim einfachen oder der Ratifikation beim zusammengesetzten Verfahren voran.

Dementsprechend gibt es intern zuerst einen Rechtsakt, der die Modalitäten zur Vertragsaushandlung, i.e. die Verhandlungsweisungen und den Verhandlungsführer

98 Der Ratifikation durch Staaten steht ein sog. „Akt der förmlichen Bestätigung“ (engl. „act of formal confirmation“) durch internationale Organisationen gleich, Art. 2 Abs. 1 lit. b bis WÜRV-IO. Zu Vertragsabschlussphasen siehe: *Ipsen*, Völkerrecht, S. 398–405.

bzw. das Verhandlungsteam, festlegt (Verhandlungsermächtigung). Später wird noch ein anderer Rechtsakt erlassen, der den ausgehandelten Vertragstext genehmigt und zur Vertragsunterzeichnung ermächtigt (Unterzeichnungsermächtigung).[99]

Bei einigen der Unionswährungsvereinbarungen[100] wurde auch eine andere Lösung angenommen. Danach wurde der Verhandlungsführer berechtigt, die Vereinbarungen im Namen der Union abzuschließen (beides: auszuhandeln und zu unterzeichnen), es sei denn, dass ein bestimmtes Organ, Gremium bzw. ein Mitgliedstaat der Ansicht war, dass die Vereinbarung dem Entscheidungsbefugten vorgelegt werden sollte. Die Lösung ist als eine mit der Verhandlungsermächtigung erteilte Unterzeichnungsermächtigung unter Vorbehalt zu klassifizieren.

---

99 Als Beispiel: Beschluss des Rates vom 13. April 2011 über die Modalitäten für die Aushandlung einer Währungsvereinbarung mit der Französischen Republik zugunsten der französischen überseeischen Gebietskörperschaft Saint-Barthélemy (nicht veröffentlicht) – mit der Verhandlungsermächtigung – und Beschluss des Rates vom 12. Juli 2011 über die Unterzeichnung und den Abschluss einer Währungsvereinbarung zwischen der Europäischen Union und der Französischen Republik zur Beibehaltung des Euro auf Saint-Barthélemy nach der Änderung seines Status gegenüber der Europäischen Union, ABl. L 189/1 vom 20. Juli 2011 – nach dessen Art. 2 der Präsident des Rates ermächtigt wurde, die Person formell zu bestellen, die befugt war, die Vereinbarung rechtsverbindlich im Namen der Union zu unterzeichnen.

100 Als Beispiel dazu dient die sich auf die Verhandlungsführung und Unterzeichnung der Unionswährungsvereinbarung mit Andorra beziehende Entscheidung des Rates (ABl. L 244/47 vom 16. Juli 2004):
(Art. 7) „Die Kommission führt im Namen der Gemeinschaft [heute: der Union] die Verhandlungen mit Andorra über die in den Artikel 3 bis 6 genannten Bereiche. Spanien und Frankreich werden in vollem Umfang an den Verhandlungen beteiligt. Die EZB wird in vollem Umfang an den Verhandlungen, die in ihren Zuständigkeitsbereich fallen, beteiligt." (Art. 9) „Die Kommission legt dem Wirtschafts- und Finanzausschuss den Entwurf der Vereinbarung zur Stellungnahme vor. Die Kommission ist berechtigt, die Vereinbarung im Namen der Gemeinschaft [heute: der Union] zu schließen, es sei denn, Frankreich oder Spanien oder die EZB oder der Wirtschafts- und Finanzausschuss sind der Ansicht, dass die Vereinbarung dem Rat vorgelegt werden sollte."
Ein ähnliches Lösungsmuster wurde im Vorfeld des Abschlusses der Unionswährungsvereinbarungen mit Monaco, mit San Marino und dem Vatikan (und dies sowohl in Bezug auf die zurzeit geltenden, als auch die vorherigen) angenommen.

cc) Organ und Organwalter

Schließlich besteht das Problem der Unterscheidung zwischen einem Organ und seinem Organwalter bei der Vertretung, das bisher bei der Betrachtung der Außenvertretung des Euroraums noch ausgespart wurde.

Zuerst ist, aus der völkerrechtlichen Perspektive gesehen, anzuführen, dass man die Vertreter von Staaten bzw. internationalen Organisationen als Organe des völkerrechtlichen Verkehrs zu bezeichnen pflegt.[101] Dies kann sich mit der organschaftlichen Bezeichnung nach dem internen Recht decken, muss es aber nicht.

Als Vertreter trifft letztendlich eine natürliche Person auf. Ihre Benennung kann entweder zweistufig oder direkt erfolgen.

Nach der ersten Lösung (zweistufige Benennung) wird zuerst ein Organ (eine Institution) zur Vertretung eines Verbands befugt. Dies gilt sowohl für die Union als die Mitgliedstaaten. Dann bestimmt dieses Organ gemäß seiner internen Geschäftsordnung den Organwalter (das Organmitglied), der den Verband vertreten wird. Der Organwalter ist eine natürliche Person. Ungeachtet der Vertretung des Verbands legt die Geschäftsordnung jedes Organs eine dieses Organ nach außen vertretende Person bzw. Personen (Vertreter des Organs) fest. Üblicherweise wird diese Rolle dem Organvorsitzenden verliehen.

Nach der zweiten Lösung (direkte Benennung) wird die den Verband vertretende Person direkt benannt. Die Benennung kann abgesehen davon danach erfolgen, ob die ausgewählte Person eine eigenständige Organstellung im Verband innehat oder ein Organmitglied ist.

Demzufolge ist es nicht das Gleiche, wenn man beispielsweise über die Vertretung der Union durch die Kommission und den EZB-Präsidenten spricht. Die Kommission ist ein Organ, während der Präsident der EZB kein Organ, sondern ein Organmitglied ist.

Zur Suche nach dem Vertreter des Euroraums kann man die Überlegungen über Erklärungs- und Entscheidungsbefugnis und die Unterscheidung zwischen Organ und Organwalter verbinden. Im Fall, dass ein aus mehreren Mitgliedern zusammengesetztes Organ in einem Verband für eine bestimmte Sachmaterie entscheidungsbefugt und zugleich im Namen des Verbands vertretungsbefugt ist, wird der Verband letztendlich nicht von diesem Entscheidungsbefugten, sondern einem der Mitglieder des Entscheidungsbefugten vertreten. Das Zusammenfallen der Entscheidungs- mit der Erklärungsbefugnis benötigt im Prozess der Vertretung, außer Fall des derartig befugten Einmannorgans, die jeweilige

101 *Strupp/Schloschauer* (Hrsg.), Wörterbuch des Völkerrechts, S. 668.

Zurückwendung des vertretenden Organmitgliedes an das Organ, wenn Vertrag von Lissabon eine seinen sachlichen Vertretungsspielraum überschreitende Entscheidung notwendig wird. Das Organ, nicht ein Mitglied dieses Organs, ist entscheidungsbefugt. Das Zusammenfallen der Entscheidungs- mit der Erklärungsbefugnis hätte den Vorteil des direkten Engagements des vertretenden Organmitglieds in dem Entscheidungsprozess (wenn das Organmitglied stimmberechtigt ist) oder seiner direkten Beobachtung (wenn das Organmitglied nicht stimmberechtigt ist). Dieses Ergebnis lässt sich aber auch beim fehlenden Zusammenfallen mit der Beteiligung eines Mitglieds des erklärungsbefugten Organs (insbesondere dieses Mitglieds, das im Namen des Verbands auftreten wird) an der Arbeit des entscheidungsbefugten Organs herstellen.

IV. Schlussfolgerung

Damit sind die Rahmenbedingungen für die Ausarbeitung des Konzepts der einheitlichen Außenvertretung des Euroraums in Teil II bestimmt, der sich detailliert mit den unionsrechtlichen Regelungen auseinandersetzt.

I.1. [102] Innerhalb der Außenvertretung des Euroraums gibt es zwei Subjekte der Vertretung (die Vertretenen): die Union und die Euro-Mitgliedstaaten. Es gibt demzufolge auch zwei Vertretungsebenen: die *vertikale*, die sich auf die Bestimmung des Subjektes der Vertretung bezieht, und die *horizontale* Vertretungsebene, die sich auf die Bestimmung der Person des Vertreters des Euroraums bezieht.

I.2. Das Objekt der Vertretung (die sachliche Basis der Vertretung) stellen die den Euroraum vereinigenden Standpunkte in der Wirtschafts- und Währungspolitik dar.

II.1. Zu den Außenpartnern des Euroraums (Außenkonfiguration) gehören Drittstaaten und internationale Organisationen. Diese können auch mit der Union und den Euro-Mitgliedstaaten in einem internationalen Gremium (einer internationalen Einrichtung oder einer internationalen Konferenz) zusammenarbeiten.

II.2. Die internationale Zusammenarbeit, an der der Euroraum im Rahmen der Außenvertretung des Euroraums beteiligt ist, kann im Allgemeinen in den Abschluss von internationalen Verträgen und die sonstigen Zusammenarbeitsarten (die „Soft“-Kooperation) untergliedert werden. Unter den internationalen Verträgen sind dabei die völkerrechtlichen Verträge zu

---

102 Die Nummerierung der Rahmenbedingungen folgt der Kapitelnummerierung.

verstehen, obwohl auch die privatrechtlichen Verträge innerhalb der Außenvertretung des Euroraums abgeschlossen werden können. Die privatrechtlichen Verträge dienen hier vornehmlich der Durchführung von den vorherig getroffenen völkerrechtlichen Bestimmungen.

II.3. Dementsprechend soll der Vertreter des Euroraums rechtsverbindlich im Namen der Subjekte der Vertretung handeln können. Die Außenvertretung des Euroraums bestimmen hierzu zwei Regelungsebenen: die *interne*, die das Recht des Euroraums (überwiegend das Unionsrecht) ausmacht, und die *externe*, die das Völkerrecht darstellt.

Die Außenvertretung des Euroraums wird daher als internationale Vertretung der Union und/oder der Euro-Mitgliedstaaten (je nach der unionsrechtlichen Zuständigkeitsverteilung) im Gegenstand der diese Subjekte vereinigenden Standpunkte in der Wirtschafts- und Währungspolitik insbesondere im Rahmen von internationalen Gremien, wie IWF und G7, verstanden.

Das Konzept der einheitlichen Außenvertretung des Euroraums baut dementsprechend auf der Festlegung eines vereinigenden Standpunktes und der Bestimmung eines Vertreters des Euroraums auf. Der erste Aspekt ist eine rein interne Angelegenheit des Euroraums. Zu dem zweiten Aspekt wurden die folgenden rechtlichen Rahmenbedingungen ausgearbeitet:

III.1.a. Im Hinblick auf die *vertikale* Vertretungsebene auf der *externen* Regelungsebene gilt: Die Vertretungsfähigkeit eines Subjektes der Vertretung wird durch die Völkerrechtssubjektivität als die allgemeine Voraussetzung und die Teilnahme-(bzw. Mitgliedschafts-)Regelungen der internationalen Gremien als die Voraussetzung im Einzelfall bestimmt.

III.1.b. Im Hinblick auf die *horizontale* Vertretungsebene auf der *externen* Regelungsebene gilt: Der Vertreter des Euroraums (anders: die Delegation des Euroraums) ist keine diplomatische Mission im Sinne des WÜD. Trotzdem sind einige seiner Vorschriften, insbesondere über den Diplomatenschutz, analog für den Vertreter des Euroraums anwendbar. Die Vorgaben für die Etablierung eines Vertreters, die nicht nur beim Vertragsabschluss angewendet werden, setzt hingegen das WÜRV. Danach muss der Vertreter des Euroraums über eine von der Union und den Euro-Mitgliedstaaten errichtete Vollmachtsurkunde verfügen. Wenn aber die Entsendung eines bestimmten Vertreters einheitlich durch eine längere Zeit praktiziert wird, erfolgt die Anerkennung des Vertreters durch die Übung.

III.2.a. Im Hinblick der auf die *vertikale* Vertretungsebene bezogenen Interdependenz der *externen* und *internen* Regelungsebene gilt: Die Vertretungsfähigkeit eines Völkerrechtssubjektes löst sich von seinen sachlichen

Kompetenzen in dem Sinne, dass ein rechtswirksamer völkerrechtlicher Vertrag auch ohne eine entsprechende sachliche Kompetenz abgeschlossen werden kann. Die Konsequenzen eines solchen Falls verlagern sich in erster Linie auf das Problem der Vertragsdurchführung und die daraus resultierende, vertragliche Verantwortung. Angesichts der Anfechtung bzw. Nichtigkeit eines solchen Vertrags wurde für den Unionsfall keine einheitliche Lösung gefunden.

III.2.b. Im Hinblick der auf die *horizontale* Vertretungsebene bezogenen Interdependenz der *externen* und *internen* Regelungsebene gilt: Das Völkerrecht setzt auf das äußere Erscheinungsbild der Vertreteretablierung. Ist entweder die Etablierung oder das Handeln des Vertreters mit der *internen* Regelungsebene unvereinbar, gilt dies nur dann als Vertragsanfechtungsgrund, wenn die Verletzung einer internen Regelung offenkundig und diese Regelung von grundlegender Bedeutung war (WÜD-Evidenztheorie).

III.3.a. Auf der *internen* Regelungsebene orientiert sich die *vertikale* Vertretungsebene an der Zuständigkeitsverteilung (die Kompetenzverteilung zwischen der Union und den Mitgliedstaaten). Eine besondere Handlungsermächtigung zur Vertretung ist nicht zusätzlich neben der sachlichen Ermächtigung (Zuständigkeit) durch die Verträge notwendig.

III.3.b. Auf der *internen* Regelungsebene ist im Hinblick auf die *horizontale* Vertretungsebene:

- die Vertretungsbefugnis als Erklärungsbefugnis von der Entscheidungsbefugnis zu unterscheiden, da die erste kein Reflex der zweiten darstellt und nicht zwingend mit der anderen einhergeht;
- die Verhandlungsbefugnis von der Unterzeichnungsbefugnis im Fall des Abschlusses eines internationalen Vertrags zu unterscheiden, da diese üblicherweise abhängig vom internen Entscheidungsbildungsprozess gesondert erteilt werden;
- das Organ von dem Organwalter zu unterscheiden. Der Vertreter ist letztendlich eine natürliche Person. Ihre Bevollmächtigung kann entweder zweistufig – durch die Bevollmächtigung eines Organs und seine interne Organwalter-Benennung – oder direkt, unabhängig davon, ob die Person eine eigenständige Organposition hat, erfolgen. So sind die Vertreter in der Aussage „Vertretung durch die Kommission und den EZB-Präsidenten" nicht gleichrangig, da die Kommission ein Organ, der EZB-Präsident dagegen ein Organwalter ist.

Infolge dieser Rahmenbedingungen wird deutlich, dass das Konzept der einheitlichen Außenvertretung des Euroraums von dem Unionsrecht unter Berücksichtigung der selbstständigen Regelungen von internationalen Gremien, in denen der Euroraum vertreten wird, abhängt. Jeder ausgewählte Vertreter des Euroraums kann mit einer Vollmacht seitens der Union und der Euro-Mitgliedstaaten zur völkerrechtlichen Etablierung ausgestattet werden. Das Ganze würde jedoch vereinfacht, wenn ein Vertreter des Euroraums sich durch die längere Übung in der internationalen Zusammenarbeit etablieren könnte. Die wichtigsten Hinweise, die jeweils im Prozess der Ausarbeitung des Konzepts auftreten werden, sind die Unterscheidungen zwischen den Erklärungs- und Entscheidungsbefugten und zwischen einem Organ und einem Organwalter.

Teil II Konzept

Die aufgestellte Definition der Außenvertretung des Euroraums

> als die internationale Vertretung der Union und/oder der Euro-Mitgliedstaaten (je nach der unionsrechtlichen Zuständigkeitsverteilung) im Gegenstand der diese Subjekte vereinigenden Standpunkten in der Wirtschafts- und Währungspolitik insbesondere im Rahmen von internationalen Gremien, wie IWF und G7[103]

deutet, wie erwähnt, auf zwei Aspekte hin, die miteinander einhergehen müssen, damit diese Außenvertretung einheitlich wird. Eine einheitliche und stringente Außenvertretung des Euroraums wird nur gewährleistet, wenn der kohärente Standpunkt des Euroraums (eine inhaltliche Auffassung) mit einem einheitlichen organisatorischen Muster der Vertretung (ein Vertreter des Euroraums) verbunden wird.

Eines ohne das andere ist bei gesamtheitlicher Betrachtung unproduktiv. Ein Vertreter des Euroraums ist funktionslos, wenn kein den Euroraum vereinigender Standpunkt besteht. Die Festlegung eines vereinigenden Standpunktes allein sorgt andererseits nicht dafür, dass er als ein Standpunkt des vereinigten Euroraums international wahrgenommen wird, wenn er jeweils durch unterschiedliche Vertreter präsentiert wird.

Die Ausarbeitung des hier zu entwickelnden Konzeptes wird folglich in zwei Bereiche (Unterteil I und Unterteil II) gegliedert. Zuerst wird der sachliche Aspekt der einheitlichen Außenvertretung des Euroraums im Sinne des Standpunktes des Euroraums behandelt, um zu klären, in welchen Anliegen ein Standpunkt des Euroraums nach dem Unionsrecht zur Festlegung vorgeschrieben ist und von wem er festzulegen ist. Danach wird der organisatorische Aspekt der einheitlichen Außenvertretung des Euroraums im Sinne eines einheitlichen Vertretungsmusters ausgearbeitet. Diese Reihenfolge empfiehlt sich auch deshalb, weil die Festlegung eines Standpunktes mit der Entscheidungsbefugnis und die Bestimmung eines Vertreters mit der Erklärungsbefugnis verbunden ist, und letztere sich, wie in Teil I angeführt, an der ersten orientieren kann.[104] Das gefundene Ergebnis wird unionsrechtlich unter Berücksichtigung von möglichen Begrenzungen in den Mitgliedschaftsregelungen der internationalen Gremien

---

103 Siehe: Schlussfolgerungen in Teil I Kapitel IV nach und in Verbindung mit den Punkten I.1 bis II.3.

104 Die detaillierten Überlegungen zu der Interdependenz und den darauf aufbauenden Hinweisen findet man in Teil I Kapitel III.3.b.aa.

bestimmt.[105] Unter anderem werden dann die Mitgliedschaftsregelungen detailliert für das jeweilige Gremium in dem das Konzept zusammenfassend umsetzenden Teil III mitbehandelt.

Unterteil I Sachlicher Aspekt: Standpunkt des Euroraums

Der vom Vertrag von Lissabon neu eingeführte Art. 138 Abs. 1 AEUV bestimmt:

> „Zur Gewährleistung der Stellung des Euro im internationalen Währungssystem erlässt der Rat auf Vorschlag der Kommission einen Beschluss zur Festlegung der innerhalb der zuständigen internationalen Einrichtungen und Konferenzen im Finanzbereich einzunehmenden gemeinsamen Standpunkte zu den Fragen, die von besonderer Bedeutung für die Wirtschafts- und Währungsunion sind. Der Rat beschließt [gemäß Art. 138 Abs. 3 AEUV: mit qualifizierter Mehrheit der Ratsmitglieder, die die Euro-Mitgliedstaaten vertreten] nach Anhörung der Europäischen Zentralbank."

Die Vorschrift befindet sich im AEUV-Kapitel „Besondere Bestimmungen für die Mitgliedstaaten, deren Währung der Euro ist", ist also nur auf die Euro-Mitgliedstaaten anwendbar. Art. 138 Abs. 1 AEUV scheint daher ideal zu passen. Er scheint sogar in Hinsicht auf die breite Bestimmung „innerhalb der zuständigen internationalen Einrichtungen und Konferenzen im Finanzbereich" die ganze Problematik der Vertretung abzudecken. Wie ausgeführt, geht es bei der Außenvertretung des Euroraums um die Standpunkte in der Wirtschafts- und Währungspolitik. Der nicht näher bestimmte „Finanzbereich" in Art. 138 Abs. 1 AEUV könnte diese daher völlig abdecken.

Daraus ergäben sich: der Entscheidungsbefugte, nämlich der Rat auf Vorschlag der Kommission und nach Anhörung der EZB, und die vorgeschriebene Imperativität der Festlegung eines Standpunktes. Indes überzeugt dieses Verständnis nicht. Denn die Auslegung des Art. 138 Abs. 1 AEUV kann für die Frage der einheitlichen Außenvertretung des Euroraums nicht ohne systematische Einordnung erfolgen. Es wird sich zeigen, dass der sachliche Aspekt viel komplexer ist, als dies der isolierte Blick auf Art. 138 Abs. 1 AEUV erscheinen lässt.

Vielmehr ist in Rechnung zu stellen, dass ein Standpunkt des Euroraums den Erklärungsprozess (Bekanntgabe durch einen Vertreter) mit dem internen Entscheidungsprozess (Abstimmung bei der Festlegung) verbindet. Der Standpunkt des Euroraums wird infolge einer Entscheidung festgelegt. An dem Entscheidungsprozess nehmen die Union und die Euro-Mitgliedstaaten (je nach

105 Zu dieser Konklusion kam man nach der Ausarbeitung der Rahmenbedingungen in Teil I Kapitel III. Die Zusammenfassung findet man in Teil I Kapitel IV Punkte III.1.a bis III.3.b zusammen mit dem diesen Punkten folgenden Abschnitt.

Zuständigkeit) und unionsintern die Unionsorgane (je nach Befugniszuweisung) teil. Da sie alle, je nach Sachbereich, einen eigenen, kompetenzentsprechenden Einzelstandpunkt haben können, ist zu fragen, wie sich diese Einzelstandpunkte in der Bildung eines kohärenten Standpunktes des Euroraums gegenseitig beeinflussen bzw. welcher von ihnen als der Standpunkt des Euroraums gilt.

In einem Exkurs wird die Stellung der Nicht-Euro-Mitgliedstaaten gegenüber den Standpunkten des Euroraums weiter erörtert.

I. Rechtslage ohne Rücksicht auf Art. 138 Abs. 1 AEUV

Um den rechtlichen Gehalt des Art. 138 Abs. 1 AEUV zu ermitteln (in Kapitel II), wird zuerst eine Analyse der Rechtslage ohne Rücksicht auf Art. 138 Abs. 1 AEUV durchgeführt. Vor diesem Hintergrund lässt sich der Mehrwert des Art. 138 Abs. 1 AUEV bzw. eine eventuelle Besonderheit in dem Inhalt dieser Vorschrift erschließen.

Die Befugnis zur Festlegung der Standpunkte (Entscheidungsbefugnis) richtete sich eindeutig nach der sachlichen Kompetenzverteilung in der Wirtschafts- und Währungspolitik. Dabei ist, wie es vor der Neuerung durch den Vertrag von Lissabon für die Vertretung (die *vertikale* und die *horizontale* Vertretungsebene) systematisiert wurde, zwischen der Entscheidungsbefugnis auf *vertikaler* Ebene (Kapitel 1) und der Entscheidungsbefugnis auf *horizontaler* Ebene (Kapitel 2) zu unterscheiden.

1. Zwei Standpunktarten (Entscheidungsbefugnis auf *vertikaler* Ebene)

Die Entscheidungsbefugnis auf *vertikaler* Ebene folgt, wie auch die Bestimmung des Subjektes der Außenvertretung des Euroraums, der Zuständigkeitsverteilung zwischen der Union und der Euro-Mitgliedstaaten.

Nach Art. 5 Abs. 1 und Abs. 2 AEUV gilt der Grundsatz der begrenzten Einzelermächtigung der Union. Danach sind die Mitgliedstaaten zuständig, sofern die Union nicht ausdrücklich ermächtigt wurde, was explizit in Art. 5 Abs. 2 Satz 2 EUV und auch in Art. 4 Abs. 1 EUV ausgedrückt wurde. Weiter wird die Unionszuständigkeit nach in verschiedene Kategorien gemäß Art. 2 bis 6 AEUV aufgeteilt.

Die Europäische Wirtschafts- und Währungsunion ist im Hinblick auf diese Zuständigkeitsverteilung unterschiedlich ausgestaltet. Die Zuständigkeit (die Entscheidungsbefugnis) in der Währungspolitik liegt für die Euro-Mitgliedstaaten gemäß Art. 3 Abs. 1 lit. c AEUV bei der Union. Die Entscheidungsbefugnis in der Wirtschaftspolitik liegt hingegen in der Selbstbestimmung der Mitgliedstaaten einerseits und andererseits in der Bestimmung seitens der Union, die sich im vertraglichen Koordinierungsrahmen der Art. 120 bis 126 AEUV hält. Art. 2 Abs. 3 AEUV legt nämlich fest: „Die Mitgliedstaaten koordinieren ihre Wirtschafts- und Beschäftigungspolitik im Rahmen von Regelungen nach Maßgabe dieses Vertrags, für deren Festlegung die Union zuständig ist". Art. 5 Abs. 1 AEUV besagt, („Die Mitgliedstaaten koordinieren ihre Wirtschaftspolitik innerhalb der Union (…)". Infolgedessen kann man nicht pauschal sagen, dass die Zuständigkeit in der Wirtschaftspolitik bei den Mitgliedstaaten geblieben ist: Die Wirtschaftspolitik ist ein Bereich, der sowohl von der Union als auch den Mitgliedstaaten bestimmt wird. In den wirtschaftspolitischen Grauzonen[106] ist allerdings davon auszugehen ist, dass die Zuständigkeit bei den Mitgliedstaaten geblieben ist.

Das Obige bezieht sich im Allgemeinen auf die Zuständigkeitsart. Bei der Außenvertretung des Euroraums geht es hingegen nur um die nach außen gerichtete (internationale) Tätigkeit der Union und der Euro-Mitgliedstaaten. Entweder sind noch zusätzliche spezifische Regelungen in den Verträgen zu finden oder ist das Gesagte in einer bestimmten Weise auf ein externes Verhältnis zu adaptieren.

a) Zuständigkeit in der Währungspolitik (Art. 3 AEUV)

Die Währungspolitik der Euro-Mitgliedstaaten fällt gemäß Art. 3 AEUV sowohl auf interner als auch auf externer Ebene in die ausschließliche Unionszuständigkeit. Bestätigt wird dieser Schluss hinsichtlich der währungspolitischen internationalen Verträge in Art. 3 Abs. 1 AEUV i.V.m. Art. 3 Abs. 2 AEUV durch den in der letzten Vorschrift verwendeten Ausdruck „ferner".[107] Diese sich im allgemeinen Teil über die Zuständigkeitsarten zu findenden Vorschriften sind

---

106 Es ist zu bemerken, dass zu diesen Problemfällen nicht die abtrennbaren Mischfälle gehören, i.e. die Situationen, wenn eine Frage teilweise unter die Zuständigkeit der Mitgliedstaaten und teilweise unter die Unionszuständigkeit fällt.

107 Art. 3 AEUV
(1) Die Union hat ausschließliche Zuständigkeit in folgenden Bereichen:
a) Zollunion,
b) Festlegung der für das Funktionieren des Binnenmarkts erforderlichen Wettbewerbsregeln,
c) Währungspolitik für die Mitgliedstaaten, deren Währung der Euro ist,
d) Erhaltung der biologischen Meeresschätze im Rahmen der gemeinsamen Fischereipolitik,
e) gemeinsame Handelspolitik.

dabei im Zusammenhang mit Art. 119 Abs. 2 und Art. 127 Abs. 2 AEUV über die Aufgaben der Union in der Währungspolitik und weiter mit Art. 216 AEUV, der allgemein den Vertragsschluss durch die Union behandelt, zu lesen.

Der Abschluss von internationalen Verträgen in der Währungspolitik ist dann infolge des Art. 3 Abs. 1 AEUV ein Fall der Verbandskompetenz der Union nach Art. 216 Abs. 1 Variante 1 AEUV: „wenn dies in den Verträgen vorgesehen ist". Art. 219 Abs. 1 AEUV (bezüglich des Abschlusses eines internationalen Vertrags über ein Wechselkurssystem) und Art. 219 Abs. 3 AEUV (bezüglich des Abschlusses von internationalen Verträgen der Union im Zusammenhang mit Währungsfragen oder Devisenregelungen) dienen dagegen, nach der hier vertretenen Auffassung, der Organbefugniszuweisung, i.e. der Bestimmung der Entscheidungsbefugnis auf *horizontaler* Ebene.[108] Auf diesen Schluss weißt nicht nur die Formulierung des Art. 3 Abs. 1 AEUV, aber auch die Stellung des Art. 219 AEUV nach dem Art. 218 AEUV in dem allgemeinen Titel V „Internationale Übereinkunft" hin. Dies bedeutet letztlich, dass die in Art. 219 AEUV regulierten internationalen Verträge Besonderheiten in Bezug auf die Prozedur des Abschlusses von internationalen Verträgen aufweisen, die in Art. 218 AEUV im Sinne der Entscheidungsbefugnis auf *horizontaler* Ebene festgelegt ist. Folglich kreieren Art. 219 Abs. 1 und 3 AEUV von sich selbst keine Zuständigkeitsübertragung auf die Union. Dies schafften die währungspolitischen Regelungen von Art. 119 Abs. 2 AEUV und Art. 127 bis 133 AEUV i.V.m. Art. 3 AEUV.[109]

Was die eventuell verbleibende mitgliedstaatliche Zuständigkeit in der Währungspolitik betrifft, muss man sich zwei Vorschriften – Art. 128 Abs. 2 AEUV und Art. 127 Abs. 3 AEUV – näher ansehen. Art. 128 Abs. 2 AEUV statuiert das Recht der Euro-Mitgliedstaaten zur Ausgabe der Euro-Münzen. Dies könnte aber aufgrund der Genehmigungsbedürftigkeit des Umfangs der Ausgaben

(2) Die Union hat ferner die ausschließliche Zuständigkeit für den Abschluss internationaler Übereinkünfte wenn der Abschluss einer solchen Übereinkunft in einem Gesetzgebungsakt der Union vorgesehen ist, wenn er notwendig ist, damit sie ihre interne Zuständigkeit ausüben kann, oder soweit er gemeinsame Regeln beeinträchtigen oder deren Tragweite verändern kann.

108 So auch: *Rodi*, in: Vedder/Heintschel von Heinegg (Hrsg.), Europäisches Unionsrecht, Art. 219 AEUV, Rn. 1; anders u.a. *Weiß*, in: Arnauld (Hrsg.), Europäische Beziehungen, § 10 Rn. 125.

109 Anders: *Khan*, in: Geiger/Khan/Kotzur, EUV/AEUV, Art. 216 AEUV, Rn. 8; *Mögele*, in: Streinz, EUV/AEUV, Art. 216 AEUV, Rn. 15; *Terhechte*, in: Schwarze (Hrsg.), EU-Kommentar, Art. 216 EGV, Rn. 5; und *Vöneky/Beylage-Haarmann*, in: Grabitz/Hilf/Nettesheim (Hrsg.), Das Recht der Europäischen Union, Art. 216 AEUV, Rn. 7.

seitens der EZB eher als eine vertragliche Durchführungsbefugnis, nicht als eine Entscheidungsbefugnis bezeichnet werden, wie auch bei der Ausgabe der Euro-Banknoten nach Art. 128 Abs. 1 AEUV. Art. 127 Abs. 3 AEUV, welcher die Nichtberührung der Haltung und Verwaltung von Arbeitsguthaben in Fremdwährungen durch die mitgliedstaatlichen Regierungen regelt, betrifft hingegen einen anderen Sachbereich als Währungspolitik – die sich nicht in der Zuständigkeit der Union befindenden Finanzpolitik.

b) *Zuständigkeit in der Wirtschaftspolitik*

In Gegenüberstellung zu der Währungspolitik wird die Wirtschaftspolitik (darunter auch die Finanzpolitik) nach Maßgabe der Verträge koordiniert. Damit stehen einige ihrer Materien schon in den Verträgen fest. Andere werden durch die Unionsorgane nach dem Verfahren des Art. 121 AEUV (für Euro-Mitgliedstaaten zusätzlich auch durch den Verweis in Art. 136 Abs. 1 AEUV) bestimmt.

Für den Abschluss von wirtschaftspolitischen internationalen Verträgen bleiben grundsätzlich die Mitgliedstaaten selbst zuständig. Zugunsten der Union gibt es aber gegebenenfalls eine offene, im Einzelfall flexibel einzusetzende Kompetenz nach Art. 216 Abs. 1 Variante 2 AEUV für die Situation, „wenn der Abschluss einer Übereinkunft im Rahmen einer Politik der Union (...) zur Verwirklichung eines der in den Verträgen festgesetzten Ziele erforderlich (...) ist".[110] Weitere Möglichkeiten ergeben auch Varianten 3, 4 und 5 des Art. 216 Abs. 1 AEUV, nämlich für die Situation, „wenn der Abschluss einer Übereinkunft im Rahmen einer Politik der Union (...) in einem verbindlichen Rechtsakt vorgesehen ist oder aber gemeinsame Vorschriften beeinträchtigen oder deren Anwendungsbereich ändern könnte".

Das Ziel des durch den Vertrag von Lissabon eingeführten Art. 126 Abs. 1 Varianten 2 bis 5 AEUV ist die Kodifizierung der mit dem AETR-Urteil[111] begonnen, komplexen EuGH-Rechtsprechung zu impliziten Vertragsschlusskompetenzen (sog. Parallelismus-Doktrin). Im Allgemeinen sollte die Union, wenn ihr eine Innenkompetenz zustand, gleichwohl von Anfang an über eine entsprechende (Annex)Außenkompetenz verfügen. Diese Formel wurde einer weiteren Entwicklung unterzogen.[112] Die Frage einer impliziten Vertragsschlusskompetenz

110 Darauf weist auch *Smits*, in: Groeben/Schwarze/Hatje, Europäisches Unionsrecht, Art. 138 AEUV, Rn. 17 hin.

111 EuGH Rs. 22/70 (AETR), Slg. 1971, 263, Rn. 19.

112 EuGH Rs. 3, 4, 6/76 (Kramer), Slg. 1976, 1279; EuGH Gutachten 1/76 (Stillegungsfonds), Slg. 1977, 741; EuGH Gutachten 2/91 (ILO), Slg. 1993, 1061; EuGH Gutachten

betrifft dabei die Verbandskompetenz der Union zum Abschluss von internationalen Verträgen und ist von der Frage nach der Ausschließlichkeit dieser Kompetenz zu unterscheiden, die sich in der erwähnten EuGH-Rechtsprechung mit der Vertragsschlusskompetenz abwechselt, aber durch den Vertrag von Lissabon in Art. 3 Abs. 2 AEUV kodifiziert wurde.

So knüpft die Variante 2 des Art. 216 Abs. 1 AEUV an den Grundsatz der Parallelität von Innen- und Außenkompetenz im Gutachten 1/76 („Stilllegungsfonds") an:

> „(...) hat er [der Gerichtshof] festgestellt, wenn das Gemeinschaftsrecht [heute: Unionsrecht] im Hinblick auf ein bestimmtes Ziel im Innenverhältnis eine Zuständigkeit verleiht, die Gemeinschaft [heute: die Union] befugt ist, die zur Erreichung dieses Ziels erforderlichen völkerrechtlichen Verpflichtungen einzugehen, auch wenn eine ausdrückliche diesbezügliche Bestimmung fehlt."[113]

Das Problematische besteht aber erstens darin, dass die Variante 2 des Art. 216 Abs. 1 AEUV auf mehr, näher auf die Parallelität der Außenkompetenz und Unionsziele hinzuweisen scheint. Das wäre angesichts des Art. 352 AEUV, der die ergänzende Rechtssetzungsbefugnis der Union zur Verwirklichung der Ziele der Verträge an die Einstimmigkeit im Rat koppelt, systemwidrig. Zu dieser Variante bestehen daher in der Literatur große Bedenken.[114]

Zweitens muss man bei der Auslegung der Erforderlichkeit in der Variante 2 den Zusammenhang zwischen Art. 216 Abs. 1 AEUV und Art. 3 Abs. 2 Variante 2 AEUV berücksichtigen. Letzterer macht die ausschließliche Unionszuständigkeit für den Abschluss von internationalen Verträgen davon abhängig, dass sie notwendig ist, damit die Union ihre interne Zuständigkeit ausüben kann.[115] Die Zuständigkeit der Union zum Abschluss von internationalen Verträgen im Fall

---

1/94 (WTO), Slg. 1994, I-5267; EuGH Gutachten 2/92 (OECD), Slg. 1995, I-521; EuGH Gutachten 2/94 (EMRK), Slg. 1996, I-1759; EuGH Rs. C-476/98 (Open-Skies-Urteil), Slg. 2002, I-9855;, EuGH Rs. C-266/03 (Kommission/Luxemburg), Slg. 2005, I-4805; und EuGH Rs. C-433/03 (Kommission/Deutschland), Slg. 2005, I-6985; EuGH Gutachten 1/03 (Lugana), Slg. 2006, I-1145. Siehe insb. Bemerkungen in: *Metz*, Die Außenbeziehungen der Europäischen Union nach dem Vertrag über eine Verfassung für Europa, S. 116–144.

113 EuGH Gutachten 1/76 (Stilllegungsfonds), Slg. 1976, 741, Rn. 3.

114 *Terhechte*, in: Schwarze (Hrsg.), EU-Kommentar, Art. 216 AEUV, Rn. 7; *Metz*, Die Außenbeziehungen der Europäischen Union nach dem Vertrag über eine Verfassung für Europa, S. 340–345.

115 Zur Voraussetzung der Erforderlichkeit siehe u. a. *Metz*, Die Außenbeziehungen der Europäischen Union nach dem Vertrag über eine Verfassung für Europa, S. 336–340.

der Nichterreichung dieser Schwelle wäre dann möglicherweise geteilter Art, d.h. zwischen der Union und der Mitgliedstaaten im Sinne des Art. 2 Abs. 2 AEUV.

Drittens muss man aber die Begrenzung durch die Art der Zuständigkeit in der einschlägigen Politik beachten. Das betrifft insbesondere die Wirtschaftspolitik, die innerhalb der Union koordiniert wird.[116]

Hier könnte man auch den Sinn des bestätigenden Art. 219 Abs. 4 AEUV sehen, der aber vor der Einführung des Art. 216 Abs. 1 AEUV und ohne Rücksicht auf die Rechtsprechung des EuGH schon vorhanden war. T. Müller-Ibold nennt eine solche Art der Außenkompetenz, wenn ein ausdrücklicher Vorbehalt in den Verträgen besteht (so auch in Art. 191 Abs. 4, Art. 209 Abs. 2 Unterabs. 2, Art. 212 Abs. 3 Unterabs. 2 und Art. 214 Abs. 4 Unterabs. 2 AEUV), „parallele Zuständigkeit". Er begreift „parallele Zuständigkeit" in der Weise, dass die Zuständigkeit der Union sich dann nur so weit erstreckt, wie sie die Mitgliedstaaten dadurch nicht an der Ausübung ihrer Kompetenzen behindert.[117]

Dieses Ergebnis im Falle der Wirtschaftspolitik lässt sich nicht pauschalieren. So könnte man sich aber vorstellen, dass ein internationaler Vertrag der Union z.B. in Verbindung mit Art. 122 Abs. 2 AEUV abgeschlossen werden könnte, der einen finanziellen Unionsbeistand mit Finanzmitteln der Drittstaaten oder Dritteinrichtungen verstärken würde.

Art. 216 Abs. 1 Variante 3 kodifiziert die WTO-Rechtsprechung[118], wonach die Union die Kompetenz zum Abschluss von internationalen Verträgen in einem Sekundärrechtsakt vorsehen kann. Diese Zuständigkeit ist nach Art. 3 Abs. 2 Variante 1 AEUV jeweils ausschließlich. Es sollte aber, wie auch bei der Variante 2 des Art. 216 Abs. 1 AEUV, eine Begrenzung in Hinsicht auf die Zuständigkeitsart in der einschlägigen Politik bestehen. So ist es in der Wirtschaftspolitik. In diesem Fall könnte man sich vorstellen, dass der Beschluss des Rates anhand des Art. 136 Abs. 1 lit. a AEUV eine solche Ermächtigung mit der Begrenzung auf die Maßnahmen zur Verstärkung der Koordinierung und der Überwachung der Haushaltsdisziplin der Euro-Mitgliedstaaten beinhalten könnte.

---

116 Zu den Auslegungsproblemen des Art. 216 Abs. 1 siehe: *Metz*, Die Außenbeziehungen der Europäischen Union nach dem Vertrag über eine Verfassung für Europa, S. 322–348 und 367–371.

117 *Müller-Ibold*, in: Lenz/Borchardt, EU-Verträge Kommentar, Art. 216, Rn. 19. Vgl. *Hellmann*, Der Vertrag von Lissabon, S. 81 f.

118 EuGH Gutachten 1/94 (WTO), Slg. 1994, I-5267; EuGH Gutachten 2/92 (OECD), Slg. 1995, I-521.

Art. 216 Abs. 1 Variante 4 AEUV geht die Gefahr der Beeinträchtigung der gemeinsamen Vorschriften ein. Er kodifiziert auch die AETR-Rechtsprechung[119].

Keine selbständige Bedeutung kommt daneben der Variante 5 zu, die sich auf den Fall bezieht, dass der Anwendungsbereich dieser Vorschriften geändert werden könnte. Die Änderung des Anwendungsbereiches einer Vorschrift stellt nämlich zugleich ihre Beeinträchtigung dar. Gleich, wie bei früheren Varianten, stellt sich auch hier weiter die Frage der Ausschließlichkeit der Zuständigkeit der Union nach Art. 3 Abs. 2 AUEV, die bei der Wirtschaftspolitik entfällt. In der Wirtschaftspolitik könnte man sich trotzdem eine solche Zuständigkeit der Union vorstellen, da einige wirtschaftspolitische Materien in den Verträgen festgelegt sind. Hierfür muss aber eine hinreichend konkrete Beeinträchtigung vorliegen.[120]

Es ist abschließend zu bemerken, dass die Union mit einem währungspolitischen Vertrag die wirtschaftspolitischen Nebenmaterien nicht mitregeln darf. Es kommt dabei nicht auf die Schwerpunktbetrachtung an. Wenn die Wirtschaftspolitik, welche in die Zuständigkeit der Mitgliedstaaten fällt, bei einem überwiegend währungspolitischen internationalen Vertrag betroffen ist, muss daher jeweils ein gemischtes Abkommen sowohl mit der Union als auch mit den Mitgliedstaaten als Vertragsparteien abgeschlossen werden.[121]

c) *Problem des Art. 219 Abs. 4 AEUV*

Art. 219 Abs. 4 AEUV,

> „Die Mitgliedstaaten haben das Recht, unbeschadet der Unionszuständigkeit und der Unionsvereinbarungen über die Wirtschafts- und Währungsunion in internationalen Gremien Verhandlungen zu führen und internationale Vereinbarungen zu treffen.",

scheint in diesem Zusammenhang überflüssig.

Das Recht der Mitgliedstaaten ist durch die Formulierung „unbeschadet der Unionszuständigkeit" begrenzt. Das bedeutet, dass im Falle der Unionszuständigkeitsbetroffenheit eine Ermächtigung seitens der Union zur mitgliedstaatlichen Handlung benötigt wird. Andernfalls würde diese Vorschrift eine pauschale konkurrierende Zuständigkeit darstellen, was mit der ausschließlichen Zuständigkeit der Union in der Währungspolitik nicht vereinbar ist.

---

119 EuGH Rs. 22/70, Slg. 1971, 263.

120 So: *Terhechte*, in: Schwarze (Hrsg.), EU-Kommentar, Art. 216 AEUV, Rn. 9.

121 So auch: *Müller-Ibold*, in: Lenz/Borchardt, EU-Verträge Kommentar, Art. 216, Rn. 13.

Art. 219 Abs. 4 AEUV stellt den Vorrang der bestehenden Unionskompetenz klar. Die Einzelermächtigung der Union kann man für die Währungspolitik explizit dem Art. 2 Abs. 1 AEUV i.V.m. Art. 3 Abs. 1 und Abs. 2 AEUV entnehmen.

Die Fortführung der währungspolitischen, vor der Euro-Einführung abgeschlossenen Altverträge der Euro-Mitgliedstaaten und die darauf bezogene Standpunktbildung im mitgliedstaatlichen Alleingang kann daher Art. 219 Abs. 4 AEUV nicht zulassen.[122]

Die Vorschrift ändert daher nichts an der obigen, im Unterkapitel b und c, beschriebenen Entscheidungsbefugnis auf *vertikaler* Ebene.

d) Ergebnis: Zwei Arten von Standpunkten

Daraus, dass die Währungspolitik einheitlich für alle Euro-Mitgliedstaaten gestaltet wird, während die Wirtschaftspolitik innerhalb der Union nur koordiniert wird, folgt, dass auch die Standpunkte des Euroraums nicht homogen sind. Ihre Heterogenität hat ihren Ursprung in der jeweiligen Zuständigkeitsart.

Hier muss man dementsprechend eine strikte Unterscheidung beachten. Die Standpunkte des Euroraums in der Währungspolitik sind nämlich *einheitlich*, während die Standpunkte in der Wirtschaftspolitik überwiegend die zwischen den Mitgliedstaaten *koordinierten* Standpunkte sind. Die *einheitlichen* Standpunkte bestehen auch in der Wirtschaftspolitik, wenn eine inhaltliche Stellungnahme zu einem Problem in den Verträgen oder in den darauf erlassenen Unionsrechtsakten festgelegt ist. Obwohl diese Begrifflichkeiten dem juristischen Verständnis klar erscheinen, wurden sie als einheitliche Begriffe in der Rechtswissenschaft bisher nicht angewandt.

Die obigen Unterkapitel zur Entscheidungsbefugnis auf *vertikaler* Ebene Gesagte zusammenfassend sind die *einheitlichen* Standpunkte des Euroraums von der Union auszuarbeiten. Sie können daher auch als Unionsstandpunkte bezeichnet werden. Die *koordinierten* Standpunkte des Euroraums hingegen entstehen im Wege eines Konsenses der Euro-Mitgliedstaaten (im Koordinierungsprozess).[123]

---

122 So auch: Detailliert zur Ermächtigung der Mitgliedstaaten durch die Union in: Teil II Unterteil II Kapitel I.2.a.

123 In diesem Zusammenhang sollte man den Änderungsvorschlag von G.M. de Vries und T.J.A.M. de Bruijn zum VVE-Vorschrift über die gemeinsamen Standpunkte (also zum Vorgänger des Art. 138 AEUV) als eine Verständnisverwirrung oder als einen Vorschlag zum Integrationsrücktritt wahrnehmen. Der Änderungsvorschlag mit Begründung des Schutzes der nationalen Kompetenzen platzierte folgendermaßen, unverständlich die Festlegung der Standpunkte im Sachbereich der ausschließlichen Unionszuständigkeit zurück an die Mitgliedstaaten:

Sie können daher auch als Standpunkte der Euro-Mitgliedstaaten bezeichnet werden.

2. Verfahren zur Festlegung der Standpunkte

Das Festlegungsverfahren ist für die beiden – *einheitlichen* und *koordinierten* – Standpunktarten verschieden. Es verlagert die Überlegungen auf die *horizontale* Ebene (die Zuweisung der Organbefugnis).

Hier wird aber die Gegenüberstellung der Unionsorgane (Entscheidungsbefugte auf *horizontaler* Ebene seitens der Union) und der Mitgliedstaaten (Entscheidungsbefugte auf *vertikaler* Ebene) als nicht gleichartig nur teilweise durch die Rangbenennung der Vertreter der Euro-Mitgliedstaaten (Entscheidungsbefugte auf *horizontaler* Ebene seitens der Euro-Mitgliedstaaten) vermieden. Wenn man nämlich über die Unionsorgane und die nach dem Rang benannten Vertreter der Euro-Mitgliedstaaten schreibt, befindet man sich nur dann auf der gleichen Ebene – der *horizontalen* Vertretungsebene.

Sowohl für die einheitlichen als auch für die koordinierten Standpunkte wird im Folgenden auf die Probleme – der Festlegungspflicht, des Entscheidungsbefugten

---

„Without prejudice to article I-12(2) [Art. I-12 (2) entspricht dem jetzigen Art. 3 Abs. 2 AEUV] ~~In order to secure the euro's place in the international monetary system~~, Member States which are members of the Eurozone shall coordinate their action among themselves and with the Commission with a view to adopting common positions on those issues where the Union has a single competence within the competent international financial institutions and conferences. They shall defend and promote those common positions.
Where appropriate, the European Central Bank, without prejudice to its independence, shall be fully associated with that coordination.
Without prejudice to Union competence and Union agreements as regards the economic and monetary Union, Member States may negotiate in international bodies and conclude international agreements."
(Änderungsvorschlag zum Art. III 85c Abs. 1 gemäß dem VVE-Arbeitstextentwurf im CONV 802–03 vom 12. Juni 2003, S. 59; abrufbar unter: http://european-convention.europa.eu/docs/Treaty/pdf/832/Art%20III%2085c%20Vries%20EN.pdf; vermerkt im CONV 821/03 vom 27. Juni 2003, S. 36).
Der Vertrag über eine Verfassung für Europa (VVE), ABl. C 310/1 vom 16. Dezember 2004, der ganzheitlich das primäre Unionsrecht reformieren (und den früheren EUV und den EGV ersetzen) sollte, wurde im Oktober 2004 von den Mitgliedstaaten unterzeichnet. Allerdings ist er wegen des Scheiterns der Ratifizierung in einigen der Mitgliedstaaten nicht in Kraft getreten. Der Entwurf des Vertrags wurde von dem Europäischen Konvent ausgearbeitet.

bzw. der besonderen Zusammenarbeitsgremien der Euro-Mitgliedstaaten, in denen die Entscheidung effektiv getroffen werden kann, und der Abstimmung zwischen den Einzelstandpunkten der Unionsorgane bzw. zwischen den *einheitlichen* und den *koordinierten* Standpunkten – eingegangen. Ein solcher Aufbau vergleicht systematisch die Problematik der Rechtsnatur der beiden Standpunktarten und bereitet den Grund für die Überlegungen über die Auslegung des Art. 138 Abs. 1 AEUV in Kapitel II.

a) Einheitliche *Standpunkte*

aa) Festlegungspflicht

Unter dem Problem, dass eine einheitliche Politik von der Union festzulegen und durchzuführen ist, (wenn diese Politik nicht nur intern ausgerichtet werden soll), ist auch die Festlegung der nach außen zu vertretenden, *einheitlichen* Standpunkte zu verstehen. Folglich ist dann von einer Festlegungspflicht seitens der Union auszugehen. Diese Festlegungspflicht liegt bei den zuständigen Unionsorganen. Sie betrifft die Währungspolitik.

Ähnlich ist es überdies bei den Standpunkten in der Wirtschaftspolitik, wenn ein bestimmter Teil dieser Politik der Bestimmung durch die Unionsorgane anvertraut ist.

Ein *einheitlicher* Standpunkt liegt ferner vor, wenn die Verträge diesen selbst beinhalten.

b) Entscheidungsbefugnis auf horizontaler *Ebene*

Als nächster Schritt ist das Unionsorgan zu bestimmen, dem die Pflicht zur Festlegung eines *einheitlichen* Standpunktes durch die Verträge auferlegt wurde.

Die Befugnisverteilung zwischen den Unionsorganen folgt grundsätzlich der ausdrücklichen vertraglichen Zuweisung gemäß Art. 13 Abs. 2 EUV.

Die Festlegung der unionalen Geldpolitik ist damit laut den Verträgen die Aufgabe des Europäischen Systems der Zentralbanken (ESZB). Genauer gesagt, ist dies der EZB-Rat, der dazu gemäß Art. 127 Abs. 2 Strich 1 AEUV (ebenso Art. 3.1 EZB-Satzung) i.V.m. Art. 12 EZB-Satzung die notwendigen Leitlinien und Beschlüsse erlässt.

Die Befugnis zur Festlegung der Unionsstandpunkte in der Wechselkurspolitik wird hingegen von dem Rat und der EZB geteilt. Diese Organe sind allerdings auch auf anderen Ebenen tätig. Der Rat entscheidet über einen Unionsstandpunkt bei der Aushandlung eines internationalen Vertrags der Union nach Art. 219 Abs. 3 AEUV (auch i.V.m. Art. 219 Abs. 1 Unterabs. 1 AEUV), bezüglich der Euroleitkurse innerhalb eines Wechselkurssystems nach Art. 219

Abs. 1 Unterabs. 2 AEUV und über die allgemeinen Orientierungen für die Wechselkurspolitik gegenüber den Drittwährungen nach Art. 219 Abs. 2 AEUV. Im Einklang mit solchen eventuell wechselkurspolitischen Vorgaben[124] des Rates trifft die EZB die Entscheidungen auf operativer Ebene, darunter diese über die Devisengeschäftsdurchführung und die Verwaltung der mitgliedstaatlichen Währungsreserven nach Art. 127 Abs. 2 Strich 2 und 3 AEUV und insbesondere Art. 23 EZB-Satzung. Diese Aufteilung wird hinsichtlich der Devisengeschäfte in Art. 127 Abs. 2 Strich 2 AEUV ausdrücklich vorgeschrieben: „Die grundlegenden Aufgaben des ESZB bestehen darin (...) Devisengeschäfte im Einklang mit Artikel 219 [AEUV] durchzuführen (...).".

Es ist aber zu betonen, dass der Rat auf der Grundlage des Art. 219 AEUV keine Auffangbefugnis im Sinne einer Standpunktbildung für den Abschluss von internationalen Verträgen der Union in der Währungspolitik besitzt: Der Rat hat jeweils die EZB-Entscheidungsbefugnisse zu beachten. Die Einflussnahme ist aber keinesfalls einseitig.[125] Daraus ist es auch ersichtlich, dass die Parallelismus-Doktrin, auf deren Grundlage die externe Unionszuständigkeit abgeleitet wurde,[126] nicht analog auf die Befugniszuweisung anwendbar ist.[127]

Bei den wirtschaftspolitischen Aufgaben der Union, insbesondere beim Überwachungsprozess der Wirtschaftspolitik jedes Mitgliedstaates und der Union selbst, ist der Rat das letztverbindliche Entscheidungsorgan in der Union. Einerseits versabschiedet der Rat eine Empfehlung über die Grundzüge der Wirtschaftspolitik der Mitgliedstaaten und der Union als Maßstab für die auf Kommissionsberichten basierende Überwachung. An diesem Prozess sind gemäß Art. 121 Abs. 1 und 2 AEUV und dem nur für die Euro-Mitgliedstaaten geltenden Art. 136 Abs. 1 lit. b AEUV auch der Europäische Rat, die Kommission und das Europäische Parlament beteiligt. Andererseits verhängt der Rat eventuelle Sanktionen für die Nichtbeachtung dieser Grundzüge.

---

124 Die auf Art. 219 AEUV gestützten wechselkurspolitischen Vorgaben des Rates, die zu den Interventionen der EZB auf dem Devisenmarkt führen könnten, wurden bis jetzt nicht erlassen. Insbesondere angesichts der Orientierungen (Abs. 2) trägt dazu die Grenze der gemeinsamen Beteiligung der Kommission und der EZB bei, so: *Henning*, in: Mundell/Clesse (Hrsg.), The Euro as a Stabilizer in the International Economic System, S. 38.

125 Darüber detailliert im nächsten Unterkapitel.

126 Dazu: Teil II Unterkapitel I Kapitel 1.b.

127 So auch: *Weiß*, EuR 2002, S. 178. Anders: *Zillioli/Selmayr*, CMLRev. 1999, S. 291–294 und *Stumpf*, ZaöRV 2003, S. 1079.

Zusammenfassend ist schließlich zu ergänzen, dass der Rat das wirtschaftspolitische Gesetzgebungsorgan der Union mit einer entsprechenden Beteiligung anderer Organe gemäß Art. 121 Abs. 6, Art. 126 Abs. 14 und Art. 136 AEUV ist. Der Rat entscheidet auch über die Gewährung eines finanziellen Unionsbeistands auf Grundlage des Art. 122 Abs. 2 AEUV.

Was die Rolle der Kommission in der Wirtschaftspolitik betrifft, ist anzumerken, dass sie hingegen ein Organ ist, dem die Mitgliedstaaten die wirtschaftspolitischen Angaben übermitteln und das diese Angaben mit Hilfe des Wirtschafts- und Finanzausschusses[128] (Economic and Financial Committee, EFC) mitbewertet. Überdies aber beansprucht die Kommission, nicht nur als Impulsgeber (wobei es um das Handeln des Rates auf Empfehlung oder auf Vorschlag der Kommission geht), eine ständig größer werdende Mitentscheidungsrolle in dem Überwachungsprozess.[129]

cc) Unionsinterne Abstimmung

Die Festlegungsbefugnis scheint im Allgemeinen klar zu sein: Die EZB legt die Standpunkte in der Geldpolitik fest, während die Standpunkte in der Wechselkurspolitik von der EZB nur dann selbstständig festgelegt werden dürften, wenn vorher keine Standpunkte nach Art. 219 Abs. 1 bis 3 AEUV vom Rat erlassen wurden.

Der *einheitliche* Unionsstandpunkt in der international behandelten Geldpolitik ist dementsprechend, vereinfacht ausgedrückt, der Standpunkt der EZB. Art. 6.1 EZB-Satzung,

> „Im Bereich der internationalen Zusammenarbeit, die die dem ESZB übertragenen Aufgaben betrifft, beschließt die EZB, wie das ESZB vertreten wird.“,

---

128 Vgl. Art. 134 AEUV.

129 So kommt der Kommission in der im Jahr 2011 erlassenen Verordnung zur haushaltspolitischen Überwachung in dem Euro-Währungsgebiet die Entscheidung über die Sanktionsverhängung (bei einem übermäßigen Defizit oder bei besonders schwerwiegenden Verstößen gegen die haushaltspolitischen Verpflichtungen des Stabilitäts- und Wachstumspaktes) im Wege eines „negativen“ Verfahrens zu, i.e. dann, wenn die Kommissionsempfehlung durch den Rat nicht abgelehnt wird. Siehe: Art. 5 Abs. 1 und Abs. 2 der Verordnung (EU) Nr. 1173/2011 des Europäischen Parlaments und des Rates vom 16. November 2011, ABl. L 306/1 vom 23. November 2011. Ein gleiches Verfahren ist auch in Art. 7 des mitgliedstaatlichen Vertrags vom 2. März 2012 über Stabilität, Koordinierung und Steuerung in der Wirtschafts- und Währungsunion (SKS-Vertrags) vorgesehen.

wenn er als eine nicht nur den rein organisatorischen, aber auch den sachlichen Aspekt der Vertretung betreffende Vorschrift ausgelegt wird, bestätigt dies.

In der viel häufiger als Thema der internationalen Zusammenarbeit vorkommenden Wechselkurspolitik, die zwar mit der Geldpolitik strikt verzahnt ist, sind hingegen *einheitliche*, nach Art. 219 Abs. 1, 2 und 3 AEUV gefassten Standpunkte zu vertreten. Die erste und die dritte Vorschrift betreffen dabei Standpunkte, die sich auf die von der Union abzuschließenden internationalen Verträge beziehen, wobei die zweite Standpunkte betrifft, die bei internationalen informellen Absprachen über die allgemeine Orientierungen für die Wechselkurspolitik der Union gegenüber Währungen von Drittstaaten zu vertreten sind.

Den problematischsten Fall stellt der Bildungsprozess der wechselkurspolitischen Standpunkte dar, da durch ihre Festlegung Interventionen seitens der EZB notwendig werden könnten. Diese könnten nämlich in einem problematischen Verhältnis zum vorrangigen Preisstabilitätsziel stehen. So können z.B. Devisenmarktinterventionen im Falle eines Systems fester Wechselkurse benötigt werden.[130] Der Rat hat daher die Befugnisse der EZB zu beachten.

Es muss mithin eine Balance bei der gegenseitigen Einflussnahme gefunden werden. Die einheitliche Währungspolitik darf je nach Verhältnis, i.e. entweder dem Innen- oder dem Außenverhältnis, nicht zersplittert werden. Dieses Ausbalancieren in der problematischen Wechselkurspolitik erfolgt unter zwei Aspekten der unionsinternen Abstimmung: dem inhaltlichen und verfahrensmäßigen Aspekt.

(1) Inhaltlicher Aspekt

Bei dem inhaltlichen Aspekt des Ausbalancierens geht es um die Beachtung des Preisstabilitätsziels bei der Entscheidungsfindung über einen *einheitlichen* Standpunkt gemäß Art. 219 AEUV.

Für diese Ratsentscheidung, deren Konsequenzen zwangsläufig in die EZB-Politiksteuerung (und möglicherweise die Verfolgung des Preisstabilitätsziels) eingreift, heißt es deswegen:

- die Wechselkursvereinbarungen sind „in dem Bemühen, zu einem mit dem Ziel der Preisstabilität im Einklang stehenden Konsens zu gelangen" (Art. 219 Abs. 1 AEUV), zu treffen,
- die allgemeinen Orientierungen für die Wechselkurspolitik gegenüber Währungen von Drittstaaten dürfen hingegen „das vorrangige Ziel des ESZB, die Preisstabilität zu gewährleisten, nicht beeinträchtigen" (Art. 219 Abs. 2

130 Dazu: *Koch*, Internationale Wirtschaftsbeziehungen, S. 313–317.

AEUV).[131] Um einen eventuellen Konflikt zu vermeiden, beschloss überdies der Europäische Rat im Jahr 1997, dass die allgemeinen Orientierungen nur „unter außergewöhnlichen Umständen, beispielsweise im Falle eindeutiger Wechselkursverzerrungen" aufgestellt werden dürfen.[132]

Dies sind die die interinstitutionelle Zusammenarbeit betonenden Sonderformulierungen, die von der allgemeinen Regelung des Art. 119 Abs. 2 AEUV nicht abweichen.[133] Darin ist nämlich vorgeschrieben, dass die beiden – sowohl die Geldpolitik, als auch die Wechselkurspolitik –

> „vorrangig das Ziel der Preisstabilität verfolgen und unbeschadet dieses Ziels die allgemeine Wirtschaftspolitik in der Union unter Beachtung des Grundsatzes einer offenen Marktwirtschaft mit freiem Wettbewerb unterstützen sollen".

Durch Art. 119 Abs. 2 AEUV ist gerade nicht nur die EZB (und über Art. 127 Abs. 1 AEUV auch das ESZB) an das Preisstabilitätsziel gebunden, sondern auch die anderen Unionsorgane, die die Währungspolitik mitgestalten.

Dies betrifft außerdem die Kommission, die eine Vertragsverhandlungs- und sonstige Initiative für Ratsentscheidungen mit einem Vorschlag bzw. einer Empfehlung ergreift.

Der Garant für die Einhaltung des Ziels bleibt allerdings das ESZB, das die Geldpolitik festlegt und durchführt. Diese Garantenstellung flankiert die operative, auf die Aufgabenausübung gerichtete Weisungsunabhängigkeit der EZB und der nationalen Zentralbanken gemäß Art. 230 und Art. 282 Abs. 3 AEUV als auch Art. 7 EZB-Satzung. Die Weisungsunabhängigkeit ist dabei ihrerseits ein Bindeglied zwischen dem hier behandelten inhaltlichen Aspekt und dem nun zu besprechenden verfahrensmäßigen Aspekt der internen Abstimmung der Unionsorgane.

(2) Verfahrensmäßiger Aspekt

An dem Prozess der internen Entscheidungsfindung sind die Unionsorgane in verschiedenem Ausmaß beteiligt, um ihre Einzelstandpunkte gegenseitig abzustimmen (verfahrensmäßiger Aspekt der unionsinternen Abstimmung) und damit einen *einheitlichen* Standpunkt der Union zu bilden.

---

131 Dazu umfassend: *Stadler*, Der rechtliche Handlungsspielraum des Systems der Zentralbanken, S. 178 f. und *Hahn*, BayVBl 1999, S. 741 ff.

132 Schlussfolgerungen des Vorsitzes des Europäischen Rates (Luxemburg) 12. vom 13. Dezember 1997, ABl. C 35/1 vom 2. Februar 1998.

133 So: *Stadler*, a.a.O, S. 178.

Dazu ist die interinstitutionelle Zusammenarbeit, insbesondere die Teilnahme eines Organs an den Sitzungen des anderen, das geeignete Mittel. Es handelt sich dabei sowohl um eine Möglichkeit des Informationsaustausches als auch des Einflusses eines Organes auf die Arbeit des anderen. Dem dienen als Grundlage die informellen, i.e. nicht auf einen bestimmten Rechtsakt zurückgehenden Arbeitsverbindungen zwischen dem Rat, der Kommission und der EZB.

Im Hinblick auf das auswärtige Handeln der Union ist zuerst die Regelung des Art. 21 Abs. 3 EUV hervorzuheben, wonach der Rat und die Kommission zusammenzuarbeiten haben, um die Kohärenz zwischen den einzelnen Bereichen des auswärtigen Handelns der Union sowie zwischen diesen und den übrigen Politikbereichen der Union sicherzustellen.

Zur detaillierten Veranschaulichung der institutionellen Querverbindungen hinsichtlich der Zusammenarbeit zwischen dem Rat, der Kommission und der EZB, die von Bedeutung für die Festlegung eines *einheitlichen* Standpunktes sind, empfiehlt sich, diese in einer Tabelle wie folgt darzustellen:

Tabelle 1: Allgemeine Organzusammenarbeit (Rat, Kommission und EZB)

	Rat	Kommission	EZB
Rat		Der Rat kann die Kommission auffordern, die nach seiner Ansicht zur Verwirklichung der gemeinsamen Ziele geeigneten Untersuchungen vorzunehmen und ihm entsprechende Vorschläge zu unterbreiten (Art. 241 AEUV).	Der Präsident des Rates kann ohne Stimmrecht an den Sitzungen des Rates der EZB teilnehmen (Art. 284 Abs. 1 AEUV). Der Präsident des Rates kann dem Rat der EZB einen Antrag zur Beratung vorlegen (Art. 284 Abs. 1 AEUV).

	Rat	Kommission	EZB
Kommission	Der Rat wird auch auf Antrag der Kommission einberufen (Art. 237 AEUV). Kommissionsvertreter nehmen an den Beratungen des Ausschusses der ständigen Vertreter (CORE-PER), die die Sitzungen des Rates vorbereiten, teil.		Das Mitglied der Kommission kann ohne Stimmrecht an den Sitzungen des Rates der EZB teilnehmen (Art. 284 Abs. 1 AEUV).
EZB	Der Präsident der EZB wird zur Teilnahme an Tagungen des Rates eingeladen, wenn dieser Fragen im Zusammenhang mit Zielen und Aufgaben des ESZB erörtert (Art. 284 Abs. 2 AEUV).		
	Die EZB unterbreitet u.a. dem Rat und der Kommission einen Jahresbericht über die Tätigkeit des ESZB und die Geld- und Währungspolitik im vergangenen und im laufenden Jahr. Der Präsident der EZB legt den Bericht auch dem Rat vor, der auf dieser Grundlage eine allgemeine Aussprache durchführen kann (Art. 284 Abs. 3 AEUV).		

Quelle: eigene Darstellung

Über diese vertragliche Absicherung hinaus ist jeweils, je nach Bedarf, noch die zusätzliche Teilnahme mittels Sondereinladung möglich. Die Unionsorgane (der Rat, die Kommission und das Europäische Parlament) können jedoch noch darüber hinaus gesehen gemäß Art. 295 AEUV unter Wahrung der Verträge interinstitutionelle Vereinbarungen untereinander schließen, die auch bindenden Charakter haben können. Dazu kommt noch der ständige informelle Informationsaustausch.

Mit Bezug auf die Unionsmaßnahmen in der Währungspolitik ist bei den Ratsentscheidungen eine Anhörung oder eine Empfehlung der EZB in Art. 219 Abs. 1 bis 3 AEUV vorgeschrieben.

Verfahrensmäßig sollen sie die Berücksichtigung des EZB-Standpunktes gewährleisten, welcher die monetären Interessen der Union einbezieht und strikt dem Preisstabilitätsziel untergeordnet ist. Die Anhörung kann dazu zwar gebraucht werden, aber als Absicherung der unabhängigen Ausübung der ESZB-Aufgaben kann sie nicht verstanden werden. Der EZB-Standpunkt ist für den Rat nicht verbindlich in dem Sinne, dass der Rat nach der Erwägung dieser Stellungnahme theoretisch eine ihr nicht entsprechende Entscheidung treffen kann. Materiell-rechtlich wird die Berücksichtigung des EZB-Standpunktes durch das Prinzip der loyalen Zusammenarbeit der Organe nach Art. 13 Abs. 2 EUV gestützt:

> „Jedes Organ handelt nach Maßgabe der ihm in den Verträgen zugewiesenen Befugnisse nach den Verfahren, Bedingungen und Zielen, die in den Verträgen festgelegt sind. Die Organe arbeiten loyal zusammen."

Ebenso wie Ratsentscheidungen betrifft dies auch eine Empfehlung oder einen Vorschlag der Kommission. Die Kommission ist daher bei ihrer inhaltlichen Ausgestaltung nicht völlig frei. Vielmehr ist sie das Unionsorgan, welches nach Art. 17 Abs. 1 EUV für die Anwendung der Verträge sorgt, darunter auch in Teil der Einhaltung der Organbefugnisse.

In der Gesamtheit schaffen die dargestellten Beziehungen ein institutionelles Gleichgewicht in der Union – ein System von *checks and balances* –, das auf den Inhalt der *einheitlichen* Standpunkte Einfluss hat. Sie werden überdies von grundlegender Bedeutung, wenn der organisatorische Aspekt der Außenvertretung des Euroraums behandelt wird, i.e. bei der Suche nach einem Vertreter des Euroraums im Unterteil II.

b) Koordinierte *Standpunkte*

Nach den Ausführungen über die *einheitlichen* Standpunkte sind jetzt die *koordinierten* Standpunkte zu betrachten.

Der Festlegungspflicht bei den *einheitlichen* Standpunkten wird die gebotene Festlegung der *koordinierten* Standpunkte gegenüberstellt. Danach werden die Abstimmungsforen behandelt, die die Festlegung der koordinierten Standpunkte durch die Euro-Mitgliedstaaten fördern sollen. Als letztes wird das Problem der Abstimmung zwischen den *einheitlichen* und *koordinierten* Standpunkten erörtert.

aa) Gebotene Festlegung

Es gibt keine ausdrückliche Regelung über die Koordinierung des auswärtigen Handelns der Mitgliedstaaten in der Wirtschaftspolitik (wenn diesen die Zuständigkeit in der Sachmaterie zusteht).

Es ist zwar denkbar, dass auch die Grundzüge der Wirtschaftspolitik nach Art. 121 Abs. 2 AEUV die Außenangelegenheiten berühren können, die Koordinierung nach außen befördern oder sogar diese Koordinierung in einer Sachmaterie näher festlegen, allerdings sind sie konventionell unionsintern gerichtet.

Eine gebotene Koordinierung des wirtschaftspolitischen Außenvorgehens der Mitgliedstaaten sollte daher der Loyalitätspflicht der Mitgliedstaaten gegenüber der Union in ihrem unterstützenden Aspekt entnommen werden.

> „Die Mitgliedstaaten unterstützen die Union bei der Erfüllung ihrer Aufgabe und unterlassen alle Maßnahmen, die die Verwirklichung der Ziele der Union gefährden könnten",

legt Art. 4 Abs. 3 Satz 3 EUV fest.

Der Schwerpunkt der Außenvertretung des Euroraums liegt auf dem Euro, dessen Stellung sowohl die Währungspolitik als auch die Wirtschaftspolitik bestimmt. Zur Sicherung eines reibungslosen Funktionierens der Wirtschafts- und Währungsunion (die den unionalen Binnenmarkt ergänzt) ist nicht nur die Union innerhalb ihrer Aufgaben verpflichtet, sondern ebenso solidarisch die Mitgliedstaaten in ihrem Zuständigkeitsbereich. Zu diesem Zweck ist auch ein gemeinsames internationales Vorgehen angebracht, das sich zuerst in der Festlegung der *koordinierten* Standpunkte ausdrücken soll.

Eine vertragliche Verpflichtung daraus herzuleiten ist aber zu weitgehend. Es liegt trotzdem im wirtschaftlichen Interesse der Euro-Mitgliedstaaten selbst, sich um die einvernehmliche Festlegung eines Standpunktes in der Wirtschaftspolitik zu bemühen.

bb) Zusammenarbeitsgremien

Diejenigen Gremien, in denen die *koordinierten* Standpunkte (also die Standpunkte, die angesichts der Zuständigkeit der Mitgliedstaaten intergouvernemental zu bestimmen sind) festgelegt werden, sind:

- auf der Ministerebene: die Euro-Gruppe, die sich seit 1998 zu Sitzungen versammelt[134] und mit dem Vertrag von Lissabon (2009) im Art. 137 AEUV und im Protokoll Nr. 14 verankert wurde, und

---

134 Die Entscheidung über die Einberufung setzte die Entschließung des Europäischen Rates über die wirtschaftliche Koordinierung in der dritten Stufe der WWU und zu

- auf der Staats- und Regierungschefebene: der Euro-Gipfel, der zum ersten Mal im Oktober 2008 in Hinsicht auf die Krisenbedürfnisse einberufen[135] und offiziell mit dem SKS-Vertrag (2012) intergouvernemental verankert wurde.[136]

Die beiden Gremien, die die Zusammenarbeitsverstärkung und -beschleunigung der Euro-Mitgliedstaaten bezwecken, stellen die Pendants zu den Unionsorganen (dem Rat in der Zusammensetzung der Finanz- und Wirtschaftsminister (der ECOFIN-Rat) und dem Europäischen Rat) dar. Sie arbeiten strikt mit diesen Unionsorganen zusammen.

Das Zusammenspiel der „Pendantpaare" resultiert bei intergouvernementalen Maßnahmen daraus, dass, einerseits, die Konsensbildung oft zuerst im Kernkreis der Euro-Mitgliedstaaten stattfindet und dann ihre Erweiterung bei der Sitzung des Unionsorgans gesucht wird[137] oder andererseits, dass wegen des Konsensmangels aller Mitgliedstaaten die wirtschaftliche Zusammenarbeit auf den Kern der Euro-Mitgliedstaaten reduziert wird. Bei den Unionsmaßnahmen hingegen resultiert das Zusammenspiel daraus, dass nur dem Rat und nicht den anderen Gremien die gesetzgeberische Befugnis in der Union zusteht.

So ist die Euro-Gruppe ein Vorverhandlungsgremium für die Tagungen des ECOFIN-Rates (insbesondere dann, wenn im Rat nur die Euro-Mitgliedstaaten stimmberechtigt sind). Sie versammelt sich unter anderem am Vortag dieser Tagungen.

Der Euro-Gipfel und die Euro-Gruppe selbst arbeiten auch strikt zusammen. Auf den Sitzungen des Euro-Gipfels versammeln sich die Staats- und Regierungschefs der Euro-Mitgliedstaaten, die üblicherweise innerhalb der Regierung

---

den Artikeln 109 und 109b des EG-Vertrags, Punkt I.6 in Anlage I zu den Schlussfolgerungen des Vorsitzes des Europäisches Rates (Luxemburg) 12. vom 13. Dezember 1997, ABl. C 35/1 vom 2. Februar 1998 fest.

135 Auf dem ersten Euro-Gipfel erklärten die Staats- und Regierungschefs der Euro-Mitgliedstaaten den Willen zu einem konzentrierten Vorgehen gegen die Krise, siehe: Declaration on a European Concerted Action Plan of the Euro Area Countries, Summit of the Euro Area Countries, 12. Oktober 2008.

136 Die Bezeichnung „Euro-Gipfel" wurde offiziell zuerst im SKS-Vertrag eingeführt.

137 So war dies der Fall z. B. bei der Einfügung des Absatzes 3 in Art. 136 AEUV wegen des damals von den Euro-Mitgliedstaaten geplanten Europäischen Stabilitätsmechanismus (ESM). Für die Änderung der Verträge ist nämlich die Einstimmigkeit der Mitgliedstaaten notwendig. Zu dem Fall siehe: Beschluss des Europäischen Rates vom 25. März 2011 zur Änderung des Artikels 136 des Vertrags über die Arbeitsweise der Europäischen Union hinsichtlich eines Stabilitätsmechanismus für die Mitgliedstaaten, deren Währung der Euro ist, ABl. L 91/1 vom 6. April 2011.

des eigenen Staates eine Weisungskompetenz gegenüber den an den Sitzungen der Euro-Gruppe teilnehmenden Finanzministern besitzen. Damit dienen die Ergebnisse des Euro-Gipfels auch als Richtlinie für die detaillierten Verhandlungen in der Euro-Gruppe. Die Verhandlungen in der Euro-Gruppe können ihrerseits das endgültige Ergebnis erzielen. Es kann aber auch eine Weiterleitung an die Staats- und Regierungschef notwendig sein. Diese Verbindungen berücksichtigt Art. 12 Abs. 4 SKS-Vertrag, wonach die Euro-Gruppe mit der Vorbereitung und Nacharbeitung der Tagungen des Euro-Gipfels betraut ist. Zu diesem Zweck kann auch der Präsident der Euro-Gruppe zu den Tagungen des Euro-Gipfels eingeladen werden.

cc) Abstimmung mit den einheitlichen *Standpunkten*

Die Festlegung der *koordinierten* Standpunkte in den angeführten Gremien bewegt sich inhaltlich jedoch nicht frei.

Es gibt zwei Arten der Standpunkte des Euroraums: die *einheitlichen* und die *koordinierten* Standpunkte. Sie müssen zusammenspielen, so dass sie komplementär sind und ein kohärentes Ganzes bilden. Die Abstimmung hat einen materiell-rechtlichen und einen den materiell-rechtlichen Aspekt fördernden, verfahrensmäßigen Aspekt.

(1) Materiell-rechtlicher Aspekt

Die Abstimmung erfolgt wegen der Loyalitätspflicht der Mitgliedstaaten mit der Union.[138] Hier geht es sowohl um eine (positive) Unterstützung (nach Art. 4 Abs. 3 Satz 3 EUV: „Die Mitgliedstaaten unterstützen die Union bei der Erfüllung ihrer Aufgabe (...)“) als auch um eine (negative) Nichtgefährdungspflicht (nach Art. 4 Abs. 3 Satz 3 EUV: „(...) und unterlassen alle Maßnahmen, die die Verwirklichung der Ziele der Union gefährden können.“). Die Aufgabe der Union in diesem Kontext ist die Festlegung und Durchführung einer einheitlichen Geld- und Wechselkurspolitik, darunter die Festlegung und die Vertretung der *einheitlichen* Standpunkte.

Mit der Festlegung der *koordinierten* Standpunkte durch die Mitgliedstaaten soll daher einerseits das unionsrechtlich Geregelte in der Wirtschafts- und Währungspolitik unterstützt werden. Andererseits dürfen die *koordinierten*

138 Umfassend zur Loyalitätspflicht im Kontext der auswärtigen Beziehungen der Union: *Neframi*, CMLRev. 2010, S. 323 ff. (insb. „The duty of loyalty to facilitate the exercise of the Union competence“, S. 348–352).

Standpunkte den unionsrechtlich bestimmten, *einheitlichen* Standpunkten nicht zuwiderlaufen.

Zusammenfassend kann es folgendermaßen ausgedrückt werden: Da sich die Mitgliedstaaten durch die Verträge darauf einigten, einen Teil der Standpunktbestimmung in der Wirtschafts- und Währungspolitik der Union anzuvertrauen, darf ihr Vorgehen nach außen mit dieser vorherigen Einigung in Einklang stehen. Daher sind die *koordinierten* Standpunkte zu den *einheitlichen* Standpunkten komplementär, nicht umgekehrt.

(2) Verfahrensmäßiger Aspekt

Um die zur Abstimmung benötigten Informationen zu besorgen und die vorgenommenen unionsrechtlichen und außerunionsrechtlichen Maßnahmen (die *einheitlichen* und die *koordinierten* Standpunkte) zu harmonisieren, ist die Beteiligung von Vertretern der Unionsorgane auch an den informellen Zusammenarbeitsgremien der Euro-Mitgliedstaaten vorgesehen. Es handelt sich an dieser Stelle um den verfahrensmäßigen Aspekt der Abstimmung zwischen den *einheitlichen* und den *koordinierten* Standpunkten.

So wurden zwischen dem Euro-Gipfel, der Euro-Gruppe, der Kommission und der EZB die besonderen institutionellen Zusammenarbeitsverbindungen hergestellt, die, wie im Fall der komplizierteren unionsinternen Abstimmung, eine Tabelle zusammenfasst:

Tabelle 2: Unionsorganbeteiligung an Euroraum-Gremien

	Euro-Gipfel (Art. 12 SKS-Vertrag)	Euro-Gruppe (Protokoll Nr. 14)
Kommission	Der Präsident der Kommission tritt mit den Staats- und Regierungschefs zu Tagungen des Euro-Gipfels zusammen.	Die Kommission nimmt an den Sitzungen der Euro-Gruppe teil.
EZB	Der Präsident der EZB wird zur Teilnahme an den Tagungen eingeladen.	Die EZB wird zu den Sitzungen eingeladen, die von den Vertretern der für Finanzen zuständigen Minister der Euro-Mitgliedstaaten und der Kommission vorbereitet werden.

Quelle: eigene Darstellung

Der Tabelle entnimmt man, dass die beiden Gremien, sowohl der Euro-Gipfel, als auch die Euro-Gruppe, die Teilnahme der Kommission sichern. Diese bezweckt die Abstimmung zwischen den verschiedenen Maßnahmen der Union und der Mitgliedstaaten. Die Kommission ist dabei Hüterin des Unionsinteresses und Hauptkontrolleur der Haushaltspolitik der Mitgliedstaaten. Ebenso ist es auch mit der Beteiligung der EZB, die sich jeweils zu währungspolitischen Aspekten äußert.

Auch wie schon bereits angeführt,[139] besteht selbst zwischen dem Euro-Gipfel und der Euro-Gruppe eine enge Verbindung zur Abstimmung der Debatten und der vorzunehmenden Maßnahmen.

3. Bindungskraft

Nach den Festlegungsproblemen ist schließlich die Bindungskraft der *einheitlichen* und der *koordinierten* Standpunkte für die Union (darunter für die Unionsorgane) und die Euro-Mitgliedstaaten zu klären. Dies wird auch noch bei den Überlegungen bezüglich des Art. 138 Abs. 1 AEUV eine Rolle spielen.

Als Ausgangspunkt dazu dient die folgende Aussage: Für die einheitliche Außenvertretung des Euroraums ist es von grundlegender Bedeutung, dass die festgelegten Standpunkte, unbeachtet vom international auftretenden Subjekt der Vertretung (die Union oder/und die Euro-Mitgliedstaaten) und dem in seinem Namen Sprechenden[140], sinngemäß gleich international geäußert werden. Eins ist daher zu beachten: „Der Euroraum muss mit *einer Stimme* sprechen."

Es gibt die *einheitlichen* Standpunkte und die *koordinierten* Standpunkte des Euroraums. Dies betont die Festlegungsbefugnis auf *vertikaler* Ebene, entscheidet aber nicht über ihre Bindungskraft.

a) Einheitliche *Standpunkte*

Im Fall der *einheitlichen* Standpunkte ist deren Bindungswirkung außer in einem einzigen Punkt als eindeutig zu betrachten. Die *einheitlichen* Standpunkte (die Unionsstandpunkte) binden die Union und dadurch die Unionsorgane und die Mitgliedstaaten.

Der problematische Punkt bezieht sich auf die Verbindlichkeit der „allgemeinen Orientierungen" des Art. 219 Abs. 2 AEUV für die EZB. Diese Verbindlichkeit ist in der Literatur nicht unstreitig.[141] Hier wird vertreten, dass auch die allgemeinen Orientierungen für die EZB verbindlich sind. Die Argumente

---

139 Teil II Unterteil I Kapitel I.2.b.bb.

140 Die Auswahl des Vertreters des Euroraums erfolgt in Teil I Unterteil II.

141 Siehe u.a. *Hahn*, BayVBl 1999, S. 741 ff., *Khan*, in Geiger/Khan/Kotzur, EUV/AEUV, Art. 219 AEUV, Rn. 9 und *Rodi*, in: Vedder/Heintschel von Heinegg (Hrsg.), Europäisches Unionsrecht, Art. 219 AEUV, Rn. 12.

liefern dazu: erstens Art. 127 Abs. 2 Strich 2 AEUV und zweitens die Abstimmungsabsicherung, die in dem Unterkapitel 2.a.cc dargestellt wurde. Ansonsten würde auch der Art. 219 Abs. 3 AEUV seines Sinnes beraubt.[142]

Der Kreis der an die *einheitlichen* Standpunkte in der Währungspolitik gebundenen Mitgliedstaaten bestimmt sich nach dem Geltungsbereich der einheitlichen Währungspolitik der Union. Dies sind die Euro-Mitgliedstaaten. Der Kreis der an die *einheitlichen* Standpunkte in der Wirtschaftspolitik gebundenen Mitgliedstaaten bestimmt sich hingegen nach dem Geltungsbereich derjenigen Regelung, in der der Standpunkt enthalten ist. Folglich sind jeweils alle Euro-Mitgliedstaaten an die *einheitlichen* Standpunkte gebunden, da für sie die einheitliche Währungspolitik und die unionale Wirtschaftspolitik ohne die Ausnahmeregelung des Art. 139 AEUV gelten.

Die volle Bindungskraft der *einheitlichen* Standpunkte für die Union und die Mitgliedstaaten ist die Folge der Vereinheitlichung des einschlägigen Sachbereiches. Ein Sachbereich kann mit einer pauschalen Bestimmung, wie bei der Währungspolitik, oder durch eine Unionsregelung, wie es in der Wirtschaftspolitik der Fall sein kann, vereinheitlicht werden.

Außer bei internen Rechtsakten der Union, deren Geltung je nach Art des Aktes Art. 288 AEUV näher spezifiziert, kann ein *einheitlicher* Standpunkt auch infolge eines internationalen Vertrags der Union mit einem oder mehreren Drittstaaten bestimmt werden. Ein solcher Vertrag bindet die Union als Vertragspartei. Die Unionsorgane sind daran direkt gebunden, da das Handeln der Union sich durch ihre Organe verwirklicht. Da die Mitgliedstaaten völkerrechtlich keine Vertragsparteien des Vertrags sind, entsteht ihre Bindung an den Vertrag (mit dem darin enthaltenen *einheitlichen* Standpunkt) zuerst auf der Grundlage, dass der Vertrag zum Bestandteil des Unionsrechts wird.[143] Die völkerrechtlichen Verträge der Union benötigen nämlich keinen internen Umsetzungsakt, um in den Mitgliedstaaten zu gelten. Dies bestätigt ausdrücklich der mit dem Vertrag von Lissabon eingeführte Art. 216 Abs. 2 AEUV.

Schlussfolgernd: wenn die *einheitlichen* Standpunkte von den Unionsorganen festzulegen sind, gibt es keinen Platz mehr für eine themengleiche Koordinierung zwischen den Mitgliedstaaten in Sinne der erneuten Stellungsbildung, auch hinsichtlich der Zusammenarbeit in internationalen Gremien. Die Mitgliedschaft in

---

142 So: *Rodi*, in: Vedder/Heintschel von Heinegg (Hrsg.), Europäisches Unionsrecht, Art. 219 AEUV, Rn. 12.

143 Siehe u. a. *Khan*, in: Geiger/Khan/Kotzur, EUV/AEUV, Art. 216 AEUV, Rn.17–21 und *Hummer*, in: Vedder/Heintschel von Heinegg (Hrsg.), Europäisches Unionsrecht, Art. 216 AEUV, Rn. 19.

der Union lässt dies nicht zu. Die Einheitlichkeit einer Politik darf nach außen nicht zersplittert werden: Sie (darunter die *einheitlichen* Standpunkte) ist unionsintern zu bestimmen.

b) Koordinierte *Standpunkte*

Die Bindungskraft der *koordinierten* Standpunkte stellt dabei ein anderes Problem dar.

Sofern sich die Mitgliedstaaten im Konsens auf einen (*koordinierten*) Standpunkt in der in ihre Zuständigkeit fallenden Wirtschaftspolitik einigen, haben sie sich daran zu halten. Rechtlich, wenn es keinen zwischenstaatlichen, einen solchen Standpunkt festlegenden Vertrag gibt, wäre das allerdings nur ein sog. *gentlemen's agreement*. Ein *gentlemen's agreement* bindet die Parteien nicht im rechtlichen Sinne, sondern beruht auf dem gegenseitigen Vertrauen.[144]

Die Unionsorgane sind hingegen weder rechtlich noch im Wege eines *gentlemen agreement* an diese Standpunkte gebunden, da sie nur im Rahmen der Verträge (EUV, AUEV) handeln.

Eine Möglichkeit für die Rücksichtnahmepflicht ergibt sich aber aus dem Grundsatz der loyalen Zusammenarbeit gemäß Art. 4 Abs. 3 Unterabs. 1 EUV, wonach die Union und die Mitgliedstaaten sich bei der Erfüllung der Aufgaben, die sich aus den Verträgen ergeben, gegenseitig achten und unterstützen. Eine formalistische Betrachtung, dass nur das in den Verträgen Vorgeschriebene zu achten und unterstützen ist, soll einer Rücksichtspflicht der Unionsorgane gegenüber den Euro-Mitgliedstaaten in Hinsicht auf die *koordinierten* Standpunkte nicht im Wege stehen, sofern diese Standpunkte zum reibungslosen Funktionieren der Wirtschafts- und Währungsunion beitragen. Vielmehr haben die Unionsorgane die Festlegung solcher *koordinierten* Standpunkte zu fördern.

4. Schlussfolgerung

Schlussfolgernd lässt sich feststellen, dass wenn man die Rechtslage ohne Rücksicht auf Art. 138 Abs. 1 AEUV betrachtet, ein kohärenter Standpunkt des Euroraums geschaffen werden konnte.

Dieser Standpunkt des Euroraums gliedert sich in Hinsicht auf die Entscheidungsbefugnisse auf *vertikaler* Ebene in die *einheitlichen* Standpunkte, i.e. die Unionsstandpunkte, deren Festlegung in die Unionszuständigkeit fällt, und die *koordinierten* Standpunkte, i.e. die Standpunkte der Euro-Mitgliedstaaten, deren

144 Siehe: *Strupp/Schloschauer* (Hrsg.), Wörterbuch des Völkerrechts, S. 659–660.

Festlegung in die Zuständigkeit der Mitgliedstaaten (nach dem Konsensprinzip) fällt.

Die Kohärenz wird durch die folgenden materiell-rechtlichen Grundsätze sichergestellt:

- auf der *horizontalen* Ebene (i.e. in Hinsicht auf die Abstimmung zwischen den Unionsorganen): durch den Grundsatz der loyalen Zusammenarbeit der Unionsorgane gemäß Art. 13 Abs. 2 Satz 2 EUV, der die gegenseitige Schonung der Organbefugnisse bezweckt, und, inhaltlich, durch das Preisstabilitätsziel, das gemäß Art. 120 Abs. 2 AEUV für alle Unionsorgane gilt, und
- auf der *vertikalen* Ebene (i.e. in Hinsicht auf die Abstimmung zwischen der Union und der Euro-Mitgliedstaaten): durch den Grundsatz der loyalen Zusammenarbeit (Art. 4 Abs. 3 EUV).

Dazu kommt der verfahrensmäßige Aspekt der Abstimmung zur Sicherung der Kohärenz: die Beteiligung eines Unionsorgans an der Arbeit der anderen und der Unionsorgane an der Arbeit der wirtschaftspolitischen Zusammenarbeitsgremien der Euro-Mitgliedstaaten.

Die dargestellte Zusammenarbeit bei der Festlegung des Standpunktes des Euroraums, welche die gegenseitige Kompetenzen schont, ist der Zuständigkeitsverteilung und Organbefugniszuweisung in der Rechtslage ohne Rücksicht auf Art. 138 Abs. 1 AEUV angemessen.

Diese soll weiter zur Sicherung der einheitlichen Außenvertretung des Euroraums durchgeführt werden. Art. 138 Abs. 1 AEUV stellt dieses Ziel – „zur Gewährleistung der Stellung des Euro in dem internationalen Währungssystem" – ausdrücklich fest. Es wird daher im Folgenden untersucht, ob und inwieweit in dem dargestellten System des Standpunktes des Euroraums Änderungen eingeführt wurden.

II. Rolle des Art. 138 Abs. 1 AEUV

Nach der Analyse der Rechtslage ohne Rücksicht auf Art. 138 Abs. 1 AEUV ist folgend der rechtliche Gehalt dieser ausgelassenen Vorschrift zu ermitteln. Art. 138 Abs. 1 AEUV nennt als neuen Begriff die *gemeinsamen* Standpunkte. Es ist zu erschließen, wie sie sich in dem oben dargestellten System der *einheitlichen* und *koordinierten* Standpunkte einfügt oder ob sie dieses sogar abschafft.

Dazu werden hier zwei Theorien[145] dargestellt und ins System der Rechtslage ohne Rücksicht auf Art. 138 Abs. 1 AEUV gebracht. Diese Theorien werden hier

145 *Theorie 1* in Unterteil I Kapitel II.2 und *Theorie 2* in Unterteil I Kapitel II.3.

neu entwickelt, obwohl einige Elemente der einen oder anderen Theorie in der Literatur bereits aufgetreten sind.

Jede Theorie wird am Anfang der jeweiligen Kapitel allgemein durch ihre Basisgedanken beschrieben. Dieses folgt den anschließenden Grundsätzen: Gemäß der Theorie wird zunächst der Sachbereich des *gemeinsamen* Standpunktes erläutert (jeweils Unterkapitel a.aa), danach – die Bedeutung der Festlegungspflicht (jeweils Unterkapitel a.bb) und schließlich – die Bindungskraft des *gemeinsamen* Standpunktes (jeweils Unterkapitel a.cc). Im Weiteren wird die Argumentation für das Pro und Contra der Theorie präsentiert (jeweils Unterkapitel b) und schließlich aus dem Ganzen ein Fazit gezogen (jeweils Unterkapitel c). Die ganzheitliche Stellungnahme erfolgt in Kapitel III.

Zu Beginn der Analyse ist festzustellen: Der mit dem Vertrag von Lissabon eingeführte Art. 138 AEUV mit dem Ziel „zur Gewährleistung der Stellung des Euro im internationalen Währungssystem" beansprucht insgesamt eine regulatorische Zentralstelle in den Außenbeziehungen der Wirtschafts- und Währungspolitik als Teil der Zusammenarbeitsverstärkung der Euro-Mitgliedstaaten. Art. 138 AEUV befindet sich nämlich in den „besonderen Bestimmungen für die Mitgliedstaaten, deren Währung der Euro ist" (Titel des AEUV-Kapitels) neben dem Art. 136 AEUV, der die sachliche, überwiegend interne (zwischen den Euro-Mitgliedstaaten in der Union) Zusammenarbeitsverstärkung betrifft, und neben dem Art. 137 AEUV, der die interne, organisatorische Zusammenarbeitsausgestaltung betrifft. Dies soll auch trotz der Tatsache gelten, dass der Vorgänger des Art. 138 AEUV – Art. 111 Abs. 4 EGV i.F. vom Vertrag von Nizza – nie angewendet wurde.[146]

Vor der Entwicklung der zwei Theorien wird daher eine Einführung zum Vergleich der beiden Vorschriften dargestellt (Kapitel 1), der in dem argumentativen Teil der nächsten Kapitel über die Theorien der Rolle des Art. 138 Abs. 1 AEUV von Bedeutung sein wird.

---

146 Die Grund dafür, warum diese Vorschrift nie zur Anwendung kam, liegt in der (konfliktlosen) Bildung eines Standpunktes auf anderen Grundlagen, die dazu ausreichend waren. Darin sah aber R. Bandilla einen Vertragsverstoß, in: Grabitz/Hilf/Nettesheim (Hrsg.), Das Recht der Europäischen Union, 2009, Art. 111 EGV, Rn. 67; gleich auch: Palm, in: Grabitz/Hilf/Nettesheim (Hrsg.), Das Recht der Europäischen Union, Art. 138 AEUV, Rn. 4.

1. Einführender Vergleich mit Art. 111 Abs. 4 EGV i.d.F. vom Vertrag von Nizza

Obwohl aber Art. 138 AEUV in der offiziellen derzeitigen Vertragsfassung mit dem Zusatz „ex-Artikel 111 Absatz 4" ausgestattet ist, weisen die beiden Vorschriften schon deutliche Wortlautunterschiede auf. Im Hinblick auf die Festlegung eines Standpunktes schreibt Art. 138 Abs. 1 AEUV nämlich das Folgende vor:

> „Zur Gewährleistung der Stellung des Euro im internationalen Währungssystem erlässt der Rat auf Vorschlag der Kommission einen Beschluss zur Festlegung der innerhalb der zuständigen internationalen Einrichtungen und Konferenzen im Finanzbereich einzunehmenden gemeinsamen Standpunkte zu den Fragen, die von besonderer Bedeutung für die Wirtschafts- und Währungsunion sind. Der Rat beschließt [gemäß Art. 138 Abs. 3: mit qualifizierter Mehrheit der Ratsmitglieder, die die Euro-Mitgliedstaaten vertreten] nach Anhörung der Europäischen Zentralbank."

Art. 111 Abs. 4 EGV i.d.F. vom Vertrag von Nizza hatte hingegen den folgenden Wortlaut:

> „Vorbehaltlich des Absatzes 1 [der Entsprechung des heutigen Art. 219 Abs. 1 AEUV] befindet der Rat mit qualifizierter Mehrheit [der Ratsmitglieder, die die Euro-Mitgliedstaaten vertreten] auf Vorschlag der Kommission und nach Anhörung der EZB über den Standpunkt der Gemeinschaft [heute: der Union] auf internationaler Ebene zu Fragen, die von besonderer Bedeutung für die Wirtschafts- und Währungsunion sind, sowie über ihre Vertretung unter Einhaltung der in den Artikeln 99 [die Entsprechung des heutigen Art. 121 AEUV] und 105 [die Entsprechung des heutigen Art. 127 AEUV] vorgesehenen Zuständigkeitsverteilung."

Als eine Gemeinsamkeit der beiden Vorschriften ist festzustellen, dass es dabei bleibt, dass die Vorgaben für internationale Verträge der Union lex specialis zu Art. 138 AEUV[147] sind, genauso wie es bei Art. 111 Abs. 4 EGV der Fall war.[148]

---

147 Dies betrifft nicht nur den Art. 138 Abs. 1 AEUV, aber gleichzeitig auch den das Verfahren zur Einsetzung der einheitlichen Vertretung im organisatorischen Sinne regelnden Art. 138 Abs. 2 AEUV. Der Art. 111 Abs. 4 EGV erwähnte nämlich die beiden Regelungen.

148 Auf den Vorrang des Art. 219 Abs. 3 AEUV deutet *Khan*, in: Geiger/Khan/Kotzur, EUV/AEUV, Art. 138 AEUV, Rn.1 („Die spezielle Vertragsschlusskompetenz nach Art. 219 AEUV bleibt davon unberührt."); *Häde*, in Calliess/Ruffert (Hrsg.), EUV/AEUV, Art. 138 AEUV, Rn. 1; und *Rodi*, in: Vedder/Heintschel von Heinegg (Hrsg.), Europäisches Unionsrecht, Art. 138 EAU, Rn. 1 hin. Dafür, dass der Art. 138 „neben" Art. 219 AEUV anzuwenden ist, argumentiert *Palm*, in: Grabitz/Hilf/Nettesheim (Hrsg.), Das Recht der Europäischen Union, Art. 138 AEUV, Rn. 6.

Der Unionsstandpunkt für die Aushandlung von internationalen Verträgen in der Wirtschafts- und Währungspolitik ist grundsätzlich anhand des Art. 219 Abs. 3 AEUV (im Rahmen der Modalitäten für die Aushandlung und den Abschluss solcher Verträge) festzulegen. Gleiches betrifft die Unionsstandpunkte bezüglich der rechtswirksamen Akte eines durch einen internationalen Vertrag eingesetzten Gremiums.

Es ist jedoch nicht ausgeschlossen, dass der Standpunkt gemäß Art. 138 Abs. 1 AEUV eine Basis für die Aushandlung eines internationalen Vertrags bzw. eines rechtswirksamen Aktes des internationalen Gremiums wird.[149] Über den Abschluss eines internationalen Vertrags mit einem bestimmten Inhalt wird aber weiter letztendlich nach Maßgabe des Art. 219 Abs. 3 (oder nach Art. 219 Abs. 3 i.V.m. Art. 219 Abs. 1 AEUV) beschlossen. Wenn ein Standpunkt sich zielgerichtet auf die vorzunehmenden Vertragsverhandlungen bezieht, ist der Standpunkt nach dieser Maßgabe festzulegen.

In diesem Zusammenhang ist erstens zu bemerken, dass Art. 219 Abs. 3 und Art. 138 AEUV hinsichtlich des Verfahrens nur im Punkt bezüglich einer Initiative der Kommission verschieden sind. In Art. 138 AEUV ist es nämlich ein Vorschlag, während es sich in Art. 219 Abs. 3 AEUV um eine Empfehlung handelt. Der Unterschied zwischen den beiden besteht darin, dass ein Vorschlag der Kommission, anders als eine Empfehlung der Kommission, nach Art. 293 Abs. 1 AEUV nur einstimmig vom Rat geändert werden darf.

Zweitens ist festzulegen, warum in Art. 111 Abs. 4 EGV der Vorbehalt im Hinblick auf Art. 111 Abs. 1 EGV (die Entsprechung des jetzigen Art. 219 Abs. 1 AEUV) vorhanden war. Es ging dabei um einen grundlegenden Unterschied im Verfahren des Art. 111 Abs. 1 EGV und des Art. 111 Abs. 4 EGV. Es gab (und gibt weiterhin durch Art. 219 Abs. 1 Satz 2 AEUV) das Einstimmigkeitserfordernis und das Beteiligungsrecht des Europäischen Parlaments im Fall eines Vertrags über ein Wechselkurssystem. Der Zweck des Vorbehalts, der mit Art. 138 AEUV entfiel, lag daher in der Anordnung der lex generalis- und lex specialis-Stellung, da die beiden Absätze sich in der gleichen Vorschrift, aber in einer auf etwas anderes hindeutenden Reihenfolge befanden. Es ändert aber nichts daran, dass, wenn ein Standpunkt sich zielgerichtet auf die anderen, seitens der Union vorzunehmenden Vertragsverhandlungen in der Wirtschafts- und Währungspolitik

---

149 So könnte die Anwendbarkeit des Art. 138 AEUV „neben" Art. 219 AEUV nach *Palm*, in: Grabitz/Hilf/Nettesheim (Hrsg.), Das Recht der Europäischen Union, Art. 138 AEUV, Rn. 6. verstanden werden.

bezog, der Standpunkt nach Art. 111 Abs. 3 EGV (der Entsprechung des heutigen art. 219 Abs. 3 AEUV) festzulegen war.

Aus dem Vergleich des Art. 138 Abs. 1 AEUV und des Art. 111 Abs. 4 EGV ergeben sich die Unterschiede.

Erstens wurde die Voraussetzung der Einhaltung der grundlegenden Kompetenzvorschriften der Wirtschafts- und Währungsunion weggelassen. Art. 111 Abs. 4 EGV verwies dabei auf die Zuständigkeitsverteilung zwischen der Union und den Mitgliedstaaten und dann auch auf die ESZB-Aufgaben.

Zweitens regelte Art. 111 Abs. 4 EGV „den Standpunkt der Gemeinschaft", während Art. 138 Abs. 1 AEUV nur über den „gemeinsamen Standpunkt" ohne eine derartige Spezifizierung spricht. In Verbindung mit dem ersten angeführten Unterschied war es folglich beim Art. 111 Abs. 4 EGV klar, dass ein Unionsorgan nicht befugt war, mit der Festlegung eines Standpunktes in den Zuständigkeitsbereich der Mitgliedstaaten hineinzugreifen.[150]

2. *Theorie 1*: Abstimmung der Einzelstandpunkte

Die *Theorie 1* basiert auf dem Gedanken des Abstimmungsbedarfs. Dieser Abstimmungsbedarf besteht zwischen dem Rat, der Kommission, der EZB und den Euro-Mitgliedstaaten und ist durch die Entscheidung des Rates zu lösen ist. So beschreibt dies U. Häde:

> „Bei internationalen Einrichtungen und Konferenzen im Finanzbereich sind regelmäßig entweder nur die Mitgliedstaaten oder aber sie und die Union vertreten. Zwischen

150 Die Erklärung zum Vertrag von Nizza, „Die Konferenz kommt überein, dass die Verfahren so beschaffen sein müssen, dass sich alle Mitgliedstaaten des Euro-Währungsgebiets an jeder Phase der Vorbereitung zur Festlegung des Standpunkts der Gemeinschaft [heute: der Union] auf internationaler Ebene in Bezug auf Fragen, die von besonderer Bedeutung für die Wirtschafts- und Währungsunion sind, in vollem Umfang beteiligen können." (Erklärung zu Artikel 111 des Vertrags zur Gründung der Europäischen Gemeinschaft zur Schlussakte zum Vertrag von Nizza vom 26. Februar 2001, C 80/78 vom 10. März 2001), gibt in keinem Fall einen anders zu deutenden Hinweis. Die Deklaration wurde nämlich als eine Gegenleistung dafür gesehen, dass mit dem Vertrag von Nizza die Einstimmigkeitserfordernis für die Ratsentscheidung über die Vertretung der Gemeinschaft (heute: der Union) in Art. 111 Abs. 4 EGV i.d.F. vom Vertrag von Amsterdam auf die qualifizierte Mehrheit (wie nach wie vor für die Ratsentscheidung über den Standpunkt der Gemeinschaft (heute: der Union)) geändert wurde. Auf den Zusammenhang weist u.a. *Palm*, in: Grabitz/Hilf/Nettesheim (Hrsg.), Das Recht der Europäischen Union, Art. 138 AEUV, Rn. 19 hin.

den Mitgliedstaaten mit Euro-Währung, dem Rat, der Kommission und der EZB besteht daher ein erheblicher Abstimmungsbedarf, wenn das Gesamtinteresse der Eurozone oder die Stellung des Euro im internationalen Währungssystem gewährleistet werden sollen. Daher ermächtigt Abs. 1 den Rat, den gemeinsamen Standpunkt festzulegen, den alle Akteure aus der Union in internationalen Einrichtungen und Konferenzen zu „Fragen, die von besonderer Bedeutung für die Wirtschafts- und Währungsunion sind", einzunehmen haben."[151]

Dies deutet darauf hin, dass damit auch die divergierende Einstellungen der Unionsorgane und der Euro-Mitgliedstaaten durch den Rat in Einklang zu bringen sind.

Der Schwerpunkt liegt hier aber bei der Union und ihrer Zuständigkeit. Die Euro-Mitgliedstaaten sind deswegen eingeschlossen, da sie auch als Sprachrohr der Union in internationalen Gremien auftreten.

a) Grundsätze

aa) Sachbereich

Der Sachbereich des Art. 138 Abs. 1 AEUV umfasst gemäß der *Theorie 1* zwar sowohl die Währungspolitik als auch die Wirtschaftspolitik, aber diese Vorschrift statuiert keine neue Zuständigkeit der Union für die Festlegungen in diesem Sachbereich.[152] Die Zuständigkeit der Union wird in den anderen, dem Art. 138 Abs. 1 AEUV übergeordneten Regelungen der Verträge bestimmt.

Infolgedessen sollen die *gemeinsamen* Standpunkte nur den Sachbereich in der vorher (in den anderen vertraglichen Regelungen) bestimmten Zuständigkeit der Union betreffen. Die wirtschaftlichen Angelegenheiten kommen nur insoweit dazu, als dass der Union die Aufgaben in diesem Bereich zustehen.[153] Die *gemeinsamen* Standpunkte der Union sollen sich danach mit den bei der Rechtslage ohne Rücksicht auf Art. 138 Abs. 1 AEUV beschriebenen (Kapitel I), *einheitlichen* Standpunkten decken.

---

151 In: Calliess/Ruffert (Hrsg.), EUV/AEUV, Art. 138 AEUV, Rn. 2.

152 Diese Annahme steht im Hintergrund der Ausführungen der überwiegenden Mehrheit der Kommentatoren. So etwa bei: *Häde*, in: Calliess/Ruffert (Hrsg.), EUV/AEUV, Art. 138 AEUV; *Khan*, in: Geiger/Khan/Kotzur, EUV/AEUV, Art. 138 AEUV; *Palm*, in: Grabitz/Hilf/Nettesheim (Hrsg.), Das Recht der Europäischen Union, Art. 138 AEUV, Rn. 7; *Rodi*, in: Vedder/Heintschel von Heinegg (Hrsg.), Europäisches Unionsrecht, Art. 138 AEUV.

153 So: *Palm*, in: Grabitz/Hilf/Nettesheim (Hrsg.), Das Recht der Europäischen Union, Art. 138 AEUV, Rn. 9.

Wenn aber doch die wirtschaftspolitische Materie in das anhand des Art. 138 Abs. 1 AEUV Festgelegte hineinbezogen wird, welche in der Zuständigkeit der Mitgliedstaaten liegt, dann verschiebt sich das Folgenproblem auf die Ebene der differenzierten Bindungskraft (Unterkapitel cc).

bb) Festlegungspflicht – Bedeutung

Art. 138 Abs. 1 AEUV statuiert eindeutig den Imperativ, dass der Rat einen Beschluss zur Festlegung der *gemeinsamen* Standpunkte „erlässt". Er steht im Kontrast zur Berechtigung in Art. 138 Abs. 2 AEUV, wonach der Rat die geeigneten Maßnahmen für eine einheitliche Vertretung nur „erlassen kann".[154]

Die Pflicht liegt tatsächlich auf der Seite der Kommission, die einen rechtlich unentbehrlichen Impuls, einen Vorschlag zur Entscheidung des Rates, zu stellen hat. Der Rat kann zwar die Kommission nach Art. 241 AEUV dazu auffordern, einen Vorschlag zu unterbreiten, er kann aber die Kommission nicht dazu zwingen. Dieses kann nur von dem EuGH mit einer Untätigkeitsklage gemäß Art. 265 i.V.m. Art. 266 AEUV erzielt werden, die entweder von einem Mitgliedstaat oder einem der Unionsorgane erhoben werden kann.

Die Festlegungspflicht hinsichtlich des *gemeinsamen* Standpunktes bedeutet daher eigentlich, dass die Kommission die Notwendigkeit einer Abstimmung feststellen und einen entsprechenden Vorschlag unterbreiten soll.

cc) Bindungskraft

Angesichts der Bindungskraft des *gemeinsamen* Standpunktes ist erstens festzustellen, dass der gemeinsame Standpunkt gemäß Art. 139 Abs. 2 lit. j AEUV nur die Euro-Mitgliedstaaten binden kann.

Zweitens wird wie schon bei der Festsetzung des Sachbereiches nach der *Theorie 1* angedeutet wurde, zwischen den Sachbereichen unterschieden, die sich in den eigenen Kompetenzen der Mitgliedstaaten befinden und den Gegenständen, die in die Unionszuständigkeit fallen. Nach *Theorie 1* soll nämlich die Entscheidungsbefugnis auf *vertikaler* Ebene mit dem Art. 138 Abs. 1 AEUV nicht geändert werden.

U. Häde kommentiert folgendermaßen:

> „Hinsichtlich der Mitgliedstaaten [der Bindung der Mitgliedstaaten an die „gemeinsamen" Standpunkte] ist zu unterscheiden. Soweit die Mitgliedstaaten eigene Kompetenzen

---

154 In den anderssprachigen Fassungen ist es ähnlich. Z.B. bedient man sich in der englischen in dem Art. 138 Abs. 1 AEUV des Modalverbs *„shall"*, während in dem Art. 138 Abs. 2 AEUV *„may"* benutzt wird.

wahrnehmen (z.B. allgemeine Wirtschaftspolitik), können sie allenfalls zur loyalen Zusammenarbeit (Art. 4 Abs. 3 EUV) und zur Rücksichtnahme auf gemeinsame und Unionsinteressen verpflichtet sein. Handelt es sich demgegenüber um Gegenstände, die der Union zugewiesen sind, dürfte eine wesentlich stärkere Bindung anzunehmen sein."[155]

Ebenso stellt auch U. Palm fest:

> „Für die Materien, die in der Kompetenz der Mitgliedstaaten liegen, kann ein gemeinsamer Standpunkt iSd Art. 138 Abs. 1 AEUV (...) keine rechtliche Bindungswirkung entfalten. In diesen Politikbereichen kommt jedoch eine Pflicht der Mitgliedstaaten zur loyalen Zusammenarbeit gemäß Art. 4 Abs. 3 EUV in Betracht."[156]

Folglich lässt sich feststellen, dass die *gemeinsamen* Standpunkte je nach Sachgegenstand – in der Zuständigkeit der Union oder in der Zuständigkeit der Mitgliedstaaten – teilbar und in ihrer Verbindlichkeit abgestuft sind.

Als Drittes ist auf der *horizontalen* Ebene in der *Theorie 1* die Bindung der EZB problematisch, da das in einem *gemeinsamen* Standpunkt Festgelegte potenziell das Preisstabilitätsziel gefährden könnten. Auch während der Geltung des Art. 111 Abs. 4 EGV wurde dazu keine einheitliche Stellung in der Literatur bezogen. Obwohl die Einhaltung des Art. 105 EGV (der dem heutigen Art. 127 AEUV entspricht) vorgeschrieben wurde, schwanken die Autoren zwischen einer freien und gebundenen Entscheidung des Rates, i.e. zwischen dem, ob der Rat frei entscheiden kann oder ob der Rat an die Stellung der EZB angesichts des Aufgabenbereiches des ESZB gebunden ist.[157] Daher muss man im Rahmen der *Theorie 1* zwischen zwei Variante (Variante a und Variante b) unterschieden, die jeweils anderes über die Bindung der EZB an die von dem Rat festgelegten *gemeinsamen* Standpunkten besagen.

(1) Variante a

Nach der Variante a kommt dem Rat eine Auffangbefugnis zu.

In der Literatur zu Art. 138 Abs. 1 AEUV lassen sich nämlich Aussagen über eine allgemeine Außenvertretungskompetenz des Rates in der Wirtschafts und

155 In: Calliess/Ruffert (Hrsg.), EUV/AEUV, Art. 138 AEUV, Rn. 7.

156 In: Grabitz/Hilf/Nettesheim (Hrsg.), Das Recht der Europäischen Union, Art. 138 AEUV, Rn. 7. Da U. Palm aber davon ausgeht, dass ein gemeinsamer Standpunkt nur die Bereiche in der Unionszuständigkeit betreffen soll, stellt er weiter fest: „Ein Standpunkt iSd Art. 138 Abs. 1 AEUV (...) entfaltet nicht nur gegenüber den Organen und Institutionen der Union, sondern auch gegenüber den Euro-Mitgliedstaaten eine rechtliche Bindungswirkung." (a.a.O. Rn. 14).

157 Eine einleitende Zusammenfassung mit den gruppierten Literaturhinweisen gibt dazu *Smits*, The European Central Bank – institutional aspects, S. 412–414 an.

Währungsunion mit dem Hinweis finden, dass nach den allgemeinen Grundsätzen hierfür an sich die EZB zuständig wäre. Genau in dieser Weise äußert sich M. Rodi:

„Die Bestimmung räumt dem Rat eine allgemeine Außenvertretungskompetenz im Bereich der Wirtschafts- und Währungsunion ein; nach allgemeinen Grundsätzen wäre hierfür an sich die EZB zuständig.".[158]

Er schreibt danach bei den Verfahrensfragen:

„Um die Gefahr von Kompetenzkonflikten mit der EZB zu reduzieren, entscheidet der Rat nach Anhörung der EZB."[159]

Art. 138 Abs. 1 AEUV wird dennoch weiter als eine Auffangvorschrift zugunsten des Rates begriffen.

(2) Variante b

Die Variante b der *Theorie 1* umfasst hingegen die verschiedenen Auffassungen hinsichtlich einer differenzierten Bindung der EZB an die *gemeinsamen* Standpunkte:

Nach der ersten Auffassung wird die Bindung der EZB der Voraussetzung unterstellt, dass der Standpunkt weder dem Preisstabilitätsziel noch der vor allem auf die Geldpolitik bezogenen Weisungsunabhängigkeit widerspricht. Genau in dieser Weise äußert sich U. Häde:

„Die EZB kann allerdings nur an Standpunkte gebunden sein, die weder dem vorrangigen Ziel der Preisstabilität (Art. 127 Abs. 1) noch ihrer vor allem auf die Geldpolitik bezogenen Weisungsunabhängigkeit (Art. 130) widersprechen."[160]

Nach der zweiten Auffassung behalten die Festlegungen der EZB in dem Sachbereich der ESZB-Aufgaben den Vorrang über die *gemeinsamen* Standpunkte. Dies soll durch die Anhörung der EZB gesichert werden. Dies vertritt D.-E. Khan:

„Die spezielle Vertragsschlusskompetenz nach Art. 219 AEUV bleibt (...) ebenso unberührt wie die der EZB zugewiesenen währungspolitischen Kompetenzen; insoweit ist eine kompetenzrechtliche Grauzone indes wohl unvermeidbar. Zur Sicherstellung

---

158 In: Vedder/Heintschel von Heinegg (Hrsg.), Europäisches Unionsrecht, Art. 138 AEUV, Rn. 1. Ähnlich auch: *Kempen*, in: Streinz, EUV/AEUV, Art. 138 AEUV, Rn. 1. Bei der Feststellung der Verbindlichkeit der *gemeinsamen* Standpunkte betont W. Weiß (in: Europäische Beziehungen, § 10 Rn. 128), dass diese dem Ziel der Preisstabilität dienen müssen.

159 *Kempen*, a.a.O, Rn. 4.

160 In: Calliess/Ruffert (Hrsg.), EUV/AEUV, Art. 138 AEUV, Rn. 7.

> eines kohärenten Auftretens der beiden Hauptakteure ist daher sowohl bei den gemeinsamen als auch bei den Maßnahmen nach Abs. 2 eine obligatorische Anhörung der EZB vorgesehen."[161]

Nach der dritten Auffassung, die die Standpunktgebundenheit an das Preisstabilitätsziel voraussetzt, wird noch darauf gesetzt, welchen Zweck der *gemeinsame* Standpunkt im Einzelfall hat. Nach U. Palm wird daher wie folgt unterschieden:

> „Die Zwecksetzung eines Standpunktes muss sich immer auf die internationale Zusammenarbeit im Währungsbereich ausrichten. Ist die internationale Zusammenarbeit nur ein Nebenzweck, kann ein Standpunkt jedenfalls gegenüber dem ESZB keine rechtliche Bindungswirkung entfalten."[162]

Die Gesamtheit aller Auffassung liegt darin, dass man mit der Frage der Organbefugnisse vorsichtig umzugehen hat und die EZB-Befugnis im verschiedenen Maße unangetastet zu lassen versucht.

b) Argumentation

Insgesamt sprechen für die *Theorie 1* die folgenden Argumente, die bei ihrer Untersuchung entwickelt wurden:

In Hinsicht auf den Sachbereich und zugleich die Bindungskraft der *gemeinsamen* Standpunkte auf *vertikaler* Ebene ist eindeutig zu betonen, dass das in Art. 5 Abs. 2 EUV niedergelegte Prinzip der begrenzten Einzelermächtigung jeder unionsrechtlichen Vorschrift übergeordnet ist. Dieses muss als Prinzip im Hintergrund aller Ansichten zum Art. 138 Abs. 1 AEUV, wie auch zu jeder anderen unionsrechtlichen Regelung stehen. Die *Theorie 1* besagt dann, dass Art. 138 Abs. 1 AEUV sich nicht „im Freien" bewegt, sondern im Rahmen des vorherbestimmten Integrationsrahmens und der vorherbestimmten Aufgabenzuweisung (i.e. Entscheidungsbefugnis auf *vertikaler* Ebene).[163]

Im Hinblick auf den Sachbereich und zugleich auf die Bindungskraft *der gemeinsamen* Standpunkte auf *vertikaler* Ebene können die Aussagen des Wiener Berichts 1998[164] angeführt werden, der die anfänglichen Ansichten für die

---

161 In: Geiger/Khan/Kotzur, EUV/AEUV, Art. 138 AEUV, Rn.1.

162 In: Grabitz/Hilf/Nettesheim (Hrsg.), Das Recht der Europäischen Union, Art. 138 AEUV, Rn. 13.

163 So u.a. *Palm*, in: Grabitz/Hilf/Nettesheim (Hrsg.), Das Recht der Europäischen Union, Art. 138 AEUV, Rn. 8.

164 Bericht an den Europäischen Rat über den Stand der Vorarbeiten für die dritte Stufe der WWU, insbesondere hinsichtlich der Vertretung der Gemeinschaft nach außen

Organisation der Außenvertretung in der Wirtschafts- und Währungspolitik fasste. Darin wurde das Folgende angemerkt:

> „Nach dem Vertrag ergibt sich, dass zu unterscheiden ist zwischen der Vertretung der Gemeinschaft [heute: der Union] auf internationaler Ebene
>
> – in Fragen, die von besonderer Bedeutung für die Wirtschafts und Währungsunion sind (Artikel 109 Absatz 4) [i.d.F. vom Vertrag von Maastricht] und
>
> – in Fragen, die nicht in die Zuständigkeit der Gemeinschaft [heute: der Union] fallen, bei denen es jedoch angezeigt sein kann, dass die Mitgliedstaaten gemeinsame Positionen zum Ausdruck bringen."

Den Sachbereich abgrenzend wirkte die zweite Gruppe: „die Fragen, die nicht in die Zuständigkeit der Gemeinschaft [heute: der Union] fallen (...)". Den Umkehrschluss konnte daher lauten: Die Fragen des Art. 109 Abs. 4 EGV, „die von besonderer Bedeutung für die Wirtschafts- und Währungsunion sind", fielen in die Zuständigkeit der Gemeinschaft (heute: der Union). Die gleiche Formulierung „die Fragen, die von besonderer Bedeutung für die Wirtschafts- und Währungsunion sind" nutzt auch Art. 138 Abs. 1 AEUV. Es könnte daher der Schluss gezogen werden, dass die Mitgliedstaaten, ohne Hinterfragen an den früheren Bestimmungen orientierend, den neuen Art. 138 Abs. 1 AEUV annahmen. Damit wollten sie die Zuständigkeitsverteilung unverändert lassen.

Hinsichtlich der vollen Bindungskraft der *gemeinsamen* Standpunkte auf *horizontaler* Ebene in der Variante a lässt sich das als Basisgedanke angeführte Problem des Abstimmungsbedarfs anführen,[165] das schließlich einen Schiedsrichter benötigt, wenn die Konflikte der Meinungen verschiedener Organe auftreten.

Im Hinblick auf die differenzierte Bindungskraft der *gemeinsamen* Standpunkte auf *horizontaler* Ebene in der Variante b könnte aber (analog zu dem ersten Argument in Hinsicht auf den Sachbereich der *gemeinsamen* Standpunkte) das Prinzip der Organermächtigung nach Art. 13 Abs. 2 Satz 1 EUV angeführt werden. Dies würde aber wieder vorauszusetzen, dass Art. 138 Abs. 1 AEUV keine neue Zuweisung der Organbefugnis darstellt.

Im Hinblick auf die differenzierte Bindungskraft der *gemeinsamen* Standpunkte auf *horizontaler* Ebene in der Variante b (die erste und die zweite Auffassung) ist das Argument anzuführen, welches auf dem Vergleich zwischen den Unionspolitikbereichen basiert. Eine differenzierte Bindungskraft schreibt

---

in der Anlage II der Schlussfolgerungen des Vorsitzes des Europäischen Rates (Wien) vom 11. und 12. Dezember 1998.

165 Siehe: Fn. 151.

nämlich Art. 40 EUV in der Gemeinsamen Außen- und Sicherheitspolitik (GASP) vor. Die Unionsorgane sind an die Standpunkte der Union in der GASP, die der Rat nach Art. 29 EUV festlegt, insofern gebunden, als ihre Kompetenzen in anderen Politikbereichen davon nicht beeinträchtigt werden.[166] Dass diese Materie in der GASP ausdrücklich geregelt ist, führt nicht zum Umkehrschluss bezüglich des Art. 138 Abs. 1 AEUV, da die GASP wegen ihrer Regelungsentwicklung sehr kasuistisch ist. Beim Art. 40 EUV geht es bei der GASP primär um die Befugnisse der Kommission. Der Grund dahinter scheint ähnlich wie in der Wirtschafts- und Währungspolitik zu sein: In der GASP ist es die Verzahnung der überwiegend intergouvernementalen GASP mit den anderen Politikbereichen, die auch teilweise in die ausschließliche Unionszuständigkeit fallen. Das Problem ist, dass die Analogie aber dann höchstens die Gegenüberstellung – Wirtschafts- und Währungspolitik (die überwiegend in der Zuständigkeit der Mitgliedstaaten geblieben Wirtschaftspolitik und die in die Zuständigkeit der Union fallende Währungspolitik der Euro-Mitgliedstaaten) – betreffen könnte, aber nicht die Verhältnisse der Unionsorgane inmitten der Währungspolitik.

Hinsichtlich der differenzierten Bindungskraft der *gemeinsamen* Standpunkte auf *horizontaler* Ebene in der Variante b (die erste und zweite Auffassung) scheint weiter Art. 127 Abs. 2 AEUV die Aussage zu bestätigen, dass die EZB nicht an die *gemeinsamen* Standpunkte gebunden ist, wenn sie der Weisungsungebundenheit widersprechen. Art. 127 Abs. 2 AEUV schreibt nämlich die Überanordnung der Entscheidung des Rates (anhand des Art. 219 AEUV) nur in Hinsicht auf die Durchführung von Devisengeschäften vor.

Schließlich, da Art. 138 AEUV der Vereinheitlichung der Außenvertretung dienen soll, könnte dies als Argument in Hinsicht auf die differenzierte Bindungskraft der *gemeinsamen* Standpunkte auf *horizontaler* Ebene in der Variante b (die dritte Auffassung) gesehen werden. Danach sind die gemeinsamen Standpunkte für das ESZB nur dann verbindlich, wenn die internationale Zusammenarbeit ihr Hauptzweck ist.

Gegen die *Theorie 1* spricht zunächst der in Kapitel 1 „Einführender Vergleich mit Art. 111 Abs. 4 EGV i.d.F. vom Vertrag von Nizza“ angedeuteter Wortlautunterschied zwischen Art. 138 AEUV und Art. 111 Abs. 4 EGV i.d.F. vom Vertrag von Nizza. Daneben sprechen folgende Argumente gegen die *Theorie 1*:

Erstens ist festzulegen, dass die Zuständigkeitsverteilung jede vertragliche Norm beeinflusst, wenn diese Norm keine neue Zuständigkeit auf die Union

166 Dazu siehe etwa: *Cremer*, in: Calliess/Ruffert (Hrsg.), EUV/AEUV, Art. 29 EUV, Rn. 5.

überträgt.[167] Diese Übertragung kann nur durch eine Vertragsänderung gemäß Art. 48 EUV geschaffen werden, was beim Art. 138 AEUV der Fall sein wird. Die Koordinierung ist nämlich eine flexible Form der Zusammenarbeit zwischen den Mitgliedstaaten und der Union, die nicht so strikt wie die ausschließliche Unionszuständigkeit in der Währungspolitik bestimmt wurde. Da die Koordinierung keinen starren Rahmen hat, kann sie mit den neuen vertraglichen Vorschriften oder mit den Rechtsakten, die auf der vertraglichen Grundlage (wie z.B. Art. 136 AEUV) erlassen werden, vertieft werden.

Zweitens stellt sich die Frage, wo überhaupt der Sinn des Art. 138 Abs. 1 AEUV liegt, wenn man eine differenzierte Bindungskraft der *gemeinsamen* Standpunkte sowohl für die Euro-Mitgliedstaaten, als auch (oder nur) für die Unionsorgane annimmt. Er enthält dann nichts Neues für die Wirtschaftspolitik und ist überdies vage hinsichtlich der Währungspolitik. Folglich nähert sich die Festlegung eines *gemeinsamen* Standpunktes einer Empfehlung an.

Drittens, spricht gegen die Auffangbefugnis des Rates in Kompetenzkonfliktfällen, dass der Rat dann eigentlich „Richter in eigener Sache“ wäre. Es ist aber die Aufgabe des EuGH, nicht des Rates, Streitigkeiten zwischen den Unionsorganen zu schlichten.

Viertens lässt sich schlussfolgern, dass die Einbeziehung der Wirtschaftspolitik in den Sachbereich der *gemeinsamen* Standpunkte, die aber wegen der bei den Mitgliedstaaten verbliebenen Zuständigkeit für diese im wirtschaftspolitischen Teil nicht verbindlich sind, zu der Situation führt, dass diese Standpunkte sinnentleert sind. Die Union legt so die Standpunkte fest, auch im Sachbereich, in dem ihr keine Zuständigkeit zusteht, bindet daran die Unionsorgane und soll die *gemeinsamen* Standpunkte in diesem Bereich im Außenverhältnis vertreten, da die Standpunkte „einzunehmen“ sind. Daneben vertreten die Euro-Mitgliedstaaten eine möglicherweise andere Stellung in dem wirtschaftspolitischen Standpunktteil.

Abschließend kann als Aussage festgehalten werden: Entweder gelten die *gemeinsamen* Standpunkte im vollen Umfang, i.e. gemeinsam mit der wirtschaftspolitischen Elementen, oder der Rat darf mit einem *gemeinsamen* Standpunkt die Zuständigkeit der Euro-Mitgliedstaaten nicht antasten und überlässt die ausschließliche Entscheidung den einzelnen Mitgliedstaaten.

---

167 Die Übertragungsalternative erwähnt auch *Palm*, in: Grabitz/Hilf/Nettesheim (Hrsg.), Das Recht der Europäischen Union, Art. 138 AEUV, Rn. 8.

c) Ergebnis

Im Ergebnis liegt der Schwerpunkt in der *Theorie 1* auf der Abstimmung zwischen den Unionsorganen und zugleich auf der Angewiesenheit der Mitgliedstaaten dahingehend, was als Unionsauffassung gilt. Die Standpunktteile, die die Wirtschaftspolitik in der anhand der anderen Vorschriften bestimmten, mitgliedstaatlichen Zuständigkeit betreffen, sind nämlich für die Euro-Mitgliedstaaten nicht verbindlich.

Im Vergleich zur Rechtslage ohne Rücksicht auf Art. 138 Abs. 1 AEUV führt die *Theorie 1* zu einer Erstarrung der institutionellen Zusammenarbeit zugunsten des Rates. Der Rat hat ersatzweise einen Unionsstandpunkt zu fassen. Eine daraus sich anscheinend ergebende Auffangskompetenz des Rates ist insbesondere in Hinsicht auf die Zentralbankaufgaben unannehmbar. Die abgeschwächten Auslegungsvarianten mit differenzierter Bindungskraft der *gemeinsamen* Standpunkte gegenüber der EZB führen die unionssystemwidrigen Elemente ein, da damit ein Unionsorgan auf der Grundlage der Verträge nicht für die Union, aber für sich selbst handelt.

Insgesamt ist daher überhaupt die Plausibilität des Standpunktes der *Theorie 1* in Frage zu stellen.

3. *Theorie 2*: Neue Integrationsdimension

Nach der *Theorie 2* stellt Art. 138 Abs. 1 AEUV eine neue Integrationsdimension bei der gemäß Art. 5 Abs. 1 Satz 1 AEUV innerhalb der Union koordinierten Wirtschaftspolitik dar.

a) Grundsätze

aa) Sachbereich

Nach der *Theorie 2* bezieht sich die einzige thematische Begrenzung in Art. 138 Abs. 1 AEUV – durch die Schwelle der „besonderen Bedeutung für die Wirtschafts- und Währungsunion“ (die intern bestimmbare Vorgabe) in Verbindung mit der Zielsetzung „zur Gewährleistung der Stellung des Euro im internationalen Währungssystem“ (die extern bestimmbare Vorgabe) – auf die Wirtschaftspolitik, die außerhalb der Unionszuständigkeit liegt.

Die Währungspolitik und der durch die Unionsaufgaben bestimmte Teil der Wirtschaftspolitik befinden sich dann jeweils über dieser Schwelle. Die diesbezüglich in den Verträgen festgelegten und die festzulegenden *einheitlichen*

Standpunkte[168] können in einen *gemeinsamen* Standpunkt einbezogen werden. Damit werden die in den anderen vertraglichen Vorschriften zugewiesenen Organbefugnisse, insbesondere die ESZB-Aufgabe der Festlegung der Geldpolitik, beachtet. Die *einheitlichen* Standpunkte sind dann jedoch weiter in der Regel vereinzelt festzulegen.

Es zeigt sich dementsprechend das folgende Überschneidungsszenario der Standpunkte des Euroraums (i.e. der in Kapitel I „Rechtslage ohne Rücksicht auf Art. 138 Abs. 1 AEUV“ unterschiedenen *einheitlichen* und *koordinierten* Standpunkte und der gemäß der *Theorie 2* bestimmten *gemeinsamen* Standpunkte) in Verbindung mit ihren Sachbereichen:

Tabelle 3: Gemeinsame Standpunkte *(Art. 138 Abs. 1 AEUV* – Theorie 2*)*

<table>
<tr><td colspan="3">gemeinsame Standpunkte</td><td></td></tr>
<tr><td colspan="2">einheitliche Standpunkte</td><td colspan="2">früher: koordinierte Standpunkte</td></tr>
<tr><td rowspan="3">Währungspolitik</td><td colspan="3">Wirtschaftspolitik</td></tr>
<tr><td rowspan="2">Wirtschaftspolitikteil, der in den Verträgen oder den darauf erlassenen Unionsrechtsakten geregelt ist</td><td colspan="2">restlicher Teil der Wirtschaftspolitik</td></tr>
<tr><td>Fragen, die von besonderer Bedeutung für die Wirtschafts und Währungsunion sind</td><td>die anderen wirtschaftspolitischen Fragen</td></tr>
</table>

Quelle: eigene Darstellung

Die *gemeinsamen* Standpunkte können, wie erwähnt, die *einheitlichen* Standpunkte, i.e. die Standpunkte in der Währungspolitik und dem Wirtschaftspolitikteil, der in den Verträgen oder darauf erlassenen Unionsrechtsakten geregelt ist, einbeziehen. Der inhaltliche Mehrwert der *gemeinsamen* Standpunkte liegt aber in der Festlegung in den Fragen von besonderer Bedeutung für die Wirtschafts- und Währungsunion, die zu dem restlichen Teil der Wirtschaftspolitik gehören. Diesen Sachbereich deckten gemäß der Rechtslage ohne Rücksicht auf Art. 138 Abs. 1 AEUV die *koordinierten* Standpunkte, die im Konsens zwischen den Euro-Mitgliedstaaten festgelegt werden konnten. Nach der *Theorie 1* entscheiden jetzt die Euro-Mitgliedstaaten einzeln nur über die Stellung zu den wirtschaftspolitischen Fragen, die nicht „von besonderer Bedeutung für die Wirtschafts- und Währungsunion sind“. Ein Standpunkt in diesen Fragen kann

168 Siehe: Teil II Unterteil I Kapitel 1.

weiter nur durch einen Konsens der Euro-Mitgliedstaaten erreicht werden. Er wird dann zu einem *koordinierten* Standpunkt.

Erstens ist gemäß der *Theorie 2* zu betonen, dass der *gemeinsame* Standpunkt in der Wirtschaftspolitik, die außerhalb der in den anderen Vorschriften bestimmten Unionsaufgaben liegt, strikt die Fragen von grundlegender Bedeutung für die Wirtschafts- und Währungsunion betreffen soll. Man spricht über „einen unmittelbaren Zusammenhang“[169] oder „deutliche Wechselbeziehungen“[170] zwischen dem wirtschaftspolitischen Gegenstand und der einheitlichen Währung. Der *gemeinsame* Standpunkt soll damit auch zur Gewährleistung der Stellung des Euro im internationalen Währungssystem strikt notwendig sein. Nur in diesem Rahmen erfolgt die Übertragung der Kompetenz an die Union. Zweitens gilt es, dass dieser Unionisierung nur die Festlegung eines Standpunktes unterliegt. Das heißt, dass die Zuständigkeit zum Abschluss von internationalen Verträgen in Bezug auf diesen unionisierten wirtschaftspolitischen Standpunktbereich weiter bei den Euro-Mitgliedstaaten bleibt.

bb) Festlegungspflicht – Bedeutung

Der Sachbereich verleiht dem Imperativ bezüglich der Festlegung in Art. 138 Abs. 1 AEUV eine andere Dimension als bei der *Theorie 1*.

Es geht jetzt primär nicht um die Abstimmungspflicht zwischen den Unionsorganen (Abstimmung auf *horizontaler* Ebene), sondern um die Pflicht zur Einnahme einer kohärenten Position in einem Sachbereich, der ein Gegenstand der internationalen Zusammenarbeit ist. Es geht darum, dass die Union und die Euro-Mitgliedstaaten, wenn sowohl die Zuständigkeit der Union als auch der Euro-Mitgliedstaaten (gemäß den anderen Vorschriften der Wirtschafts- und Währungspolitik) betroffen ist, sich intern auf einen Standpunkt einigen und dies nicht der externen Auseinandersetzung überlassen (Abstimmung auf *vertikaler* Ebene).

Das Problematische bei der Festlegungspflicht für die *gemeinsamen* Standpunkte, die in die Selbstbestimmung der Wirtschaftspolitik durch die Euro-Mitgliedstaaten eingreifen, besteht in der Bestimmung der Voraussetzungen dieser Pflicht. Es handelt sich nämlich nur um den Fall, wenn eine Frage von besonderer Bedeutung für die Wirtschafts- und Währungsunion ist und zugleich

---

169 So, aber nicht mit der Befürwortung der *Theorie 2*: *Palm*, in: Grabitz/Hilf/Nettesheim (Hrsg.), Das Recht der Europäischen Union, Art. 138 AEUV, Rn. 10.

170 So, aber nicht mit der Befürwortung der *Theorie 2*: *Häde*, in: Calliess/Ruffert (Hrsg.), EUV/AEUV, Art. 138 AEUV, Rn. 3.

die gemeinsame Stellungnahme in dieser Frage zur Gewährleistung der Stellung des Euro im internationalen Währungssystem notwendig ist.

cc) Bindungskraft

Nach der *Theorie 2* gelten im Fall des Art. 138 Abs. 1 AEUV unverändert, anders als dies teilweise bei der *Theorie 1* war, die allgemeinen Regeln für die Bindungskraft von Rechtsakten der Union.

Die *gemeinsamen* Standpunkte werden in einem Rechtsakt der Union – dem Beschluss des Rates – festgelegt. Sie binden daher nach Art. 288 Abs. 4 Satz 1 AEUV sowohl die Unionsorgane als auch die Euro-Mitgliedstaaten.

Nach Art. 288 Abs. 4 Satz 2 AEUV könnte sich aber ein Beschluss an bestimmte Adressaten richten und für diese verbindlich sein. Es stellt sich damit die Frage, ob dies im Fall eines den *gemeinsamen* Standpunkt festlegenden Beschlusses möglich ist und ob die Begrenzung auf die Subjekte, die einen solchen Standpunkt tatsächlich infolge der Teilnahme in einem internationalen Gremium einnehmen, der Adressatenbestimmung im Sinne des Art. 288 AEUV gleichsteht. Es geht dabei hauptsächlich um den Fall, dass nicht alle Euro-Mitgliedstaaten zu einem internationalen Gremium gehören

Die gewünschte Lage ist eindeutig: Der Euroraum soll „mit *einer Stimme* sprechen“ und das ohne Rücksicht darauf, wer letztendlich diese gemeinsame Position im Außenverhältnis äußert. Deswegen soll es keine Differenzierungsmöglichkeit bei der Bindungskraft in der schon von den anderen Mitgliedstaaten abgesonderten Gruppe der Euro-Mitgliedstaaten geben. Der Kreis der die *gemeinsamen* Standpunkte tatsächlich Einnehmenden gleicht dementsprechend nicht dem Kreis der an die *gemeinsamen* Standpunkte Gebundenen. Jeweils sind alle Euro-Mitgliedstaaten an die *gemeinsamen* Standpunkte in vollem Umfang gebunden.

Der Ratsbeschluss kann an bestimmte Organe oder an bestimmte Euro-Mitgliedstaaten *gerichtet* werden. Das war der Fall bei den Beschlüssen und Entscheidungen des Rates auf der Grundlage des heutigen Art. 219 Abs. 3 AEUV in Hinsicht auf die Währungsvereinbarungen mit Monaco, San Marino, dem Vatikan und Andorra, die an die Verhandlungsführer gerichtet wurden. So wurde an Frankreich, die Kommission und die EZB der Beschluss des Rates zu Modalitäten für die Neuverhandlung der Währungsvereinbarung zwischen Frankreich – im Namen der Gemeinschaft (heute: der Union) – und Monaco gerichtet;[171] an

171 Siehe: Art. 6 des Beschlusses des Rates vom 25. Februar 2011 zu Modalitäten für die Neuverhandlung der Währungsvereinbarung zwischen der Regierung der

Italien, die Kommission und die EZB die Entscheidung des Rates zum Standpunkt der Gemeinschaft (heute: der Union) hinsichtlich der Neuverhandlung der Währungsvereinbarung mit San Marino[172]; und an die Kommission die Entscheidung des Rates vom 11. Mai 2004 über den Standpunkt zu einer Vereinbarung über die Währungsbeziehungen zu Andorra[173]. Es ändert aber nichts daran, dass diese Beschlüsse und Entscheidungen einen Standpunkt der Union wiedergaben, der allgemein für die Union verbindlich war. Über die Adressaten entschied hier die direkte Betroffenheit. Dies kann auch der Fall bei den *gemeinsamen* Standpunkten sein.

Überdies ist es weiter ohne Bedeutung, ob in einem internationalen Gremium alle oder nur einige Euro-Mitgliedstaaten, wie in G7 und G20, teilnehmen und ob daneben noch die Union auftritt. Wenn nur einige Euro-Mitgliedstaaten an einem Gremium teilnehmen, sind sie bei Bestehen eines *gemeinsamen* Standpunktes nicht zum Alleingang berechtigt, auch wenn daneben die Union vertreten wird.

Nimmt ein Euro-Mitgliedstaat den *gemeinsamen* Standpunkt nicht, sondern eine andere Stellung ein, begeht er eine Vertragspflichtverletzung, so kann gegen ihn eine Klage vor dem EuGH nach Art. 258 oder Art. 259 AEUV erhoben werden.[174]

b) Argumentation

Für die *Theorie 2* spricht auch der in Kapitel 1 angedeutete Wortlautunterschied zwischen Art. 138 AEUV und Art. 111 Abs. 4 EGV i.d.F. vom Vertrag von Nizza. Außerdem können folgende Argumente angeführt werden:

Erstens dient die Einführung der „Besonderen Bestimmungen für die Mitgliedstaaten, deren Währung der Euro ist" (des ganzen Kapitels, in dem Art. 138 AEUV sich befindet), der Verwirklichung der Idee der vertieften wirtschaftspolitischen Zusammenarbeit der Euro-Mitgliedstaaten. Dies soll ein mit dem

---

Französischen Republik – im Namen der Europäischen Gemeinschaft – und der Regierung Seiner Durchlaut des Fürsten von Monaco, ABl. L 81/3 vom 25. Februar 2011.

172 Siehe: Art. 5 der Entscheidung des Rates vom 26. November 2009 zum Standpunkt der Europäischen Gemeinschaft hinsichtlich der Neuverhandlung der Währungsvereinbarung mit der Republik San Marino, ABl. L 322/36 vom 8. Dezember 2009.

173 Siehe: Art. 10 der Entscheidung des Rates vom 11. Mai 2004 über den von der Gemeinschaft zu vertretenden Standpunkt zu einer Vereinbarung über die Währungsbeziehungen zum Fürstentum Andorra, ABl. L 244/47 vom 16. Juli 2004.

174 Der Ausschluss des Rechts auf Klageerhebung in Art. 126 Abs. 10 AEUV bezieht sich schon nach dem Wortlaut dieser Vorschrift nicht auf Art. 138 Abs. 1 AEUV.

Vertrag von Lissabon geschaffener Übergang auf das höhere Integrationsniveau der Euro-Mitgliedstaaten bedeuten.[175]

Zweitens ergibt sich aus der (durch die Wortlautänderungen begleitete) „Verlagerung" des Art. 111 Abs. 4 EGV i.d.F. vom Vertrag von Nizza auf eine andere Stelle im AEUV selbst ein Hinweis auf eine veränderte Lesart. Angesichts der in den anderen Vorschriften des Kapitels „Besondere Bestimmungen für die Mitgliedstaaten, deren Währung der Euro ist", enthaltenden Regelungen verschiebt sie den Sachbereich in die Richtung der von den Euro-Mitgliedstaaten koordinierten Wirtschaftspolitik. Die Wirtschaftspolitik betrifft nämlich Art. 136 AEUV, der den Rat ermächtigt, Maßnahmen zur Koordinierung und Überwachung der Haushaltsdisziplin der Euro-Mitgliedstaaten zu erlassen. Die *gemeinsamen* Standpunkte sind dann, in Gegenüberstellung zu diesen überwiegend unionsinternen Maßnahmen, international (extern) ausgerichtete Maßnahmen der Verstärkung der Koordinierung.

Drittens weist die Entwicklung der Version dieser Vorschrift während der Arbeit des Europäischen Konvents an dem Text des Vertrags über eine Verfassung für Europa (VVE) auf die Zuständigkeitsübertragung hin.[176] Art. 138 AEUV ist nämlich dem Art. III-196 VVE grundlegend gleich. Art. III-196 Abs. 1 VVE hat den folgenden Wortlaut:

> „Um die Stellung des Euro im internationalen Währungssystem sicherzustellen, erlässt der Rat auf Vorschlag der Kommission einen Europäischen Beschluss zur Festlegung der gemeinsamen Standpunkte zu den Fragen, die für die Wirtschafts- und Währungsunion von besonderem Interesse sind, innerhalb der zuständigen internationalen Einrichtungen und Konferenzen im Finanzbereich. Der Rat beschließt nach Anhörung der Europäischen Zentralbank."[177]

Zur Standpunktfestlegung schreiben sowohl Art. 138 Abs. 1 AEUV als auch Art. III-196 VVE einen mit der qualifizierten Mehrheit erlassenen Ratsbeschluss vor, während eine der ersten Versionen eine diesbezügliche bloße mitgliedschaftliche Koordinierung mit der Kommission vorsah. Es hieß:

---

175 Dies überlegt, aber übernimmt nicht: *Palm*, in: Grabitz/Hilf/Nettesheim (Hrsg.), Das Recht der Europäischen Union, Art. 138 AEUV, Rn. 8.

176 Zum Vertrag über eine Verfassung für Europa (VVE) siehe Fn. 123 a.E.

177 Zur Entwicklung des Wortlauts der Vorschrift siehe insb. die Dokumente: CONV 727/03 vom 27. Mai 2003 (Art. III-81, S. 19), CONV 802/03 vom 12. Juni 2003 (Art. 85c, S. 59), CONV 850/03 vom 18. Juli 2003 (Art. III-90, S. 98), CIG 50/03 vom 25. November 2003 (Art. III-90, S. 126) und CIG 87/2/04 vom 29. Oktober 2004 (Art. III-196, S. 146–147).

„Um die Stellung des Euro im internationalen Währungssystem sicherzustellen, koordinieren die dem Euro-Währungsgebiet angehörenden Mitgliedstaaten ihr Handeln untereinander und mit der Kommission im Hinblick auf die Festlegung gemeinsamer Standpunkte innerhalb der zuständigen internationalen Einrichtungen und Konferenzen im Finanzbereich. Sie vertreten dort diese gemeinsamen Standpunkte und setzen sich für sie ein.
Gegebenenfalls wird die EZB unbeschadet ihrer Unabhängigkeit voll in diese Koordinierung einbezogen."[178]

Vereinzelt wurde inzwischen sogar eine noch abgemilderte Version vorgeschlagen, die lediglich auf die Bemühungsverpflichtung setzte:

„In order to secure the euro's place in the international monetary system, Member States which are members of the Eurozone shall endeavor to coordinate their action among themselves and with the Commission with a view to adopting common positions on monetary matters within the competent international financial institutions and conferences. They shall defend and promote those common positions.
Where appropriate, the European Central Bank, without prejudice to its independence, shall be fully associated with that coordination. (…)."[179]

Letztendlich wurde die Lösung ausgewählt, bei der es zu einem Ergebnis kommen muss. Es kann bei einer solchen Entwicklung der Vorschrift nicht um die Währungspolitik gehen, die für die Euro-Mitgliedstaaten in die ausschließliche Zuständigkeit der Union seit dem Vertrag von Maastricht fällt. Dies wäre ein Rückschritt für die Integration, wenn die Mitgliedstaaten die Standpunkte in der Währungspolitik durch die Koordinierung bestimmen würden. Daher soll es sich bei den *gemeinsamen* Standpunkten insbesondere um die Wirtschaftspolitik handeln.

Viertens kann ein Vergleich mit der GASP als Argument für die *Theorie 2* in Hinsicht auf die volle Bindungskraft der *gemeinsamen* Standpunkte des Art. 138 Abs. 1 AEUV gegenüber den Euro-Mitgliedstaaten gelten. Die jetzigen Standpunkte der Union in der GASP (siehe: Art. 25 und 29 EUV) nannten sich vor dem Vertrag von Lissabon die „gemeinsamen Standpunkte" (siehe: Art. 12 und 15 EUV i.d.F. vom Vertrag von Nizza), obwohl die elementaren GASP-Regelungen grundsätzlich ohne Änderung mit dem Vertrag von Lissabon erhalten blieben. Die GASP ist, anders als die Wirtschaftspolitik, eine primär nach außen

178 Der damalige Art. III-85c Abs. 1 im Dokument CONV 802–03 vom 12. Juni 2003, S. 59.

179 Änderungsvorschlag von D. Roche zum Art. III-85c (Fn. 178); abrufbar unter: http://european-convention.europa.eu/docs/Treaty/pdf/832/Art%20III%2085c%20Roche%20EN.pdf, vermerkt im Dokument CONV 821/03 vom 27. Juni 2003, S. 36).

dimensionierte Zusammenarbeit. So ist der Standpunkt der Union in der GASP nach Art. 25 EUV eines ihrer Hauptinstrumente. Der Idee nach ist die GASP aber, ähnlich wie die Wirtschaftspolitik, eine innerhalb der Union koordinierte mitgliedstaatliche Zusammenarbeit, die eine schrittweise Vertiefung der Integration durchläuft.[180] Die Standpunkte in der GASP sind für die Mitgliedstaaten in vollem Umfang verbindlich, wie es auch die *gemeinsamen* Standpunkte des Art. 138 Abs. 1 AEUV nach der *Theorie 2* sind:

> „Sie [die Mitgliedstaaten] treten dort [in internationalen Organisationen und auf internationalen Konferenzen] für die Standpunkte der Union ein." (Art. 34 Abs. 1 Satz 2 EUV)[181]

Die Zuständigkeit für ihre Durchführung bleibt jedoch weiter bei den Mitgliedstaaten:

> „Die Mitgliedstaaten tragen dafür Sorge, dass ihre einzelstaatliche Politik mit den Standpunkten der Union im Einklang steht" (Art. 29 Satz 2 EUV)

In diesem Sinne äußert sich W. Hummer:

> „Im Gegensatz zu den unmittelbar bindenden operativen Beschlüssen des Rates gem. Art. 28 Abs. 1 EUV, deren Durchführung gerade gemeinsam durch alle Mitgliedstaaten zu erfolgen hat, stellen die Beschlüsse des Rates zu bestimmten Fragen geographischer oder thematischer Art [die Standpunkte der Union] gem. Art. 29 EUV ihre Durchführung in die individuelle Verantwortung der Mitgliedstaaten, ohne diese damit aber unverbindlich zu machen."[182]

Es gibt aber auch eine andere Stellung in der Literatur zu der Bindungskraft der Standpunkte der Union in der GASP, die das Argument widerlegen könnte, wonach:

---

180 Die Standpunkte in der GASP können jedoch durch eine qualifizierte Mehrheit im Rat nur dann festgelegt werden, wenn eine einstimmige Vorabentscheidung, z. B. ein Beschluss des Europäisches Rates über die strategischen Interessen und Ziele der Union, früher erlassen wird (siehe: Art. 31 Abs. 1, Abs. 2 Satz 1 und Abs. 3 EUV). Im Fall der mit qualifizierter Mehrheit zu fassenden Beschlüsse gibt es überdies die Möglichkeit der mitgliedstaatlichen konstruktiven Enthaltung (siehe: Art. 31 Abs. 2 Satz 2 EUV). In diesem Fall soll der Hohe Vertreter sich in engem Benehmen mit dem betroffenen Mitgliedstaat um eine für diesen Staat annehmbare Lösung bemühen.

181 Der Satz bezieht sich auf die *vertikale* Ebene der Vertretung. Der Hohe Vertreter der Union für Außen- und Sicherheitspolitik platziert sich auf der *horizontalen* Vertretungsebene, vgl. Art. 27 Abs. 2 Satz 2 EUV.

182 In: Vedder/Heintschel von Heinegg (Hrsg.), Europäisches Unionsrecht, Art. 29 EUV, Rn. 5.

„(…) ein „Standpunkt" nicht als unmittelbare Handlungsanweisung gedacht ist. Gleichwohl wird (…) eine rechtliche Verbindlichkeit allenfalls indirekt über allgemeine Förderungspflichten und das Verbot *des venire contra fatum proprium* erzeugt. Anders wäre Satz 2 der Vorschrift [Art. 29 EUV] schwer verständlich, wonach die Mitgliedstaaten „dafür Sorge tragen", dass ihre einzelstaatliche Politik mit den Standpunkten im Einklang steht."[183]

Dann ist allerdings z.B. die Möglichkeit der konstruktiven Enthaltung eines der Mitgliedstaaten nach Art. 31 Abs. 2 Satz 2 EUV nicht zu verstehen.

Fünftens schneidet die Abgrenzung der zu regelnden Fragen zu denen „von besonderer Bedeutung für Wirtschafts- und Währungsunion" den Sachbereich in der Zuständigkeit der Mitgliedstaaten nur eng an. In diesem Sinne äußert sich B. Kempen, woraus sich schlussfolgern ließe, dass er die *Theorie 2* annimmt:

„Diese Einschränkung [auf die Fragen von besonderer Bedeutung für Wirtschafts- und Währungsunion] bezweckt insbesondere, dass der Rat nicht zu weit in die grundsätzlich in der Kompetenz der Mitgliedstaaten verbliebene allgemeine Wirtschaftspolitik eingreift. (…) Allenfalls verlangt das Wort „Bedeutung" eine stärkere Objektivierung des angestrebten Ziels."[184]

Dazu kommt noch eine Voraussetzung: „zur Gewährleistung der Euro-Stellung im internationalen Währungssystem". Art. 138 Abs. 1 AEUV balanciert folglich zwischen dem Ziel einer verstärkten wirtschaftspolitischen Zusammenarbeit der Euro-Mitgliedstaaten auf der internationalen Bühne und der Beibehaltung eines möglichst großen Teils der mitgliedstaatlichen Souveränität.

Sechstens, da Art. 138 Abs. 1 AEUV die Kohärenz des internationalen Handelns der Euro-Mitgliedstaaten mit der Union in dem meist sensiblen Bereich – der Wirtschaftspolitik – fördert, ist ein Vorschlag der Kommission und eine Anhörung der EZB für die Standpunktfestlegung notwendig. Der Vorschlag der Kommission, also eines nach Art. 17 EUV vom mitgliedstaatlichen Einfluss unabhängigen Organs, soll Ausdruck davon sein, dass im Einzelfall die Notwendigkeit des internationalen Schutzes des Unionsinteresses besteht. Die Rolle des Wächters der Unionsinteressen und Kompetenzverteilung ist nämlich einer der Aspekte von Art. 17 Satz 2 EUV, wonach die Kommission für die Anwendung der Verträge sorgt. Die Anforderung der Einstimmigkeit zur Änderung von Vorschlägen nach Art. 293 Abs. 1 AEUV ist dann auch ein Instrument der Schonung der Zuständigkeit vor dem gegenseitigen mitgliedstaatlichen, möglicherweise

183 *Geiger*, in: Geiger/Khan/Kotzur, EUV/AEUV, Art. 29 EUV, Rn. 4.

184 In: Streinz, EUV/AEUV, Art. 138 AEUV, Rn. 2.

durch ganz andere partikuläre Interessen gesteuerten Einfluss. Der Kommission kommt damit ein großes Vertrauen zu.

Siebtens, dass die Teilnahme nur einiger Euro-Mitgliedstaaten an einem internationalen Vorhaben diese nicht von der Pflicht zur Einnahme eines Standpunktes des Euroraums befreit, findet ihre Entsprechung in den expliziten Regelungen der GASP. Es ist zu bemerken, dass aus dem Fehlen einer analogen Vorschrift sowohl in der Wirtschafts- und Währungspolitik als auch in allen anderen Unionspolitikbereichen, die in dem AEUV geregelt sind, kein Umkehrschluss zu ziehen ist. Die GASP unterliegt nämlich einem anderen Regelungsprinzip, da sie eine Entwicklung aus einer anfänglich bloß intergouvernementalen Ausgestaltung durchläuft. Deswegen ist sie sehr kasuistisch. In Art. 34 Abs. 1 Satz 2 EUV heißt es dann:

> „In den internationalen Organisationen und auf internationalen Konferenzen, bei denen nicht alle Mitgliedstaaten vertreten sind, setzen sich die dort vertretenen Mitgliedstaaten für die Standpunkte der Union ein."

Bezüglich der Gremienorgane mit der Beteiligung nur einiger Mitgliedstaaten ist das Folgende ausdrücklich in der GASP für den Sicherheitsrat der Vereinten Nationen in Art. 34 Abs. 2 Unterabs. 2 Satz 2 EUV vorgeschrieben:

> „Die Mitgliedstaaten, die Mitglieder des Sicherheitsrats [der Vereinten Nationen] sind, setzen sich bei der Wahrnehmung ihrer Aufgaben unbeschadet ihrer Verantwortlichkeit aufgrund der Charta der Vereinten Nationen für die Standpunkte und Interessen der Union ein."[185]

Gegen die *Theorie 2* könnte Folgendes sprechen:

Erstens ist die Abgrenzung des Sachbereiches in Art. 138 Abs. 1 AEUV vage. Die Grenze zwischen den wirtschaftspolitischen Fragen, die die Vorschrift umfasst, und anderen Wirtschaftsfragen ist trotz der zusätzlichen Ziel- und Ortbestimmung weiter unklar. Die Entscheidung über die Anordnung einer Frage zum Sachbereich des Art. 138 Abs. 1 AEUV würde dann nach der *Theorie 2* in erster

185 Einerseits drückt der Vorbehalt „unbeschadet der Verantwortlichkeiten aufgrund der Charta der Vereinten Nationen" aus, dass die GASP-Bindungen ein völkerrechtswidriges Handeln nicht verlangen dürfen (dazu: *Cremer*, in: Calliess/Ruffert (Hrsg.), EUV/AEUV, Art. 34 EUV, Rn. 8, Art. 29 EUV, Rn. 7 und Art. 28 EUV, Rn. 13). Andererseits aber ergreifen die Mitgliedstaaten nach dem Grundsatz der loyalen Zusammenarbeit der Union und der Mitgliedstaaten gemäß Art. 4 Abs. 3 EUV alle geeigneten Maßnahmen zur Erfüllung der Verpflichtungen, die sich aus den Verträgen und den Handlungen der Unionsorgane ergeben. Die Mitgliedstaaten sollen überdies alle Maßnahmen unterlassen, die die Verwirklichung der Unionsziele gefährden könnten.

Linie der Kommission zusteht. Die Kommission würde damit einen Einfluss auf den Sachrahmen der Integration ausüben.

Zweitens geht es letztendlich bei allen Unionsmaßnahmen um das Problem der Mehrheitserfordernisse für Beschlüsse. Sowohl die Maßnahmen auf der Grundlage des Art. 136 AEUV als auch die Festlegung der *gemeinsamen* Standpunkte erfordern die qualifizierte Mehrheit der Euro-Mitgliedstaaten gemäß Art. 238 Abs. 3 lit. a AEUV. Das heißt, dass einige Euro-Mitgliedstaaten überstimmt werden können. Es ist daher vorstellbar, dass ein *gemeinsamer* Standpunkt in die wirtschaftspolitische Frage, die für einen Euro-Mitgliedstaat von grundlegender Bedeutung ist, nicht gemäß seiner Interessen eingreift.

Schließlich wird mit der *Theorie 2* eine Doppelzuständigkeit im wirtschaftspolitischen Bereich eingeführt. Der Standpunkt wird nämlich von der Union festgelegt, während die darauf basierenden rechtsverbindlichen Maßnahmen (wie der Abschluss von internationalen Verträgen) weiter von den Euro-Mitgliedstaaten vorzunehmen sind.

c) Ergebnis

Zusammengefasst, verlagert die *Theorie 2* die wirtschaftspolitische Koordinierung der Euro-Mitgliedstaaten in den Themen, die in den internationalen Gremien behandelt werden, teilweise auf das höhere Integrationsniveau. Es geht um die Übertragung einer Aufgabe an die Union im Rahmen der Koordinierung der Wirtschaftspolitik, deren Prinzipien flexibel in Art. 5 Abs. 1 AEUV festgelegt wurden. Es geht dabei um die Festlegung eines Standpunktes, i.e. die Auffassungsfestlegung. Die Zuständigkeit der Mitgliedstaaten zum Abschluss von internationalen Verträgen unter Beachtung der inhaltlichen Vorgaben des Standpunktes bleibt dabei erhalten.

Mit der in der Union zentralisierten Festlegung eines Standpunktes wird der Teil der Wirtschaftspolitik umfasst, in dem die einzelnen Euro-Mitgliedstaaten sich dem gemeinsamen Ziel der Gewährleistung der Stellung des Euro im internationalen Währungssystem mit der Einführung des Art. 138 Abs. 1 AEUV unterstellt haben. In Abgrenzung zu den Fragen von besonderer Bedeutung für die Wirtschafts- und Währungspolitik ist aber der wirtschaftspolitische Teil eng auszulegen.[186]

---

186 So auch: *Kempen*, in: Streinz, EUV/AEUV, Art. 138 AEUV, Rn. 2. Auf die restriktive Auslegung weisen die folgenden Kommentatoren hin, obwohl sie nicht als Anhänger der *Theorie 2* gelten: *Khan*, in: Geiger/Khan/Kotzur, EUV/AEUV, Art. 138, Rn. 2 und *Potacs*, in: Schwarze (Hrsg.), EU-Kommentar, Art. 138, Rn. 1.

Mit dem wirtschaftspolitischen Schwerpunkt wird ein neudimensionierter, kohärenter *gemeinsamer* Standpunkt geschaffen. Die *einheitlichen* Standpunkte (in der in den anderen als in Art. 138 Abs. 1 AEUV bestimmten Unionszuständigkeit) werden dabei in der Regel weiter einzeln festgelegt.

III. Schlussfolgerung

Aus der Gesamtheit der Argumente ergibt sich, dass eigentlich zwei von ausschlaggebender Bedeutung sind. Einerseits geht es um das Prinzip der begrenzten Einzelermächtigung und die Einhaltung der Zuständigkeitsverteilung zwischen der Union und den Mitgliedstaaten. Das ist das angebrachte Hauptargument für die *Theorie 1*. Andererseits erscheint Art. 138 Abs. 1 AEUV fragwürdig, wenn nur die Bereiche in der Unionszuständigkeit mit einem *gemeinsamen* Standpunkt geregelt werden dürfen bzw. wenn der wirtschaftspolitische Teil des Standpunktes für die Mitgliedstaaten nicht verbindlich ist. Die Bereiche in der Unionszuständigkeit konnten nämlich gemäß der Rechtslage ohne Rücksicht auf Art. 138 Abs. 1 AEUV) schon vorher mit einem kohärenten (*einheitlichen*) Standpunkt geregelt werden. Das spricht für die *Theorie 2*.

Auf das erste Argument bezüglich des Prinzips der begrenzten Einzelermächtigung ist zu erwidern, dass es voraussetzt, dass mit der Zuständigkeitsverteilung eine vorherbestimmte (in den anderen Vorschriften der Verträge bestimmte) Aufgabenzuweisung gemeint ist. Die Einführung des Art. 138 AEUV bedeutet allerdings eine Änderung der Verträge. Mit Art. 138 Abs. 1 AEUV konnte die Vertiefung der Zusammenarbeit in der Wirtschaftspolitik erreicht werden, worauf die anderen Vorschriften des Kapitels „Besondere Bestimmungen für die Mitgliedstaaten, deren Währung der Euro ist" hinweisen. Hier wird diese Ansicht vertreten. Andernfalls, wie sich aus der Analyse der Rechtslage ohne Rücksicht auf Art. 138 Abs. 1 AEUV in Kapitel I ergibt, wäre der Art. 138 Abs. 1 AEUV überflüssig. Dem Rat darf auch nicht die Rolle des Schiedsrichters zwischen ihm selbst und der EZB zufallen. Letztendlich erzwingt die heutige internationale Zusammenarbeit eine auch wirtschaftspolitische Vereinigung der Euro-Mitgliedstaaten, um die Interessen der Euro-Währung zu wahren.

Dementsprechend wird hier die *Theorie 2* strikt vertreten.[187] Art. 138 Abs. 1 AEUV ist in der Weise auszulegen, dass er auch die wirtschaftspolitischen Fragen in dem vorherigen mitgliedstaatlichen Bestimmungsbereich mit der Begrenzung auf die Fragen von besonderer Bedeutung für die Wirtschafts- und

187 Diese wurde bisher nur im Ansatz im Kommentar von B. Kempen zu Art. 138 AEUV in Streinz, EUV/AEUV gefunden.

Währungsunion umfasst. Der *gemeinsame* Standpunkt ist dann für die Euro-Mitgliedstaaten in vollem Umfang verbindlich. Durch die Festlegung einer solchen Auffassung des Euroraums wird mit dem Vertrag von Lissabon die Integrationsverstärkung in der Wirtschaftspolitik erreicht. Der Abschluss von internationalen Verträgen verbleibt jedoch weiter – in dem sachlichen Umfang wie in der Rechtslage ohne Rücksicht auf Art. 138 Abs. 1 AEUV – in der Zuständigkeit der Mitgliedstaaten.

Im Allgemeinen gehören zu den Standpunkten des Euroraums sowohl die Unionsstandpunkte, die im Rahmen der wirtschafts- und währungspolitischen Unionszuständigkeit von den Unionsorganen festzulegen bzw. in den Verträgen verankert sind (neben den *einheitlichen* Standpunkten auch die *gemeinsamen* Standpunkte, die die ersten einbeziehen können), als auch die im Konsens festgelegten Standpunkte der Euro-Mitgliedstaaten in der sonstigen Wirtschaftspolitik (die *koordinierten* Standpunkte). Damit steht ein kohärenter Standpunkt des Euroraums fest, der den sachlichen Aspekt (Unterteil I des hier präsentierten gesamten Konzepts) der einheitlichen Außenvertretung des Euroraums bildet.

Für die einheitliche Außenvertretung des Euroraums lässt sich insgesamt der Schluss ziehen, dass es in den Sachbereichen der internationalen Zusammenarbeit, wo die Standpunkte des Euroraums entweder bestehen oder auf der Grundlage der Vorschriften der Verträge festzulegen sind, keinen Platz für die Koordinierung im Sinne einer Bildung der Auffassung zwischen den Euro-Mitgliedstaaten gibt. In diesen Fällen sollen sich die Euro-Mitgliedstaaten nämlich an die zuständigen Unionsorgane wenden. Die Koordinierung bezieht sich dann auf den Informationsaustausch und die formellen Einzelheiten des Auftretens der Union und der Euro-Mitgliedstaaten. Nur außerhalb der Unionszuständigkeit koordinieren Euro-Mitgliedstaaten ihr internationales Auftreten im Sinne der Bestrebung nach Festlegung einer gemeinsamen Auffassung.

Demzufolge gilt für die Euro-Mitgliedstaaten, darunter auch wenn die Union in einem internationalen Gremium nicht vertreten wird, in der Wirtschafts- und Währungspolitik das der folgenden GASP-Regelung Entsprechende:

> „Die Mitgliedstaaten koordinieren ihr Handeln in internationalen Organisationen und auf internationalen Konferenzen. Sie treten dort für die Standpunkte der Union ein." (Art. 34 Abs. 1 Satz 1 und 2 EUV)

IV. Exkurs: Stellung der Nicht-Euro-Mitgliedstaaten

Zum gesamten Bild des Standpunktes der Euroraums soll noch „das innere Außen“[188], i.e. die Stellung der Nicht-Euro-Mitgliedstaaten gegenüber einem Standpunkt des Euroraums, behandelt werden.

Es stellen sich hierbei zwei Fragen: einerseits, ob überhaupt bzw. inwieweit die Nicht-Euro-Mitgliedstaaten an die Standpunkte des Euroraums gebunden sind, und andererseits inwieweit die Interessen der Nicht-Euro-Mitgliedstaaten bei der Festlegung der Standpunkte des Euroraums zu berücksichtigen sind. Außerhalb des Euroraums verbleiben nämlich zurzeit neun andere Mitgliedstaaten: Bulgarien (mit dem Lew), Dänemark (mit der dänischen Krone), Kroatien (mit der Kuna), Polen (mit dem Zloty), Rumänien (mit dem Leu), Schweden (mit der schwedischen Krone), Tschechien (mit der tschechischen Krone), Ungarn (mit dem Forint) und das Vereinigte Königreich (mit dem Pfund).

Das Problem geht auf die differenzierte Integration innerhalb der Wirtschafts- und Währungsunion zurück.[189] Unionsrechtlich gilt eine mitgliedschaftliche Pflicht, den Euro einzuführen. In Verbindung mit den Konvergenzkriterien (den Vorbedingungen für die Euro-Einführung)[190] gesehen, bedeutet dies eigentlich die Verpflichtung, „auf die rasche Einführung der einheitlichen Währung hinzuwirken“[191]. Insofern könnte man von einem vorübergehenden Zustand sprechen und die Mitgliedstaaten in zwei Gruppen einteilen.

Allerdings selbst unter den Nicht-Euro-Mitgliedstaaten gibt es zwei Gruppen: die sog. „pre-ins“[192] (i.e. die Gruppe der Mitgliedstaaten mit Ausnahmeregelung[193],

---

188 Allgemein zu dieser Begrifflichkeit siehe: Teil I Kapitel II.1.a.

189 Eine Systematisierung der Idee der differenzierten Integration wird in *Müller-Graff*, Integration 2007, S. 129 ff. dargestellt (punktuell zur Wirtschafts- und Währungsunion siehe: S. 130 und 136). Die Problematik in der Wirtschafts- und Währungsunion beschreiben weiter u.a.: *Häde*, in: Weber (Hrsg.), Währung und Wirtschaft: das Geld im Recht, S. 141 ff., *Grieser*, Flexible Integration in der Europäischen Union, S. 197–222 und *Kellerbauer*, Von Maastricht bis Nizza: Neuformen differenzierter Integration in der Europäischen Union, S. 91–128.

190 Die Konvergenzkriterien sind im Protokoll Nr. 13 über die Konvergenz spezifiziert. Das Verfahren der Überwachung der Konvergenzkriterienerfüllung regelt Art. 140 AEUV.

191 So: *Hahn/Häde*, Währungsrecht, S. 303, Rn. 52.

192 Die Bezeichnung steht in Gegenüberstellung zu „ins“, i.e. der Gruppe der Euro-Mitgliedstaaten.

193 Die Vertragsnomenklatur (Art. 139 Abs. 1 AEUV).

für die die Euro-Einführungspflicht gilt) und die sog. „optouts“ (i.e. die Gruppe der Mitgliedstaaten mit den die Euro-Einführungspflicht ausschließenden Sonderregelungen).

Zu den „opt-outs“ zählen das Vereinigte Königsreich und Dänemark, deren rechtliche Situation auch nicht homogen ist. Die rechtliche Stellung Dänemarks regelt das Protokoll Nr. 16 zu den Verträgen. Gemäß seiner Art. 2 und 3 unterscheidet sie sich außer dem Fehlen der Verpflichtung zur Einführung des Euro nicht von der der Mitgliedstaaten mit Ausnahmeregelung. Die rechtliche Situation des Vereinigten Königreichs regelt das Protokoll Nr. 15 zu den Verträgen. Danach gelten für das Vereinigte Königreich wesentlich umfangreichere Sonderstellungen.[194] Die Rechtslage für diese Mitgliedstaaten stellt sich als Sonderfall dar.

Zu den „pre-ins“ gehört *de iure* auch Schweden, das bislang jedoch absichtlich eines der Konvergenzkriterien verfehlt. Schweden tritt dem Wechselkursmechanismus II nicht bei, um die Euro-Einführung zu vermeiden. Das ist u.a. mit dem ablehnenden schwedischen Referendum 2003 zur Euro-Einführung verbunden.[195] Diese Situation wurde von der Kommission geduldet, obwohl sie eigentlich ein ständiger Verstoß gegen die Verträge ist. Der Fall Schwedens wird daher „implicit opt-out“[196] genannt.

Nach Art. 121 Abs. 1 AEUV betrachten die Nicht-Euro-Mitgliedstaaten, wie die Euro-Mitgliedstaaten (deren Koordinierung jedoch insbesondere angesichts des Art. 136 bis 138 AEUV sachlich weiterreicht), die Wirtschaftspolitik als eine Angelegenheit von gemeinsamem Interesse und koordinieren sie im Rat. Die Währungspolitiken der Nicht-Euro-Mitgliedstaaten unterliegen hingegen nach Art. 42.2 EZB-Satzung weiterhin der nationalen Entscheidung. Ihre Wechselpolitiken sind aber auch nach Art. 142 AEUV als eine Angelegenheit von gemeinsamem Interesse zu betrachten. Die Wechselkurspolitiken sind für die Nicht-Euro-Mitgliedstaaten einer der Gegenstände der unionalen

---

194 Z.B. muss es nicht sicherstellen, dass seine innerstaatlichen Vorschriften, einschließlich der Satzung seiner nationalen Zentralbank, mit der EZB-Satzung im Einklang stehen; darunter, dass seine Zentralbank weisungsunabhängig sein soll und dass sie das Preisstabilitätsziel zu verfolgen hat. (Nach Art. 11 Bank of England-Act 1998 verfolgt die Bank of England“ das Preisstabilitätsziel und, vorbehaltlich dieses Ziels, unterstützt sie die Wirtschaftspolitik der Regierung, einschließlich ihrer Wachstums- und Beschäftigungsziele.).

195 Dazu: *Deutsche Bank Research*, EU-Monitor September 2003, S. 17.

196 In *Louis*, CMLRev. 2004, S. 604: „an implicit opting-out facility“.

wirtschaftspolitischen Überwachung nach Art. 121 AEUV.[197] Es ist nämlich im Binnenmarkt zu verhindern, dass die Mitgliedstaaten sich mit ihrer Wechselkurspolitik Vorteile verschaffen (vgl. Art. 119 Abs. 1 AEUV). In der Geldpolitik hingegen ist nur einseitig nach Art. 141 Abs. 2 Strich 2 AEUV die EZB verpflichtet, die Koordinierung der Geldpolitiken der Nicht-Euro-Mitgliedstaaten mit dem Ziel zu verstärken, die Preisstabilität aufrechtzuerhalten.

Was die in den Verträgen explizit geregelte Unionsaußentätigkeit im Bereich der Wirtschafts- und Währungspolitik betrifft, gelten die Kernvorschriften für die Nicht-Euro-Mitgliedstaaten nicht. Erstens gilt Art. 138 AEUV gemäß Art. 139 Abs. 2 lit. i und j AEUV nicht. Zweitens gilt Art. 219 AEUV gemäß Art. 139 Abs. 2 lit. g AEUV nicht. Drittens statuiert Art. 42.1 EZB-Satzung, dass Art. 6 und 23 EZB-Satzung (die die internationale Tätigkeit des ESZB regeln) keinerlei Rechte oder Verpflichtungen für die Nicht-Euro-Mitgliedstaaten entstehen lassen dürfen.[198]

Außer in den Fällen, in denen die wirtschaftspolitischen Unionsstandpunkte sowohl für die Euro-Mitgliedstaaten als auch für die Nicht-Euro-Mitgliedstaaten in den Verträgen fixiert wurden, stützt sich daher die Stellung der Nicht-Euro-Mitgliedstaaten gegenüber den Standpunkten des Euroraums (dem einheitlichen internationalen Vorgehen der Euro-Mitgliedstaaten) auf die Betrachtung der Wechselkurspolitiken und der Wirtschaftspolitik als eine Angelegenheit von gemeinsamem Interesse. Dies bedeutet eine besonders ausgeprägte Rücksichtnahmepflicht gemäß Art. 4 Abs. 3 EUV.[199] Erstens umfasst sie vor allem das

197 Die Konkretisierung des Gebots der Betrachtung der Wechselkurspolitik als eine Angelegenheit von gemeinsamem Interesse bildet u. a. die Teilnahme an dem Wechselkursmechanismus II (WKM II). Die Einhaltung der in diesem Mechanismus vorgesehenen normalen Bandbreiten ohne starke Spannungen (± 15 % in Bezug auf einvernehmlich festgelegte Leitkurse) im Verlauf von zumindest den letzten zwei Jahren vor der Prüfung gilt überdies als eines der Konvergenzkriterien. (Die formelle Teilnahme am WKM II ist zur Erfüllung dieses Kriteriums jedoch nicht erforderlich, siehe: Entscheidung des Rates vom 3. Mai 1998 gemäß Artikel 109j Absatz 4 des Vertrags (98/317/EG), ABl. L 139/30 vom 11. Mai 1998 in Bezug auf Finnland, S. 34.) Zu dem WKM II gehört zurzeit nur Dänemark.
Überdies legte Bulgarien, nicht an dem WKM II wegen der Inflationsprobleme teilnehmend, einen festen Wechselkurs zum Euro fest.

198 Für das Vereinigte Königreich ist in Art. 7 des Protokolls Nr. 15 einfach vorgeschrieben, dass Art. 6 und 23 der EZB-Satzung (unter anderen Vorschriften) für das Vereinigte Königreich nicht gelten.

199 Ähnlich äußert sich Rodi, in: Vedder/Heintschel von Heinegg (Hrsg.), Europäisches Unionsrecht, Art. 219 EAUV, Rn. 11.

gegenseitige Informieren über die beabsichtigten Schritte und die gemeinsamen Konsultationen.[200] Zweitens sind bei der Festlegung der Standpunkte des Euroraums, die sich nur auf die Euro-Mitgliedstaaten beziehen, die berechtigten Interessen der Nicht-Euro-Mitgliedstaaten zu berücksichtigen. Die Nicht-Euro-Mitgliedstaaten sollen ihrerseits hingegen auf diese Standpunkte des Euroraums in ihrer Außenpolitikgestaltung Rücksicht nehmen. Sie können sich den Standpunkten des Euroraums auch anschließen. Eine besondere Regelung braucht man und gibt es dafür nicht.

Trotz des Gesagten wurde während der Arbeiten des Europäischen Konvents interessanterweise eine Änderung zu dem Art. 138 Abs. 1 AEUV entsprechenden Vorschriftsprojekt vorgeschlagen. Gemäß diesem Änderungsvorschlag sollten die Nicht-Euro-Mitgliedstaaten ermuntert werden, sich an die Standpunkte anzupassen:

> „In order to secure the euro's place in the international monetary system, the Council consisting of the Eurozone Member States ~~which are members of the Eurozone~~, shall ~~coordinate their action among themselves and with the Commission with a view to~~ adopt~~ing~~ common positions as regards issues of particular relevance to economic and monetary union within the competent international financial institutions and conferences, acting on a proposal of the Commission. The~~y~~ Member States shall uphold and promote such common positions. Those Member States which have not adopted the euro shall be encouraged to align themselves with such common positions. (...).“[201]

In der kurzen Begründung zu diesem Vorschlag konnte das Folgende gelesen werden:

> „With a view to enlargement and the time required until all MS will be members of EMU, a provision on their respective obligation is necessary.“

Dabei bleibt es höchst zweifelhaft, ob die Vorschrift mit „shall be encouraged“ in Verbindung mit „to align themselves“ eine solche Pflicht auferlegen kann. Sie würde eher einen kodifizierten Wunsch und ein Ermuntern darstellen. Sie

---

200 Zur Betrachtung der Wechselkurspolitik als eine Angelegenheit von gemeinsamem Interesse siehe: *Häde*, in: Calliess/Ruffert (Hrsg.), EUV/AEUV, Art. 142 AEUV, Rn. 1–4; und *Bandilla*, in: Grabitz/Hilf/Nettesheim (Hrsg.), Das Recht der Europäischen Union, 2009, Art. 124 EGV, Rn. 4–5.

201 Änderungsvorschlag von H. Farnleitner zum Art. III-85c (gemäß dem VVE-Arbeitstextentwurf im Dokument CONV 802–03 vom 12. Juni 2003, S. 59), abrufbar unter: http://european-convention.europa.eu/docs/Treaty/pdf/832/Art%20III%2085c%20Farnleitner%20EN.pdf vermerkt im Dokument CONV 821/03 vom 27. Juni 2003, S. 36.

könnte im Ergebnis höchstens, was aber auch zweifelhaft ist, nur mehr Aufmerksamkeit seitens der Nicht-Euro-Mitgliedstaaten auf das Problem lenken.

Aus einer ganz anderen Perspektive gesehen ist es im Interesse der Euro-Mitgliedstaaten, dass die Nicht-Euro-Mitgliedstaaten sich den Standpunkten anschließen. Dadurch wird sowohl die unionale Zusammenarbeit als auch das internationale Auftreten des Euroraums (und insgesamt der ganzen Union) verstärkt. Dazu könnte z.B. ein Anliegen, das in der Euro-Gruppe ausgearbeitet wird, den Verhandlungen im Rat zugewiesen werden, in dem alle Mitgliedstaaten vertreten sind. Der Antrag auf die Aufnahme in eine Tagesordnung des Rates kann von jedem Ratsmitglied gestellt werden. Dem Informationsaustausch dient überdies der ständige Kontakt des Präsidenten der Euro-Gruppe mit dem Vorsitz des Rates.

Zusammenfassend gilt in Hinsicht auf die Stellung der Nicht-Euro-Mitgliedstaaten gegenüber den Standpunkten des Euroraums eine besonders ausgeprägte Rücksichtnahmepflicht, die eine gegenseitige Wirkung hat. Für sie sind nur die Unionsstandpunkte in jenem Teil der Wirtschaftspolitik in vollem Umfang verbindlich, für den keine Ausnahmeregelung nach Art. 139 AEUV besteht. Die Nicht-Euro-Mitgliedstaaten können sich auch jeweils den Standpunkten des Euroraums anschließen.

Unterteil II Organisatorischer Aspekt: Einheitliches Vertretungsmuster

Der zweite Aspekt der einheitlichen Außenvertretung des Euroraums (der organisatorische) beantwortet die Frage, wer als Vertreter des Euroraums auftreten soll, also: wer den zuvor festgestellten Standpunkt des Euroraums[202] gegenüber den Außenpartnern zu äußern hat. Es geht dabei um die Ausarbeitung eines einheitlichen Vertretungsmusters.

Die Außenvertretung im organisatorischen Aspekt ist, wie auch die Entscheidungsbefugnis bezüglich eines Standpunkts des Euroraums, wieder auf zwei Vertretungsebenen zu betrachten: einerseits die *vertikale* Vertretungsebene, die das Subjekt der Vertretung betrifft (Kapitel I) und andererseits die *horizontale* Vertretungsebene, die die Wahl der Person des Vertreters angeht (Kapitel II).

Die Festsetzung eines einheitlichen Vertretungsmusters sorgt für die vertrauensvolle Zusammenarbeit der Außenpartner mit dem Euroraum. Die Anerkennung durch die Außenpartner hängt neben dem kohärent vertretenen

---

202 Der Standpunkt des Euroraums als der sachliche Aspekt der einheitlichen Außenvertretung des Euroraums wurde in dem Unterteil I des Konzepts behandelt.

Standpunkt, auch von einem zuverlässigen, nicht ständig wechselnden Ansprechpartner – anders gesagt, von einer zuverlässigen „Telefonnummer des Euroraums“[203] – ab.[204] Besonders in den den Euroraum als Ganzes betreffenden Situationen, die eine schnelle Reaktion benötigen (wie eine finanzielle Krise), ist ein Ansprechpartner seitens des Euroraums für die internationale Zusammenarbeit von großem Vorteil.

Der Vertreter des Euroraums, der die Vertretung der Union und die nationalen Vertretungen der 19 Euro-Mitgliedstaaten in der Wirtschafts- und Währungspolitik (in der die Standpunkte des Euroraums entweder bestehen oder nach den Verträgen festzulegen sind) vereinigt, arbeitet dann gemeinsam mit den Vertretern der Partner der Zusammenarbeit. Zwischendurch können die Union und die Euro-Mitgliedstaaten intern die festzulegenden Standpunkte bestimmen bzw. das international Vereinbarte rechtsverbindlich umsetzen.

In diesem Zusammenhang wendet man sich zuerst zu dem mit dem Vertrag von Lissabon eingeführten Art. 138 Abs. 2 AEUV:

> „Der Rat kann auf Vorschlag der Kommission geeignete Maßnahmen mit dem Ziel erlassen, eine einheitliche Vertretung bei den internationalen Einrichtungen und Konferenzen im Finanzbereich sicherzustellen. Der Rat beschließt nach Anhörung der Europäischen Zentralbank.“

Es ist aber festzuhalten, dass die Vorschrift keine näheren Hinweise zur Bestimmung des Vertreters des Euroraums angibt. Sie ist eine reine Verfahrensvorschrift.

> „Welche Maßnahmen der Rat ergreifen kann, um eine einheitliche Vertretung sicherzustellen, ist kaum begrenzt. Nach dem Wortlaut der Bestimmung müssen sie lediglich „geeignet“ sein.“,

schreibt U. Palm.[205]

Der Inhalt der geeigneten Maßnahme wird daher auf andere Grundlagen im Laufe dieses Untertitels präzisiert.

Angesichts der lex specialis-Stellung des Art. 219 AEUV[206] wird aber beim Abschluss von internationalen Verträgen der Art. 219 Abs. 3 AEUV (eventuell

203 Eine Adaptation der Aussage von Henry Kissinger (dem Außenminister der Vereinigten Staaten 1973–1977), die die Außenpolitik betraf: „Welche Telefonnummer hat Europa eigentlich?“.

204 Ähnlich äußert sich *Khan* in: Geiger/Khan/Kotzur, EUV/AEUV, Art. 138, Rn. 1.

205 In: Grabitz/Hilf/Nettesheim (Hrsg.), Das Recht der Europäischen Union, Art. 138 AEUV, Rn. 15.

206 Gleich wie bei den Standpunkten (Art. 138 Abs. 1 vs. Art. 219 Abs. 3 AEUV), siehe: Teil II Unterteil I Kapitel II.1. Dazu noch folgend: in Kapitel I.1 (bezüglich der

i.V.m. Art. 219 Abs. 1 AEUV) zur Grundlage der Festlegung des Vertreters des Euroraums seitens der Union. Daher ist Art. 138 Abs. 2 AEUV insbesondere für andere Arten internationaler Zusammenarbeit von Bedeutung.

I. Vertikale Vertretungsebene: Mitgliedschaft in internationalen Gremien

Die *vertikale* Vertretungsebene orientiert sich strikt an der unionsrechtlichen Zuständigkeitsverteilung (der Entscheidungsbefugnis auf *vertikaler* Ebene). Das heißt, dass in dessen Namen gehandelt werden soll, der unionsrechtlich zuständig ist; dieser soll das Subjekt der Vertretung sein.[207]

Die Unterscheidung ist insbesondere für den Abschluss von völkerrechtlichen Verträgen von Bedeutung, wenn klar sein muss, wer Vertragspartei ist.

Die unionsrechtlich gewünschte Konfiguration der Mitgliedschaft (Kapitel 1) ist aber nicht in jedem internationalen Gremium durchsetzbar, wofür ein entsprechender Ausweg zu finden ist (Kapitel 2), welcher auch unionsrechtlich vertretbar ist. Auf der *vertikalen* Vertretungsebene ist schließlich, die Problematik abrundend, die Vertretung der Überseeischen Länder und Hoheitsgebiete (ÜLG) zu behandeln, die zu den Hoheitsgebieten der Euro-Mitgliedstaaten, aber nicht zur Union gehören.

1. Unionsrechtlich erwünschte Konfiguration der Mitgliedschaft

Die Entscheidungsbefugnisse auf der *vertikalen* Ebene betrachtend,[208] sind generell die Union in der Währungspolitik und die Euro-Mitgliedstaaten in der Wirtschaftspolitik als die unionsrechtmäßigen vollen (de iure-)Teilnehmer in internationalen Gremien zu vertreten.[209]

---

vertikalen Vertretungsebene) und, detailliert, in Kapitel II.1.a (bezüglich der *horizontalen* Vertretungsebene).

207 Dazu einleitend auch in Teil I Kapitel I.1.c.

208 Dazu: Teil II Unterteil I, Kapitel I.1.

209 Eine allgemeine Skizze der erwünschten Mitgliedschaftskonfiguration je nach der Unionszuständigkeit findet man in: *Emerson* et al., Upgrading the EU's role as global actor, S. 39–40. Rechtshistorisch zur Vertretungsbefugnis, erstens, bis zum Beginn der zweiten Stufe und, zweitens, in der zweiten Stufe der Wirtschafts- und Währungsunion siehe: *Bognar*, Europäische Währungsintegration und Außenwirtschaftsbeziehungen, S. (entsprechend) 57–93 und 93–138.

Wenn die beiden, sowohl die Union als auch die Mitgliedstaaten, in einem internationalen Gremium vertreten werden, heißt es, dass ihre Zuständigkeit alternativ, nicht parallel, ist. Entweder die Union oder die Mitgliedstaaten sind für einen bestimmten Sachbereich zuständig und nehmen an der Abstimmung eines internationalen Vorhabens teil.[210] Um die Abgrenzung der Zuständigkeiten und der Stimmberechtigung den Außenpartnern gegenüber klar zu machen, wird in solchen Situationen eine Zuständigkeitserklärung (declaration of competence) erwartet.[211]

Zusätzlich zu dem Gesagten sollte der Union selbst, je nach der Betroffenheit ihrer Unionsaufgaben in der Wirtschaftspolitik und der Bedeutung dieser Aufgaben innerhalb eines bestimmten internationalen Vorhabens (bzw. innerhalb eines internationalen Gremiums), ein entsprechendes Beteiligungsrecht gewährt werden. Das könnte z. B. ein Beobachterstatus sein. Das Beteiligungsrecht könnte sich auch explizit schon auf die zu beteiligenden Unionsorgane (*horizontale* Vertretungsebene) beziehen. In der Wirtschaftspolitik sollte der Union unionsrechtlich eine volle (de iure-)Teilnahme nur in besonderen Fällen zukommen. Ein solcher besonderer Fall würde z. B. dann vorliegen, wenn internationale Einrichtungen, die bei wirtschaftspolitischer Überwachung der Staaten tätig sind, sich in einem diese Tätigkeit koordinierenden Obergremium versammeln. Zu solchen Einrichtungen würde nämlich angesichts ihrer Aufgaben in Art. 120 bis 126 AEUV die Union gehören.

Es ist zusammenfassend festzustellen, dass eine oben dargestellte, unionsrechtlich erwünschte Konfiguration der Mitgliedschaft, insbesondere eine adäquate Teilnahme der Union, anzustreben, zu den unionsrechtlichen Pflichten der Mitgliedstaaten gehört. Diese Pflicht wurde von den Mitgliedstaaten mit der Selbstbindung an die Verträge eingegangen. Sie ist auch selbst mit dem Grundsatz der loyalen Zusammenarbeit in Art. 4 Abs. 3 EUV in den Verträgen verankert.

---

210 So auch *Dörr*, in: Grabitz/Hilf/Nettesheim (Hrsg.), Das Recht der Europäischen Union, Art. 47 EUV, Rn. 48, wo diese Mitgliedschaftskonfiguration „alternativ-konkurrierend“ genannt wird.

211 Zu den declarations of competences (u. a. ihrer Rechtswirkung) siehe: *MacLeod/Hendry/Hyett*, The external relations of the European Communities, S. 161–162. Von einer declaration of competences ist ein sog. code of conduct zu unterscheiden, der intern zwischen der Union und den Mitgliedstaaten das Zusammenwirken regelt.

2. Problem der Nur-Staaten-Klausel

Die unionsrechtlich erwünschte Lage ist jedoch nicht in allen internationalen Gremien durchführbar.

Es geht hier um die Teilnahme der Union. Die Union ist nämlich ein besonderes Geschöpf, welches teilweise anstelle seiner Mitgliedstaaten tätig ist, innerhalb der überwiegend staatlichen Gemeinschaft der an der internationalen Zusammenarbeit Teilnehmenden.

So lässt eine Nur-Staaten-Klausel in Teilnahmeregelungen einiger internationaler Gremien (eine Beschränkung des partikulären Völkerrechts)[212] keine anderen Subjekte als Staaten als volle (de iure-)Teilnehmer zu. Da aber die Mitgliedstaaten, wenn die ausschließliche Zuständigkeit in dem betroffenen Sachbereich der Union zufällt, keine für die Erfüllung der Verbindlichkeiten entsprechenden Kompetenzen (und auch Ressourcen, wie im Falle der Währungspolitik) haben, soll eine entsprechende unionsrechtliche Lösung entwickelt werden.

Die Teilnahme der Union verschiebt sich dann auf die sog. de facto-Teilnahme. Danach treten die Mitgliedstaaten als Subjekte der internationalen Zusammenarbeit auf, aber intern wird die Erfüllung der eingegangenen internationalen Verbindlichkeiten von der Union getätigt. Dabei sind einige Prinzipien zu beachten[213] und erscheinen einige Sonderlösungen[214] förderlich.

a) Ermächtigung der Mitgliedstaaten durch die Union

Wenn die Teilnahme der Union an einem internationalen Vorhaben ausgeschlossen ist (da sie nur Staaten vorbehalten ist), aber der Vorhabensachbereich in die Unionszuständigkeit fällt (so in der Währungspolitik), dann kann die Union die Mitgliedstaaten ermächtigen, diese Zuständigkeit auszuüben.

Selbst in dem die ausschließliche Unionszuständigkeitsart regelnden Art. 2 Abs. 1 AEUV wurde vorgeschrieben:

> „Übertragen die Verträge der Union für einen bestimmten Bereich eine ausschließliche Zuständigkeit, so kann nur die Union gesetzgeberisch tätig werden und verbindliche Rechtsakte erlassen; die Mitgliedstaaten dürfen in einem solchen Fall nur tätig werden, wenn sie von der Union hierzu ermächtigt werden, oder um Rechtsakte der Union durchzuführen."

---

212 Dazu einleitend in: Teil I Kapitel III.2.b.

213 Teil II Unterteil II Kapitel I.2.a „Ermächtigung der Mitgliedstaaten durch die Union".

214 Teil II Unterteil II Kapitel I.2.b „Sonderstatus der Union" und Teil II Unterteil II Kapitel I.2.c „Mitgliedstaatliche Blockbildung".

Diese Vorschrift ist im Falle von internationalen Verträgen i.V.m. Art. 3 Abs. 1 lit. c und Abs. 2 AEUV zu lesen.

Die Euro-Mitgliedstaaten handeln dann in ihrem Namen, aber im Bereich der Unionszuständigkeit. Sie nehmen den Unionsstandpunkt treuhänderisch wahr.[215] Die Mitgliedstaaten als „Sachwalter" der Union können weiter auch von einem Unionsorgan in ihrem Namen vertreten werden, wie es im Fall der VN-Gremien ist.[216] So würde sich dann die *horizontale* Vertretungsebene bei der Außenvertretung des Euroraums darstellen: Der Vertreter des Euroraums handelt im Namen der Euro-Mitgliedstaaten, obwohl nach der unionsrechtlichen Zuständigkeitsverteilung die Handlung im Namen der Union vorgenommen werden sollte.

Der obige Fall ist strikt von dem Fall zu unterscheiden, wenn die Union die Mitgliedstaaten ermächtigt, aber die Mitgliedstaaten im Namen der Union (nicht in ihrem Namen) handeln. Im Zivilrecht würde man in diesem Fall über die Bevollmächtigung sprechen, die Bezeichnung – Ermächtigung – für den vorher Beschriebenen vorbehaltend. Durch die Ermächtigung erhält ein Dritter nämlich die Erlaubnis, ein ihm sonst nicht zustehendes Recht oder eine Rechtsposition selbst im eigenen Namen auszuüben, während mit der Bevollmächtigung ein Dritter im Namen des Vollmachtgebers handelt.[217] In der Union wird jeweils ohne eine solche Unterscheidung über die Ermächtigung gesprochen. Dies bezieht sich gleichfalls auf die *horizontale* Vertretungsebene, die ausschließlich dem Bevollmächtigungsprinzip folgt.

So ermächtigte die Union zur Verhandlungsführung (und früher beim Abschluss der heutzutage schon nicht geltenden Verträge auch zur Vertragsunterzeichnung)

---

215 Generelle Bemerkungen zur Ausübung der ausschließlichen Unionszuständigkeit durch die Mitgliedstaaten siehe u.a. in: *MacLeod,/Hendry/Hyett*, The external relations of the European Communities, S. 236 f. (Mitgliedstaaten als „custodians" bzw. „guardians" der Union) und *Zilioli/Selmayr*, CMLRev. 1999, S. 338 („trustee model"). Die vergleichenden Überlegungen zu verschiedenen dogmatischen Konstruktionen (von der Gliedstellung der Mitgliedstaaten, Stellvertretung, Mandat, Ermächtigung, Delegation u.a. bis zur Treuhand) bietet *Pechstein*, Die Mitgliedstaaten der EG als „Sachwalter des gemeinsamen Interesses", S. 176–210 (zur Treuhand S. 204–209) an. (Es ist aber zu bemerken, dass er selbst dies im Kontext eines besonderen Falls, nämlich des Handelns der Mitgliedstaaten zur Bewältigung einer Funktionsstörung – der Ratsuntätigkeit im Bereich der ausschließlichen Unionszuständigkeit – untersuchte; einführend siehe insb. S. 17–18.).

216 Dies bemerkt *Vedder*, EuR 2007 Beiheft 3, S. 74.

217 Vgl. Begriff der Ermächtigung und der Vollmacht in *Creifelds* (Begr.)/*Weber* (Hrsg.), Rechtswörterbuch, entsprechend S. 399 und 1433.

in ihrem Namen: Frankreich beim Abschluss der Währungsvereinbarungen mit Monaco und Andorra,[218] Italien beim Abschluss der Währungsvereinbarungen mit San Marino[219] und der Vatikan und Spanien beim Abschluss der Währungsvereinbarung mit Andorra[220]. Eine solche Beteiligung der Euro-Mitgliedstaaten war deswegen angebracht, da Frankreich, Italien und Spanien vor der Euro-Einführung besondere Währungsverbindungen mit diesen Staaten unterhielten. Sie stützten sich auf internationale Verträge, interne Rechtsakte oder, wie im Falle Andorras, auf die tatsächliche Verwendung der französischen und spanischen Währungen.[221] Diese Währungsverbindungen wurden mit den Verträgen mit der Union an die neue Währungssituation dann angepasst, wenn die währungspolitische Zuständigkeit nicht mehr den Euro-Mitgliedstaaten zukam.

Spezifisch im Rahmen der ESZB-Aufgaben wurde für die Beteiligung der nationalen Zentralbanken (nZB) der Euro-Mitgliedstaaten an internationalen Währungseinrichtungen eine Zustimmung der EZB vorgesehen:

> „Die EZB, und soweit diese zustimmt, die nationalen Zentralbanken sind befugt, sich an internationalen Währungseinrichtungen zu beteiligen." (Art. 6.2 EZB-Satzung)

Diese Zustimmung stellt grundsätzlich weder eine Ermächtigung in dem Sinne, dass die nZB dann im Namen ihrer Staaten, nicht im Namen der Union handeln, noch eine in dem Sinne der Bevollmächtigung dar. Das ESZB erscheint nach Art. 127 AEUV als Träger der währungspolitischen Aufgaben der Union. Das ESZB setzt sich nach Art. 9.2 EZB-Satzung sowohl aus der EZB als auch aus den

218 Hinsichtlich Monaco siehe: Art. 3 des Beschlusses des Rates (...), ABl. L 81/3 vom 29. März 2011 und vorher: Art. 7 und 8 der Entscheidung des Rates (...), ABl. 30/31 vom 4. Februar 1999; hinsichtlich Andorra: Entscheidung des Rates (...), ABl. L 244/47 vom 16. Juli 2004.

219 Hinsichtlich San Marino siehe: Art. 3 der Entscheidung des Rates (...), ABl. L 322/12 vom 9. Dezember 2009 und vorher: Art. 7 und 8 der Entscheidung des Rates (...), ABl. L 30/33 vom 4. Februar 1999; hinsichtlich des Vatikans: Art. 3 der Entscheidung des Rates (...), ABl. L 321/36 vom 8. Dezember 2009 und vorher: Art. 7 und 8 der Entscheidung des Rates (...), ABl. L 30/35 vom 4. Februar 1999.

220 Siehe: Entscheidung des Rates (...), ABl. L 244/47 vom 16. Juli 2004.

221 Für Monaco siehe den Erwägungsgrund 4 der Entscheidung des Rates (...), ABl. L 30/31 vom 4. Februar 1999. Für San Marino siehe den Erwägungsgrund 4 der Entscheidung des Rates (...), ABl. L 30/33 vom 4. Februar 1999. Für den Vatikan siehe den Erwägungsgrund 4 der Entscheidung des Rates (...), ABl. L 30/35 vom 4. Februar 1999. Für Andorra siehe die Erwägungsgründe 5 und 6 der Entscheidung des Rates, ABl. L 244/47 vom 16. Juli 2004.

nZB der Mitgliedstaaten zusammen. Der Beschluss, der die Außenvertretung organisatorisch bestimmt und der gemäß Art. 6.1 EZB-Satzung zu fassen ist,

> „Im Bereich der internationalen Zusammenarbeit, die die dem ESZB übertragenen Aufgaben betrifft, beschließt die EZB, wie das ESZB vertreten wird.",

enthält die Zustimmung der EZB.

Abschließend ist zu betonen, dass Art. 219 Abs. 4 AEUV[222]

> „Die Mitgliedstaaten haben das Recht, unbeschadet der Unionszuständigkeit und der Unionsvereinbarungen über die Wirtschafts- und Währungsunion in internationalen Gremien Verhandlungen zu führen und internationale Vereinbarungen zu treffen."

nichts an den oben beschriebenen Ermächtigungskonstruktionen ändert. Der Idee, dass diese Vorschrift auf die Fortführung der von den Mitgliedstaaten vor dem Vertrag von Maastricht getroffenen, internationalen Vereinbarungen über Währungsanliegen[223] anzuwenden ist, ist zu erwidern, dass diese nur dann fortgeführt werden dürfen, wenn dies mit der in den anderen Vorschriften bestimmten Zuständigkeitsverteilung vereinbar ist.[224]

Wenn die Unionszuständigkeit in der Währungspolitik betroffen war, wurden daher neue Währungsvereinbarungen im Namen der Union verhandelt. So schließt die Union die erwähnten Währungsvereinbarungen mit Andorra, Monaco, San Marino und dem Vatikan ab. Wenn hingegen die Unionszuständigkeit eventuell betroffen werden konnte, erteilte die Union eine entsprechende Fortführungszustimmung auf der Grundlage des Art. 109 Abs. 3 EGV i.d.F. vom Vertrag von Nizza (dem heutigen Art. 219 Abs. 3 AEUV). Dies betrifft die Verträge Portugals und Frankreichs über die Konvertierbarkeit der Währungen ihrer früheren Kolonien zur Währung Portugals und Frankreichs (seit 1999 – zum Euro) und ihre Sicherstellung (entsprechend: durch eine vom portugiesischen Staat bereitgestellte beschränkte Kreditfazilität und durch die Haushaltsverpflichtung der französischen Behörden).[225] Diese

---

222 Hier taucht Art. 219 Abs. 4 AUEV im Kontext des organisatorischen Aspekts der Außenvertretung des Euroraums im Unterschied zum Teil II Unterteil I Kapitel I.1.c auf, wo seine Bedeutung beim sachlichen Aspekt angesprochen wurde.

223 Siehe u.a. *Kempen*, in: Streinz, EUV/AEUV, Art. 219 AEUV, Rn. 13.

224 So auch im Ergebnis: W. Weiß ein, in: *Weiß*, EuR 2002, S. 179–183 und *Potacs*, in: Schwarze (Hrsg.), EU-Kommentar, Art. 219 AEUV, Rn. 5.

225 Bezüglich der Vereinbarung zwischen Portugal und Kap-Verde: Entscheidung des Rates vom 21. Dezember 1998 über Wechselkursfragen in Zusammenhang mit dem Kap-Verde-Escudo, ABl. L 358/111 vom 31. Dezember 1999. Bezüglich der Vereinbarungen zwischen Frankreich und den Staaten der UEMOA (der Westafrikanischen Wirtschafts- und Währungsunion), den Staaten der CEMAC (der

Vereinbarungen sind budgetärer Natur. Sie betreffen die Finanzpolitik, nicht die Währungspolitik, die sich in der ausschließlichen Zuständigkeit der Union befindet. Daher konnten Portugal und Frankreich, zusammen mit den betroffenen Staaten, auch die alleinige Verantwortung für die jeweiligen Vereinbarungen behalten.[226] Die Union ist hier insoweit weiter engagiert, als die Berichte über die Umsetzung der fortgeführten Vereinbarungen den Unionsorganen regelmäßig vorzulegen sind. Im Falle der Vereinbarungsänderungen wird, je nachdem ob die Natur oder der Geltungsbereich der Vereinbarungen geändert wird, eine vorherige Unterrichtung der Unionsorgane oder deren Zustimmung benötigt.[227]

Von sich selbst gestattet Art. 219 Abs. 4 AEUV auch keine derzeitige Mitgliedschaft der Euro-Mitgliedstaaten im IWF bei der Behandlung der währungspolitischen Fragen.[228] Diese Vorschrift ist auch keine pauschale Ermächtigung für die Fälle, in denen die Regelungen der internationalen Gremien die Teilnahme der Union in ihrem Zuständigkeitsbereich nicht zulassen. Dies würde eine Bedrohung für die Einheitlichkeit der Währungspolitik und die Kohärenz des internationalen Auftretens der Union darstellen.

Insgesamt bleibt es daher bei zwei Ermächtigungs- bzw. Bevollmächtigungsgrundlagen auf *vertikaler* Vertretungsebene: Art. 219 Abs. 3 AEUV (evtl. i.V.m. Art. 219 Abs. 1 AEUV) für den Abschluss von internationalen Verträgen und Art. 138 Abs. 2 AEUV für die sonstigen Arten internationaler Zusammenarbeit.

b) Sonderstatus der Union

Wenn die volle (de iure-)Mitgliedschaft der Union in ihrem Zuständigkeitsbereich in einem internationalen Gremium nicht zugelassen wird, ist eine besondere Lösung zusätzlich für die unionsinterne Entscheidungsfindung und die entsprechende darauffolgende Ermächtigung der Mitgliedstaaten förderlich. Das könnte ein Sonderstatus sein, der der Union in einem Gremium verliehen werden könnte (vorausgesetzt, dass er gemäß den Regelungen des Gremiums gestattet wird).

Zentralafrikanischen Wirtschafts- und Währungsgemeinschaft) und den Komoren: Entscheidung des Rates vom 23. November 1998 über Wechselkursfragen in Zusammenhang mit dem CFA-Franc und dem Komoren-Franc, ABl. 320/58 vom 28. November 1998, ABl. L 320/58 vom 28. November 1998.

226 Dazu: *Hafke*, ZEuS 2000, S. 34 ff. und *Deutsche Bank Research*, EU-Monitor, Juni 1999, S. 5.

227 Siehe: Entscheidungen in Fn. 225.

228 So aber u.a.: *Kempen*, in: Streinz, EUV/AEUV, Art. 219 AEUV, Rn. 3 und *Rodi*, in: Vedder/Heintschel von Heinegg (Hrsg.), Europäisches Unionsrecht, Art. 219 AEUV, Rn. 9.

Es handelt sich dabei um einen unterschiedlich ausgestalteten Beobachterstatus. Er kann, ohne letztendliche Stimmberechtigung bei Abstimmungen, die Form einer stillschweigenden Anwesenheit bei Tagungen bis zur Teilnahme an Diskussionen (das sog. Rederecht) annehmen.

Ein solcher Beobachterstatus kann unterschiedlich, je nach dem Gremium und dann ohne gegenseitige Äquivalenz, bezeichnet werden: z.B. als ein einfacher Beobachterstatus, als ein mit mehr Rechten ausgestatteter, erweiterter Beobachterstatus oder als ein Assoziierungsstatus.

Aus dieser Gesamtheit ist ein solcher Sonderstatus auszunehmen, der, obwohl nicht als volle Mitgliedschaft bezeichnet, im Ergebnis dieser gleichsteht. Dies hängt mit der Stimmrechtsberechtigung bei beiden zusammen.

c) *Mitgliedstaatliche Blockbildung*

Da die Teilnahmeregelungen eines internationalen Gremiums nicht für die Einsetzung eines Vertreters entscheidend sind, könnte überdies ein gemeinsamer Vertreter (z.B. aus einem Unionsorgan) die Vertreter der Euro-Mitgliedstaaten auch bei einer Nur-Staaten-Klausel ersetzen. Die von ihm vertretene Auffassung wird dann von den Euro-Mitgliedstaaten nicht weiter auf die Union übertragen. Auf dieser Weise wird der gemeinsame Vertreter nur die Stimmen der Mitgliedstaaten vereinigen.

Diese Lösung bedeutet eine mitgliedstaatliche Bildung eines Stimmblockes nicht nur dann, wenn die staatlichen Stimmblöcke zur Arbeitsweise eines internationalen Gremiums gehören, sondern auch in den sonstigen Fällen.

Die Methode der mitgliedstaatlichen Bildung eines solchen Blockes wird überdies dann angewendet, wenn ein Vertreter des Euroraums, der hier auszusuchen ist, einen *koordinierten* Standpunkt des Euroraums präsentieren wird.

3. Vertretung der ÜLG

Auf *vertikaler* Vertretungsebene besteht ein nächster problematischer Punkt in der besonderen Stellung der Überseeischen Länder und Hoheitsgebiete (ÜLG) Frankreichs und der Niederlande.[229]

Das ist insofern für die ausschließliche Unionsvertretung anstelle der Vertretung der Euro-Mitgliedstaaten in der Währungspolitik problematisch, als die ÜLG nur den vertraglichen Regelungen (Art. 355 Abs. 2 i.V.m. Art. 198–204

---

229 Darüber hinaus gibt es auch die ÜLG des Vereinigten Königsreiches und ein ÜLG Dänemarks (i.e. Grönland), siehe: AEUV-Anhang II.

AEUV) über die besondere Assoziierung unterliegen.[230] Das Assoziierungssystem bezieht sich auf die handelsrechtlichen Regeln und deckt nicht die Wirtschafts und Währungspolitik der Union ab.

Die ÜLG gehören daher nicht, im Unterschied zu ihren Mutter-Euro-Mitgliedstaaten, der Wirtschafts- und Währungsunion an. Dies gilt auch trotz der Tatsache, dass dort, aufgrund der entsprechenden Vereinbarungen,[231] der Euro eingeführt werden kann und die wirtschafts- und währungspolitischen Unionsregelungen Anwendung finden können.[232] Da in diesem Fall die ÜLG aus der Unionsperspektive den Drittstaaten ähnlich sind, sind diese Vereinbarungen als internationale Verträge der Union abzuschließen.[233] Der das betroffene ÜLG vertretende Mitgliedstaat hat dann eine Doppelstellung: „... zum einem als Mitglied der Gemeinschaft [heute: der Union] und zum anderen als Vertreter

---

230 Die ÜLG (engl. overseas countries and territories, OCT) sind von den Gebieten in äußerster Randlage (engl. the outermost regions, OR) zu unterscheiden, für die innerhalb des für sie primär in vollem Umfang geltenden Unionsrechts die Sonderregelungen anhand von Art. 355 Abs. 1 i.V.m. Art. 349 AEUV festgelegt werden können. Die Gebiete der Euro-Mitgliedstaaten in äußerster Lage gehören, im Unterschied zu den ÜLG, zur Wirtschafts- und Währungsunion. Diese Bezeichnungen sind überdies mit den Bezeichnungen in der französischen Verfassung Overseas Departments and Regions - DOM/ROM und Overseas Communities - COM) nicht zu verwechseln; die insgesamt vier Gebietsgruppen überschneiden sich, dazu: *Sèze/Marchand/Bardy*, Banque de France Bulletin, Winter 2011–2012, S. 106–107.

231 Obwohl die Staaten generell zur unilateralen Einführung einer fremden Währung kraft ihrer souveränen Hoheitsrechte berechtigt sind, sind die Mitgliedstaaten durch die Loyalitätspflichten gegenüber der Union dazu verpflichtet, dass sie den Euro auf ihrem Gebiet (darunter auch in den ÜLG) nicht unilateral, sondern nur auf der Grundlage von Vereinbarung mit der Union einführen. So auch: *Krauskopf/Steven*, Einführung des Euro in außereuropäischen Territorien und währungsrechtliche Regelungen im Verhältnis zu Drittstaaten, EuZW 1999, S. 651.

232 Der Fall von St. Pierre und Miquelon und Saint Barthélemy siehe: Tabelle 4.

233 Der ordnungsgemäße Fall der Währungsvereinbarung bezüglich Saint Barthélemy im Unterschied zu der auf die EWWU-internen Grundlage gestützten, an Frankreich gerichteten Entscheidung des Rates im Fall von St. Pierre und Miquelon, siehe: Tabelle 4. Diese Entscheidung stützt sich auf Art. 109l Abs. 4 Satz 3 EGV i.d.F. vom Vertrag von Maastricht, der vorschrieb, dass der Rat alle sonstigen Maßnahmen trifft, die für die rasche Einführung der ECU [des Euro] als einheitliche Währung der Mitgliedstaaten, für die keine Ausnahmeregelung gilt, erforderlich sind. Das Problem der unrichtigen Rechtsgrundlage führte die EZB in der Stellungnahme zum Entscheidungsvorschlag an: ABl. C 127/5 vom 7. Mai 1999, Punkt 4; dazu auch: *Zilioli/Selmayr*, CMLRev. 1999, S. 329.

bestimmter abhängiger, nicht zum Geltungsbereich des Gemeinschaftsrechts [heute: Unionsrecht] gehörender Gebiete auf internationaler Ebene. Die Zugehörigkeit dieser Staaten zur Gemeinschaft [heute: zur Union] hat daher einen Einfluss auf ihre Stellung, soweit sie als internationale Vertreter der betreffenden Gebiete auftreten."[234]

Eine Grundlage für die genannten, vergleichenden Überlegungen liefert:

Tabelle 4: Währungspolitische Situation der ÜLG – Eckdaten

ÜLG	Währung	besondere Regelungen	Zentralbank
		ÜLG Frankreichs	
Neukaledonien Französisch-Polynesien Wallis und Futuna	CFP-Franc (XPF)[235]	Nach dem Protokoll Nr. 18 zu den Verträgen: „Frankreich behält das Recht, nach Maßgabe seiner innerstaatlichen Rechtsvorschriften in Neukaledonien, in Französisch-Polynesien und in Wallis und Futuna Geldzeichen auszugeben, und ist allein befugt, die Parität des CFP-Franc festzusetzen."[236] Festgesetzter Festwechselkurs: 1000 XPF = 8,38 EUR	nZB Frankreichs[237]

---

234 In Bezug auf einen handelspolitischen Fall: EuGH Gutachten 1/94 (WTO), Slg. 1994, 5267, Rn. 17.

235 Unterscheide vom CFA-Franc der Westafrikanischen Wirtschafts- und Währungsunion (UEMOA mit dem CFA-Franc BCEAO) und der Zentralafrikanischen Wirtschafts- und Währungsgemeinschaft (CEMAC mit dem CFA-Franc BEAC) – der Staaten der früheren Kolonien Frankreichs. Dazu siehe: Teil II Unterteil II Kapitel I.2.a bei den Ausführungen zur Erteilung einer Vertragsfortführungszustimmung seitens der Union.

236 Dazu: *Herrmann,* EFARev. 2002, S. 17 f. Für die Sicherung der Parität ist alleine die Regierung Frankreichs, in keinem Fall das ESZB, verantwortlich.

237 In ihrem Namen handelt das Institut d'Emission d'Outre-Mer (IEOM) in Neukaledonien, Französisch-Polynesien und Wallis und Futuna (i.e. in den ÜLG mit dem CFP-Franc), und das Institut d'Émission des Départements d'Outre-Mer (IEDOM) in St. Pierre und Miquelon und Saint Barthélemy (i.e. in den ÜLG mit dem Euro), und daneben auch in Guadeloupe, Französisch-Guayana, Martinique, Mayotte, Réunion und Saint Martin (die Gebiete Frankreichs in äußerster Randlage).

ÜLG	Währung	besondere Regelungen	Zentralbank
		ÜLG Frankreichs	
St. Pierre und Miquelon (vor dem 1. Januar 2014 auch Mayotte)[238]	Euro (EUR)	Nach der Entscheidung 1999/95/EG des Rates vom 31. Dezember 1998 über die Währungsregelungen in den französischen Gebieten Saint-Pierre-et-Miquelon und Mayotte, ABl. L 30/31 vom 4. Februar 1999: „Die Währung von St. Pierre und Miquelon und von Mayotte ist der Euro." (Art. 1) „Die EZB und die nationalen Zentralbanken können die Aufgaben und Geschäfte des ESZB in St. Pierre und Miquelon und in Mayotte gemäß Kapitel IV sowie Artikel 16 der Satzung des ESZB und der EZB ausführen." (Art. 3) „Frankreich stellt im Einvernehmen mit der Kommission und der EZB sicher, dass jene Teile des Gemeinschaftsrechts, die für das Funktionieren der Wirtschafts- und Währungsunion erforderlich sind oder erforderlich werden, auch in St. Pierre und Miquelon und in Mayotte Anwendung finden." (Art. 4)	

238 Am 1. Januar 2014 änderte sich der Status von Mayotte von einem ÜLG in ein zum Wirtschafts- und Währungsunion gehörendes Gebiet in äußerster Randlage: Beschluss des Europäischen Rates vom 11. Juli 2012 zur Änderung des Status von Mayotte gegenüber der Europäischen Union (2012/419/EU), ABl. L 204/131 vom 31. Juli 2012.

ÜLG	Währung	besondere Regelungen	Zentralbank
		ÜLG Frankreichs	
Saint Barthélemy [239]	Euro (EUR)	Nach der Währungsvereinbarung zwischen der Europäischen Union und der Französischen Republik über die Beibehaltung des Euro auf Saint-Barthélemy nach der Änderung seines Status gegenüber der Europäischen Union, ABl. L189/3 vom 20. Juli 2011: „Währung auf Saint-Barthélemy bleibt der Euro." (Art. 1) „Die Französische Republik wendet auf Saint-Barthélemy die für das Funktionieren der Wirtschafts- und Währungsunion erforderlichen Rechtsakte und Maßnahmen der Europäischen Union in folgenden Bereichen weiter an: (... [an dieser Stelle sind die Bereiche aufgezählt])." (Art. 3 Abs. 1) „Die Rechtsakte der Europäischen Union — einschließlich der Maßnahmen der Europäischen Zentralbank — in den in Artikel 3 Absatz 1 genannten Bereichen, die in den Mitgliedstaaten unmittelbar anwendbar sind, haben unter gleichen Bedingungen automatisch Gültigkeit auf Saint-Barthélemy." (Art. 5)	

239 Am 1. Januar 2012 änderte sich der Status von Saint Barthélemy von einem zum Wirtschafts- und Währungsunion gehörenden Gebiet in äußerster Randlage in ein ÜLG: Beschluss des Europäischen Rates vom 29. Oktober 2010 zur Änderung des Status der Insel Saint-Barthélemy gegenüber der Europäischen Union (2010/718/EU), ABl. L 325/4 vom 9. Dezember 2010.

ÜLG	Währung	besondere Regelungen	Zentralbank
ÜLG des Königsreiches der Niederlande			
Aruba	Aruba-Florin (AWG)	Festwechselkurs zum US-Dollar: 1 USD = 1,79 AWG	nZB von Aruba
Curaçao Sint Maarten	Antillen-Gulden (ANG)	Festwechselkurs zum US-Dollar: 1 USD = 1,79 ANG	nZB von Curaçao and St. Maarten
BES-Inseln (Bonaire, Sint Eustatius und Saba)	US-Dollar (USD)	Stellungnahme der EZB vom 9. Oktober 2009 zur Beteiligung der nationalen Zentralbank der Niederlande an dem Währungssystem von Bonaire, Sint Eustatius und Saba (CON/2009/80)	nZB der Niederlande

Quelle: eigene Darstellung

Letztendlich hängt die Ausgestaltung der ÜLG-Außenvertretung in der Wirtschafts- und Währungspolitik von der innerstaatlichen Autonomie der ÜLG ab: d.h., ob das ÜLG eine von dem Mutter-Euro-Mitgliedstaat gesonderte wirtschafts- und währungspolitische Einheit bildet. Das ÜLG ist aber auch in diesem Fall weiter ein Teil des Hoheitsgebiets des Mutter-Euro-Mitgliedstaates und tritt als solches nach außen auf. Die eventuelle besondere Vertretung der ÜLG kann sich dann entweder auf Unterstrukturen eines internationalen Gremiums (wobei aber der Mutter-Euro-Mitgliedstaat Mitglied dieses Gremiums ist) oder auf selbständige Zentralbankgremien (in dem Fall, wenn das ÜLG eine eigene Zentralbank hat) beziehen.

So sind die niederländischen Aruba, Curaçao und Sint Maarten drei autonome Landesteile (neben dem aus dem europäischen und dem außereuropäischen Gebiet zusammengesetzten Landesteil – der Niederlande) in dem sonst föderationsähnlich strukturierten Königreich der Niederlande.[240] Jeder Landesteil hat eine Regierung, eine Währung und eine Zentralbank, wobei Curaçao und Sint Maarten zusammen die gleiche Währung und die gleiche Zentralbank, aber nicht die gleiche Regierung haben. Aruba, Curaçao und Sint Maarten bilden daher insgesamt zwei Wirtschaftseinheiten. Dementsprechend, obwohl das

240 Das Königreich der Niederlande ist der Mitgliedstaat der Union, für den üblicherweise und so auch außerhalb dieses Kapitels die Bezeichnung „die Niederlande“ benutzt wird. Das Unionsrecht gilt in vollem Umfang nur in seinem europäischen Teil.

Königreich der Niederlande als Mitglied des IWF mit einer unteilbaren Quote auftritt, werden die Wirtschafts- und Währungspolitiken der Niederlande als Landesteil von Aruba und von, gemeinsam, Curaçao und Sint Maarten gesondert zum Zwecke der Art. IV-Konsultationen betrachtet. Ähnliches gilt auch innerhalb der OECD. Die Zentralbanken von diesen ÜLG beteiligen sich überdies selbstständig an Zentralbankgremien, z. B. an der BIZ.

Das währungspolitische Schicksal in der Außenvertretung des nächsten niederländischen ÜLG, i.e. der BES-Inseln (des außereuropäischen Gebiets der Niederlande) ähnelt hingegen dem der französischen ÜLG. Frankreich ist ein zentralistischer Einheitsstaat und die Niederlande, obwohl sie sich aus einem europäischen und einem außereuropäischen Teil zusammensetzen, eine zentralisierte Einheit in dem föderalistischen Königreich der Niederlande. Die BES-Inseln und die ÜLG Frankreichs (Neukaledonien, Französisch-Polynesien, Wallis und Futuna, St. Pierre und Miquelon, und Saint Barthélemy) bilden jeweils mit dem Mutter-Euro-Mitgliedstaat (im Falle Frankreichs) bzw. mit dem Landesteil (im Fall der Niederlande) eine Wirtschaftseinheit. Die Zentralbankaufgaben, abgesehen davon, ob in einem dieser ÜLG der Euro eingeführt wurde oder eine andere Währung benutzt wird, werden jeweils von den nationalen Zentralbanken des Mutter-Euro-Mitgliedstaates bzw. des Landesteils wahrgenommen. Dies geschieht dann nicht im Rahmen der ESZB-Tätigkeit, sondern in eigener Verantwortung und auf eigene Rechnung der nZB gemäß Art. 14.4 EZB-Satzung.[241]

Daher, wenn das ESZB nur von der EZB vertreten wird, würde dies eigentlich die Notwendigkeit einer zusätzlichen Teilnahme der nZB Frankreichs (bzw. der in ihrem Namen handelnden Emissionsinstitute) und der Niederlande bedeuten.

---

241 Angesichts dieser Regelung wurde vor der Änderung des innerstaatlichen Status der BES-Inseln eine Stellungnahme der EZB beantragt. (Vor dem Jahr 1986 gab es zwei Landesteile des Königsreiches der Niederlande: die Niederlande und die Niederländischen Antillen. 1986 bekam Aruba den Status eines Landesteils. Im Oktober 2010 wurde der Rest der Niederländischen Antillen aufgelöst, wodurch Curaçao und Sint Maarten Landesteile wurden und die BES-Inseln als außereuropäisches Gebiet zu den Niederlanden kamen.) Für St. Pierre und Miquelon wurde als Ausnahme in der Entscheidung des Rates angenommen, dass das ESZB die währungspolitischen Aufgaben und Operationen in diesem ÜLG ausführen „kann". Diese Wahlfreiheit stellt formell die Vereinbarkeit mit dem Unabhängigkeitsprinzip der EZB sicher, dazu: EZB-Stellungnahme zum Entscheidungsvorschlag, ABl. C 127/5 vom 7. Mai 1999, Punkt 5. Dazu siehe: *Hafke*, ZEuS 2000, S. 31 f.

Das Außenvertretungsproblem fällt für St. Pierre und Miquelon und Saint Barthélemy aus. Dort wird der Euro benutzt und es werden (teilweise) die währungs- und wirtschaftspolitischen Unionsregelungen durch Frankreich eingeführt. St. Pierre und Miquelon und Saint Barthélemy werden daher praktisch vom Euroraum mit vertreten.

Übrig bleiben dann die BES-Inseln, die den US-Dollar benutzen, und Neukaledonien, Französisch-Polynesien und Wallis und Futuna, die den eigenen, woanders nicht existierenden CFP-Franc benutzen. Die Lösung der Ermächtigung der EZB zur Vertretung dieser ÜLG ist schon angesichts der anderen Währung als des Euros abzulehnen. Problematisch stellt es sich für den CFP-Franc dar, der sonst international nicht vertreten ist. Die internationale Präsenz der Zentralbank Frankreichs ist infolgedessen notwendig.

4. Ergebnis

Die *vertikale* Vertretungsebene bestimmt die Mitgliedschaftskonfiguration seitens des Euroraums in internationalen Gremien. Sie bestimmt, in welchem Namen bei der Vertretung des Euroraums gehandelt wird: entweder im Namen der Union oder im Namen der Euro-Mitgliedstaaten (sie bestimmt das Subjekt der Vertretung).

Die unionsrechtlich erwünschte Konfiguration der Mitgliedschaft (Subjektkonfiguration), die sich nach der unionsrechtlichen Zuständigkeitsverteilung richtet, besteht dann in der Mitgliedschaft der Union in den Gremien, die die währungspolitischen Themen behandeln, und in der Mitgliedschaft der Euro-Mitgliedstaaten in den Gremien, die sich mit den wirtschaftspolitischen Themen beschäftigen. Angesichts der Aufgaben der Union in der Wirtschaftspolitik ist noch je nach dem Sachbereich des Gremiums ein Sonderstatus, wie ein Beobachterstatus der Union angebracht.

In internationalen Gremien ist es jeweils aber nicht möglich, die unionsrechtmäßige Konfiguration der Mitgliedschaft durchzusetzen. Es geht insbesondere um das Vorhandensein der sog. Nur-Staaten-Klausel, die die Unionsmitgliedschaft verhindert. Dann bestehen die Möglichkeiten, auch in einer solchen Situation zu einer unionsrechtmäßigen Lage durch eine Ermächtigung der Euro-Mitgliedstaaten seitens der Union zur Ausübung des Rechts der Union im eigenen Namen zu gelangen. Es handelt sich dann um eine Ermächtigung im Unterschied zu einer Bevollmächtigung, die auch unionsrechtlich zur Anwendung kommen kann, wenn die Union einen Euro-Mitgliedstaat z.B. zur Verhandlungsführung im Namen der Union bevollmächtigt. Die fördernde Rolle bei der Durchsetzung der Unionsinteressen in dem Fall des internationalen

Gremiums mit der Nur-Staaten-Klausel kommt dem Sonderstatus der Union (wie dem Beobachterstatus) und der mitgliedstaatlichen Blockbildung zu.

Angesichts der ÜLG Frankreichs und der Niederlande, die nicht zum Hoheitsgebiet der Union und folglich auch nicht zum Euroraum gehören, gilt eine gesonderte Vertretung dann, wenn ein ÜLG eine von dem Mutterland separate Wirtschaftseinheit bildet. Das ist der Fall von Aruba, Curaçao und Sint Maarten (ÜLG der Niederlande). Die ÜLG, die erstens den Euro übernommen haben, zweitens keine von dem Mutterland separate Wirtschaftseinheit bilden und drittens auf denen die Regelungen der Wirtschafts- und Währungsunion seitens des Mutterlands eingeführt wurden – St. Pierre und Miquelon und Saint Barthélemy (ÜLG Frankreichs) – können tatsächlich (nicht rechtlich) angesichts ihrer sehr kleinen internationalen wirtschaftlichen Bedeutung als innerhalb der Außenvertretung des Euroraums als mitvertreten betrachtet werden. Die Währung der BES-Inseln (ÜLG der Niederlande) – der US-Dollar – ist international vertreten. Das einzige Problem bezieht sich auf Neukaledonien, Französisch-Polynesien, Wallis und Futuna (ÜLG Frankreichs), die eine eigene Währung – der CFP-Franc – haben, die andernfalls international nicht vertreten wird. Die Ermächtigung der EZB durch Frankreich fällt schon angesichts der anderen Währung aus. Wenn der CFP-Franc vertreten werden sollte, bleibt es daher dann bei der internationalen Präsenz der nZB Frankreichs.

II. Horizontale Vertretungsebene: Vertreter des Euroraums

Nach der Betrachtung der *vertikalen* Vertretungsebene kann man hier zum Kern der Suche nach einem Vertreter des Euroraums – zur *horizontalen* Vertretungsebene übergehen. Die *horizontale* Vertretungsebene bezieht sich auf die Person des Vertreters des Euroraums, i.e. eine Person, die die von der Union und den Mitgliedstaaten erteilte Vollmacht zum international ausgerichteten Handeln im Namen der Union und der Euro-Mitgliedstaaten (je nach der Zuständigkeit und evtl. je nach der Ermächtigung auf der *vertikalen* Vertretungsebene) innehat.

Zum Vertreter des Euroraums kann sowohl eine einzige Person als auch eine Delegation ernannt werden.

Es ist an dieser Stelle erstens zu wiederholen, dass der Vertreter des Euroraums sowohl zum Vertreter der Union als auch zum Vertreter der Euro-Mitgliedstaaten (je nach der *vertikalen* Vertretungsebene) wird. Entsprechend wird daher die Grundlage der Bevollmächtigung auf der *horizontalen* Vertretungsebene erläutert (Kapitel 1.a und Kapitel 1.b). Zweitens ist bei der Suche des Vertreters des Euroraums der Erkenntnis zu folgen, dass die Vertretungsbefugnis keine direkte

Reflexion der Entscheidungsbefugnis ist.[242] Die Wahl der Person des Vertreters des Euroraums ist aber nicht völlig frei. Zuerst wird daher der Spielraum für die Wahl eines Vertreters des Euroraums festgesetzt (Kapitel 2), danach werden die bisherigen Lösungen dargestellt (Kapitel 3), damit schließlich die verschiedenen Lösungen erwogen werden können (Kapitel 4).

1. Grundlage der Bevollmächtigung

Art. 138 Abs. 2 AEUV scheint die zentrale, zur Einberufung eines Vertreters des Euroraums ausreichende Grundlage der Bevollmächtigung zu sein.

Dies ist aber angesichts der Zuständigkeitsverteilung unannehmbar. Damit würde Art. 138 Abs. 2 AEUV die Union (organbezogen: den Rat) dazu ermächtigen, über die Bevollmächtigung des Vertreters des Euroraums zum Handeln im Namen der Euro-Mitgliedstaaten im mitgliedstaatlichen Zuständigkeitsbereich zu entscheiden. Noch weitergehend könnte es sich auf die *vertikale* Vertretungsebene verlagern, wenn die Union über den Ausschluss der Euro-Mitgliedstaaten von der Teilnahme an einem internationalen Gremium entscheiden könnte. Diese Entscheidungen gehören aber eindeutig zur nationalen Kompetenz.[243]

Die Feststellung steht nicht im Widerspruch zur Annahme der *Theorie 2*[244] über den erweiterten Sachbereich des *gemeinsamen* Standpunktes in Art. 138 Abs. 1 AEUV, da auch dann die Kompetenz zur Vornahme von rechtsverbindlichen, international gerichteten Maßnahmen, wie Abschluss von internationalen Verträgen, unverändert bleibt. Die Bevollmächtigung eines Vertreters ist entsprechend die Materie der Euro-Mitgliedstaaten.

Insgesamt ist daher die Bevollmächtigung gesondert für die Union und für die Euro-Mitgliedstaaten zu betrachten.

a) Seitens der Union

Die Union kann den Vertreter des Euroraums ihrerseits (zum Handeln in ihrem Namen, in ihrem Zuständigkeitsbereich) entweder auf der Grundlage des Art. 138 Abs. 2 AEUV oder auf der Grundlage des Art. 219 Abs. 3 AEUV bevollmächtigen.

---

242 Dazu in den Rahmenbedingungen: Teil I Kapitel III.3.b.aa.

243 In diesem Sinne äußert sich U. Palm, der zwischen den „positiven“ und den „negativen“ Maßnahmen unterscheidet; in: Grabitz/Hilf/Nettesheim (Hrsg.), Das Recht der Europäischen Union, Art. 138 AEUV, Rn. 15.

244 Teil II Unterteil I Kapitel II.2.

Anhand des Art. 219 Abs. 3 AEUV kann ein Vertreter, ebenso wie anhand des Art. 138 Abs. 2 AEUV, nur seitens der Union in ihrem Zuständigkeitsbereich bevollmächtigt werden. Daraus, dass Art. 219 Abs. 3 AEUV die von der Union auszuhandelnden, nicht aber über die von der Union abzuschließenden Verträge nennt, soll kein anders zu deutender Schluss gezogen werden. Wenn die Unionsorgane auch im Namen der Mitgliedstaaten ein gemischtes Abkommen aushandeln, sind sie dazu von diesen Mitgliedstaaten bevollmächtigt.

Art. 138 Abs. 2 AEUV und Art. 219 Abs. 3 AEUV gegenüberstellend, lässt sich feststellen, dass die geeigneten Maßnahmen (des Art. 138 Abs. 2 AEUV) zur Sicherstellung einer einheitlichen Vertretung ihr Gegenüber in den Modalitäten (des Art. 219 Abs. 3 AEUV) zur Aushandlung und zum Abschluss eines internationalen Vertrags der Union haben. Die Modalitäten umfassen nämlich nicht nur den Standpunkt, der von dem Aushandelnden durchzusetzen ist, sondern zuallererst die Zusammensetzung des Verhandlungsteams, also die Bestimmung des Vertreters. Es ist folglich angebracht, dass die Maßnahmen des Art. 138 Abs. 2 AEUV ein in jedem Fall anwendbares Vertretungsmuster fassen (diese Maßnahmen haben eine einheitliche Vertretung sicherzustellen). Der Vertreter der Union zur Aushandlung und Unterzeichnung eines internationalen Vertrags ist aber jeweils auf der Grundlage des Art. 219 Abs. 3 AEUV gesondert zu bevollmächtigen. Art. 219 Abs. 3 AEUV nimmt die lex specialis-Stellung ein.

Im verfahrensmäßigen Vergleich sind Art. 219 Abs. 3 AEUV und Art. 138 Abs. 2 AEUV ähnlich. In den beiden entscheidet der Rat mit qualifizierter Mehrheit der Ratsmitglieder nach Anhörung der EZB. Zu den stimmberechtigten Ratsmitgliedern gehören jeweils nur die Mitgliedstaaten (entsprechend: gemäß Art. 139 Abs. 4 AEUV i.V.m. Abs. 2 lit. g AEUV und gemäß 138 Abs. 3 AEUV).

Der Unterschied besteht nur in der Einflussnahme der Kommission: Im Fall von internationalen Verträgen benötigt die Ratsentscheidung nach Art. 219 Abs. 3 AEUV eine Empfehlung der Kommission, nach Art. 138 AEUV einen Vorschlag der Kommission. Die Begründung einer höheren Hürde für die Änderungen für den Rat im zweiten Fall (nach Art. 293 Abs. 1 AEUV kann der Vorschlag der Kommission nur einstimmig durch den Rat abgeändert werden, was für eine Empfehlung nicht gilt) liegt darin, dass damit die Kommission für die mit der Unionsvertretung in anderen Politikbereichen kohärente Erscheinung der Union auf internationaler Ebene sorgt. Das nach Art. 138 Abs. 2 AEUV festgelegte Vertretungsmuster soll nämlich grundsätzlich auf Dauer im Unterschied zum Fall des Art. 219 Abs. 3 AEUV bestimmt werden, wenn der Vertreter zum Abschluss eines bestimmten Vertrags delegiert wird.

b) *Seitens der Euro-Mitgliedstaaten*

Wenn ein Standpunkt in der mitgliedstaatlichen Zuständigkeit festgelegt wird (entweder gemäß Art. 138 Abs. 1 AEUV oder im Konsens), ist es für die einheitliche Außenvertretung des Euroraums und zur Gewährleitung der Stellung des Euro angebracht, dass die Euro-Mitgliedstaaten von demselben Vertreter wie die Union – vom Vertreter des Euroraums – vertreten werden. Dies verstärkt die Verbindung dieser wirtschaftspolitischen Standpunkte mit dem Euro.

Dazu müssen alle Euro-Mitgliedstaaten eine Person (bzw. mehrere Personen) gemäß ihrem nationalen Recht bevollmächtigen. Im Ergebnis müssen sich die Union und die Euro-Mitgliedstaaten einig sein.

Entsprechend, wie bei der Union, gilt für die Euro-Mitgliedstaaten, dass, wenn sie in ihrem Zuständigkeitsbereich einen internationalen Vertrag abschließen, der Vertreter des Euroraums zu den Verhandlungen und zur Vertragsunterzeichnung gesondert bevollmächtigt werden muss. Es könnte insbesondere der Fall eines gemischten Abkommens in der Wirtschafts- und Währungspolitik sein, bei dem sowohl die Union als auch die Euro-Mitgliedstaaten Vertragsparteien sind.

2. Spielraum für die Wahl eines Vertreters des Euroraums

Die Leitlinien zur Wahl des Vertreters des Euroraums, also des (je nach Zuständigkeit) hybriden Vertreters der Union und der Euro-Mitgliedstaaten, sind im Unionsrecht zu suchen. Damit aber der Vertreter auch die Akzeptanz der Euro-Mitgliedstaaten zur Bevollmächtigung ihrerseits (in ihrem Zuständigkeitsbereich) findet, muss darauf geachtet werden, dass er gleichzeitig für die Euro-Mitgliedstaaten repräsentativ ist.

Der Ausgangsvorschrift dienende Art. 138 Abs. 2 AEUV legt keine näheren Angaben zur Feststellung einer einheitlichen Vertretung fest. Aus der einzeln betrachteten Vorschrift ergeben sich auch keine Beschränkungen, die die personelle Zusammensetzung der Vertretung präjudizieren. Dafür wird Art. 219 Abs. 3 AEUV in einer im Folgenden zu bestimmenden Weise bedeutend, der besagt, dass die Kommission an den Verhandlungen in vollem Umfang beteiligt wird.

Das Problem besteht also darin, welchen Spielraum der Rat bei seiner Entscheidung nach Art. 138 Abs. 2 AEUV (und beim Abschluss von internationalen Verträgen nach Art. 219 Abs. 3 AEUV) hat. Dieser Spielraum bestimmt gleichzeitig den Spielraum für die Wahl des Vertreters des Euroraums. Es ist zu fragen, ob die Entscheidung im freien Ermessen des Rates steht oder, wenn gebunden, an welche Grundsätze er sich zu halten hat.

Zum Art. 138 Abs. 2 AEUV wurde eine Ansicht geäußert:

„Je nach dem Gegenstand kann es sinnvoll sein, Stellen der Union (z. B. EZB, Kommission, Präsident des Europäischen Rates, Hoher Vertreter für Außen- und Sicherheitspolitik) oder die Mitgliedstaaten mit der Vertretung zu betrauen".[245]

Während die zweite Option bei der *vertikalen* Vertretungsebene betrachtet wurde,[246] muss darüber nachgedacht werden, ob man die erste Option frei bestimmen kann.

Im Folgenden werden die bei der Untersuchung identifizierten Gesichtspunkte der kohärenten Außenvertretung der Union (Unterkapitel a), der Platzierung der ESZB-Außenvertretung in der Außenvertretung des Euroraums (Unterkapitel b), der bei Art. 219 Abs. 3 AEUV erwähnten spezifischen Stellung der Kommission (Unterkapitel c), des Problems der politischen Legitimation des Vertreters des Euroraums (Unterkapitell d) und des Problems der demokratischen Legitimation des Vertreters des Euroraums (Unterkapitel e) in Erwägung gezogen.

a) Kohärente Außenvertretung der Union

Die Außenvertretung des Euroraums bewegt sich teilweise, da die Mitgliedstaaten über die Zuständigkeit in der Wirtschaftspolitik verfügen, zuallererst im Rahmen der allgemeinen, institutionellen Regeln des auswärtigen Unionshandelns.

Das Ziel des Art. 138 Abs. 2 AEUV ist die Sicherstellung der einheitlichen Vertretung. Die Einheitlichkeit kann auf zweierlei Weise verstanden werden: einerseits auf die Unionsaußenvertretung in der Wirtschafts- und Währungspolitik und andererseits auf die Unionsaußenvertretung in der Währungs- und Wirtschaftspolitik in Verbindung mit der Unionsaußenvertretung in anderen Politikbereichen gerichtet. Die beiden Bedeutungen ergänzen sich gegenseitig.

Es ist daher im Folgenden zu untersuchen, wie sich die Außenvertretung des Euroraums im Verhältnis zu den allgemeinen Regeln der Außenvertretung der Union platziert: erstens in Bezug auf die Vertretungsregeln je nach Politikbereich (Unterkapitel aa), zweitens in Bezug auf die Vertretungsregeln je nach Zusammenarbeitsart (Unterkapitel bb), drittens im Kontext der in Art. 221 AEUV geregelten Unionsdelegationen und viertens angesichts des begrenzten Mitgliedstaatenkreises bei der Außenvertretung des Euroraums.

---

245 *Häde*, in: Calliess/Ruffert (Hrsg.), EUV/AEUV, Art. 138, Rn. 13.

246 Teil II Unterteil II Kapitel I.2.a.

aa) Außenvertretung je nach Politikbereich

(1) Vertragliches Muster

Der Vertrag von Lissabon verfolgte als eines der Ziele die Vereinheitlichung der Regeln über das auswärtige Unionshandeln, die die Kohärenz des internationalen Auftretens der Union sowohl in inhaltlicher als auch in institutioneller Hinsicht zu sichern hatte. Infolge der Änderungen wurde daher „ein allgemeiner Teil" des auswärtigen Unionshandelns eingeführt, den die Art. 21–22 EUV („Allgemeine Bestimmungen über das auswärtige Handeln der Union") und Art. 205–222 AEUV („Das auswärtige Handeln der Union") ausmachen.[247]

Allgemein verteilt sich die organisatorische Gestaltung der Unionsaußenvertretung auf zwei Blöcke: die GASP und die anderen Politikbereiche.

Beginnend mit der abgesonderten GASP teilt der Hohe Vertreter der Union für Außen- und Sicherheitspolitik (der Hohe Vertreter) mit dem Präsidenten des Europäischen Rates die Außenvertretungsbefugnis. Letzterer nimmt dabei die Außenvertretung der Union gemäß Art. 15 Abs. 6 Satz 2 EUV „auf seiner Ebene und in seiner Eigenschaft, unbeschadet der Befugnisse des Hohen Vertreters (...)" wahr. Das heißt, dem Hohen Vertreter kommt die zentrale Rolle bei der Außenvertretung der GASP zu. In Art. 27 Abs. 2 EUV wurde vorgeschrieben:

> „Der Hohe Vertreter vertritt die Union in den Bereichen der Gemeinsamen Außen- und Sicherheitspolitik. Er führt im Namen der Union den politischen Dialog mit Dritten und vertritt den Standpunkt der Union in internationalen Organisationen und auf internationalen Konferenzen."

Der Präsident des Europäischen Rates tritt hingegen auf der Ebene der Staats- und Regierungschefs auf.[248]

Außer der GASP und „den übrigen in den Verträgen vorgesehenen Fällen" steht die Vertretungsbefugnis laut Art. 17 Abs. 1 Satz 6 EUV der Kommission zu. Da es in den Verträgen nicht näher bestimmt ist, kann dies als Organwalter entweder der Präsident der Kommission oder ein von ihm bestimmtes Kommissionsmitglied sein. Nach Art. 3 Abs. 5 der Geschäftsordnung der Kommission nimmt der Präsident der Kommission die Vertretung der Kommission wahr und überdies benennt er auch die Mitglieder der Kommission, die ihn bei dieser

---

247 Einen komplexen Kommentar zu den Änderungen bietet M. Cremona an, die den Verfassungsentwurf analysiert, auf den sich der Vertrag von Lissabon stützte: *Cremona*, CMLRev. 2003, S. 1347 ff.

248 Dazu siehe: *Geiger*, in: Geiger/Khan/Kotzur, EUV/AEUV, Art. 15 EUV, Rn.11 und *Kumin*, in: Grabitz/Hilf/Nettesheim (Hrsg.), Das Recht der Europäischen Union, Art. 15 EUV, Rn. 23–24 mit weiteren Literaturverweisen.

Aufgabe unterstützen. Folglich wurde dabei keine Unterscheidung nach den Vertretungsebenen angegeben.

Insgesamt dienen als Hauptfiguren des auswärtigen Unionshandelns, je nach Politikbereich: der Hohe Vertreter und die Kommission (als Organ). Dementsprechend teilen sie weiter die Befugnisse hinsichtlich des Initiativrechts (Art. 22 Abs. 2 EUV und Art. 218 Abs. 3 Satz 1 AEUV) und der Unterhaltung der Beziehungen mit Drittstaaten und internationalen Gremien (Art. 220 AEUV). Einer von ihnen wird regelmäßig zum Verhandlungsführer bzw. Leiter des Verhandlungsteams der Union vom Rat einberufen (Art. 218 Abs. 3 Satz 2 AEUV).[249] Überdies arbeiten der Rat und die Kommission, mit der Unterstützung des Hohen Vertreters, zur Sicherstellung der Kohärenz des auswärtigen Unionshandelns zusammen (Art. 21 Abs. 3 Unterabs. 2 EUV).

Die allgemeinen, organisatorischen Prinzipien der Außenvertretung der Union lassen sich je nach Politikbereich und je nach Vertretungsebene zum Zweck der Übersichtlichkeit in den Tabellen zusammenfassen:

Tabelle 5: Allgemeine Außenvertretungsbefugnis in der Union a. Je nach Politikbereich:

Politikbereich:	GASP	die anderen Politikbereiche	
		die in den Verträgen vorgesehenen Vertretungssonderfälle	die sonstigen Fälle (eine Auffangbefugnis)
Vertretungsbefugnis:	Hoher Vertreter der Union für Außen- und Sicherheitspolitik und Präsident des Europäischen Rates	je nach den Sonderregelungen	Kommission

Quelle: eigene Darstellung

b. Je nach Vertretungsebene

Vertretungsebene:	Staats- und Regierungschefebene	Ministerebene
Vertretungsbefugnis in der GASP:	Präsident des Europäischen Rates	Hoher Vertreter der Union für Außen- und Sicherheitspolitik

249 Siehe u.a. *Mögele*, in: Streinz, EUV/AEUV, Art. 219 AEUV, Rn. 16.

Vertretungsbefugnis in den durch die Kommission vertretenen Politikbereichen:	Präsident der Kommission	Präsident der Kommission oder von ihm benanntes Kommissionsmitglied (grundsätzlich ein für den Politikbereich innerhalb der Kommission politisch zuständiger Kommissar)
Vertretungsbefugnis in den anderen Politikbereichen:	je nach den Sonderregelungen	je nach den Sonderregelungen

Quelle: eigene Darstellung

Es stellt sich für die Außenvertretung des Euroraums die Frage, inwieweit sie (schon in Hinsicht auf die Vertretung nicht nur der Union, sondern auch der Euro-Mitgliedstaaten) ein in den Verträgen erwähnter Vertretungssonderfall ist (Art. 17 Abs. 1 Satz 6 EUV) und daher nicht von vornherein in das Außenvertretungsbefugnis der Kommission fällt.

(2) Praxis-Muster

Der Vertrag von Lissabon änderte allerdings nicht völlig das bisher praktizierte Vertretungsmuster. Die internationale Präsenz des Ratsvorsitzes (i.e. eines Vertreters des Mitgliedstaates mit dem Vorsitz im Rat, im Rang eines dem internationalen Zusammenarbeitssachbereich entsprechenden Ministers)[250] ist ein solches Relikt der ausgebildeten Gewohnheiten der Vertretung.

Vor dem Vertrag von Lissabon gab es nämlich keine generelle Vorschrift über die Unionsaußenvertretung, die dem heutigen Art. 17 Abs. 1 EUV mit der Auffangbefugnis der Kommission entspricht. Die Unionsaußenvertretung in den Politikbereichen mit ausschließlicher Unionszuständigkeit orientierte sich daher an Art. 133 Abs. 3 EGV (i.d.F. vom Vertrag von Nizza), der die Kommission als Verhandlungsführer in der gemeinsamen Handelspolitik (GHP)[251] einsetzte. Zum Muster in anderen Politikbereichen wurde hingegen die in den GASP-Angelegenheiten eingesetzte Delegation, die sich nach Art. 18 EUV (i.d.F. vom Vertrag von Nizza) aus dem Ratsvorsitz als Hauptakteur, einem

250 Dieser Minister gehört zu den Mitgliedern der dem internationalen Zusammenarbeitssachbereich entsprechenden Ratsformation.

251 Damals fiel aber die GHP nicht in ihrer ganzen Reichweite in die ausschließliche Unionszuständigkeit, wie es nach dem Vertrag von Lissabon der Fall ist, vgl. Art. 133 Abs. 6 EGV i.d.F. vom Vertrag von Nizza.

Kommissionsvertreter und (spezifisch nur für die GASP) zur Unterstützung der beiden auch aus dem Generalsekretär des Rates zusammensetzte. Der Generalsekretär des Rates nahm damals die Aufgabe eines Hohen Vertreters für die Gemeinsame Außen- und Sicherheitspolitik wahr.[252]

Abgesehen davon konnte auch auf der Grundlage des Art. 3 Abs. 2 EUV i.d.F. vom Vertrag von Nizza,

> „Die Union achtet insbesondere auf die Kohärenz aller von ihr ergriffenen außenpolitischen Maßnahmen im Rahmen ihrer Außen-, Sicherheits-, Wirtschafts- und Entwicklungspolitik. Der Rat und die Kommission sind für diese Kohärenz verantwortlich und arbeiten zu diesem Zweck zusammen. Sie stellen jeweils in ihrem Zuständigkeitsbereich die Durchführung der betreffenden Politiken sicher.“,

argumentiert werden, die gemeinsame Aufgabe des Ratsvorsitzes und der Kommission sei die Unionsvertretung in den Diskussionen, die mehrere Politikbereiche betreffen.[253] Das ist allerdings zuerst die Sicherung der Kohärenz im inhaltlichen Sinne (so ist der Rat der Hauptentscheidungsträger in allen Politikbereichen der Union), nicht aber eine Grundlage, auch nicht eine indirekte, für die Zusammensetzung einer Unionsdelegation.

Die obigen Ausführungen betreffen ausschließlich die Vertretung (die Delegation) der Union. Wenn hingegen die Union und die Mitgliedstaaten zusammen als zu vertretende Subjekte auftraten, wie es beim Abschluss eines gemischten Abkommens der Fall ist, bildeten sich dafür drei Konstellationen der Vertretung.[254] In der ersten treten getrennt die Delegation der Union, die sich aus Vertretern der Kommission und des Rates zusammensetzt, und die Delegationen der Mitgliedstaaten auf. In der zweiten treten die Delegation der Union und die Delegationen der Mitgliedstaaten auf. Die Delegation der Union setzt sich aber selbst aus Vertretern der Kommission, des Rates und zusätzlich auch Vertretern der Mitgliedstaaten zusammen. Die Mitgliedstaaten können dabei entweder von dem Vertreter des Mitgliedstaates mit dem Ratsvorsitz – die sog. bizephale Vertretung – oder von den Vertretern jedes Mitgliedstaates – die sog. multicephale Vertretung – vertreten werden. In der dritten Konstellation treten

252 Der Posten des Hohen Vertreters für die Gemeinsame Außen- und Sicherheitspolitik ist dem heutigen des Hohen Vertreters der Union für Außen- und Sicherheitspolitik nicht gleich, vgl. Art. 18 Abs. 3 und Art. 26 EUV i.d.F. vom Vertrag von Nizza und Art. 18 EUV in der heutigen Fassung.

253 So: *Martenczuk*, in: Fischer-Lescano (Hrsg.), Frieden in Freiheit, S. 948.

254 Dies präsentiert (mit Beispielen): *Epiney/Gross*, Natur und Recht 2005, S. 359–360.

die Union und die Mitgliedstaaten vereinigt mit einer einzigen Delegation auf.[255] Das ist eine *single representation* im Unterschied zu einer *community delegation*, die eine Delegation der Gemeinschaft (heute: der Union) bedeutet. So wird oft die Kommission sowohl von der Union als auch von den Mitgliedstaaten zur Verhandlungsführung beauftragt.

Insgesamt, obwohl die Außenvertretung nicht einheitlich war, gewann grundsätzlich die Kommission die Anerkennung von Drittstaaten und internationalen Gremien als Vertreter der Gemeinschaft (heute: der Union). Heutzutage, nachdem die neue Unionsaußenvertretungsregel in Art. 15 Abs. 6, Art. 17 Abs. 1 Satz 6 und Art. 27 Abs. 2 EUV mit dem Vertrag von Lissabon eingeführt wurde, ist die Vertretung der Union durch den Ratsvorsitz obsolet geworden.

Es stünde aber potentiell dem weiterhin nichts im Wege, dass die Mitgliedstaaten in ihrem Zuständigkeitsbereich sich auf einen Standpunkt einigen und den Ratsvorsitz zu ihrem gemeinsamen Vertreter einsetzen. Diese Kandidatur bei der Suche nach einem Vertreter des Euroraums, der sowohl für die Union als auch für die Euro-Mitgliedstaaten repräsentativ sein soll, wird daher auch in Betracht gezogen.

bb) Außenvertretung je nach Zusammenarbeitsart

Für die beschriebene Unterteilung der Unionsaußenvertretung nach dem Politikbereich sind die weiteren Regeln für die Außenvertretung mit der Unterscheidung nach der Zusammenarbeitsart komplementär.

Diese Regeln, die möglicherweise für die Wirtschafts- und Währungspolitik modifiziert sind, unterteilen sich auf die Problematik des Abschlusses von internationalen Verträgen und die Problematik der sonstigen internationalen Zusammenarbeit. Sie sind entsprechend in Art. 218 Abs. 3 AEUV und Art. 220 AEUV enthalten und werden den wirtschafts- und währungspolitischen Art. 219 Abs. 3 AEUV und Art. 138 Abs. 2 AEUV in den Unterkapiteln (1) und (2) zum Vergleich der Bestimmungen zur Vertreterbenennung gegenübergestellt.

(1) Internationale Verträge (Art. 219 Abs. 3 vs. Art. 218 Abs. 3 AEUV)

Beginnend mit den internationalen Verträgen, legt Art. 218 Abs. 3 AEUV bezüglich ihrer Verhandlungen und ihres Abschlusses fest:

> „Die Kommission oder, wenn sich die geplante Übereinkunft ausschließlich oder hauptsächlich auf die Gemeinsame Außen- und Sicherheitspolitik bezieht, der Hohe Vertreter

255 Nach der sog. Rom-Formell. Der Name geht auf den ersten Anwendungsfall zurück: die Konstellation wurde zuerst im Jahre 1967 bei den Verhandlungen über den Getreidehandel angewendet, die in Rom stattfanden.

der Union für Außen- und Sicherheitspolitik legt dem Rat Empfehlungen vor; dieser erlässt einen Beschluss über die Ermächtigung zur Aufnahme von Verhandlungen und über die Benennung, je nach dem Gegenstand der geplanten Übereinkunft, des Verhandlungsführers oder des Leiters des Verhandlungsteams der Union."

Damit wird dem Rat ein Spielraum zur Benennung des Vertreters gelassen. In der Regel ist es, je nach dem Sachbereich (auch der Regel über die Initiative hinsichtlich des Beschlusses zur Benennung des Vertreters zufolge), entweder die Kommission oder der Hohe Vertreter der Union für Außen- und Sicherheitspolitik.[256]

Für die zwei Unionspolitikbereiche sind jedoch besondere Regelungen zu beachten. Dies sind Art. 207 AEUV für die GHP und eben Art. 219 AEUV für die Wirtschafts- und Währungspolitik.

Nach Art. 207 Abs. 3 Unterabs. 3 AEUV führt die Kommission die Vertragsverhandlungen in der GHP im Benehmen mit einem zu ihrer Unterstützung vom Rat bestellten Sonderausschuss. Art. 219 Abs. 3 AEUV nennt hingegen die Modalitäten für die Aushandlung und den Abschluss von Verträgen der Union in der Wirtschafts- und Währungspolitik. Diese enthalten in ihrem organisatorischen Teil die Bevollmächtigung eines Verhandlungsführers bzw. eines Verhandlungsteams. Dabei wird die Verhandlungsbeteiligung der Kommission ausdrücklich in Art. 219 Abs. 3 AEUV gesichert.

Die Unterschiede in der Formulierung bei Art. 207 Abs. 3 Unterabs. 3, Art. 218 Abs. 3 und Art. 219 Abs. 3 AEUV, insbesondere bezüglich der Kommissionsstellung als Vertreter, deuten auf die für die Außenvertretung der Union bedeutenden Diskrepanzen in der Rolle der Unionsorgane in den einzelnen Unionspolitikbereichen hin. Dies wird sich in der weiteren Suche nach dem Vertreter des Euroraums widerspiegeln.

(2) Sonstige Zusammenarbeit (Art. 138 Abs. 2 vs. Art. 220 AEUV)

Auf die Unterhaltung anderer internationaler Beziehungen (unter dem Niveau von internationalen Verträgen) bezieht sich allgemein Art. 220 AEUV:

„(1) Die Union betreibt jede zweckdienliche Zusammenarbeit mit den Organen der Vereinten Nationen und ihrer Sonderorganisationen, dem Europarat, der Organisation für Sicherheit und Zusammenarbeit in Europa und der Organisation für wirtschaftliche Zusammenarbeit und Entwicklung.
Die Union unterhält ferner, soweit zweckdienlich, Beziehungen zu anderen internationalen Organisationen.[257]

---

256 Dazu etwa: *Martenczuk*, in: Fischer-Lescano (Hrsg.), Frieden in Freiheit, S. 955.

257 Es sollte nicht strikt nur auf die internationalen Organisationen abgestellt werden. Die Vorschrift ist in dieser Hinsicht teleologisch weit auszulegen. Sie findet nicht nur

(2) Die Durchführung dieses Artikels obliegt dem Hohen Vertreter der Union für Außen- und Sicherheitspolitik und der Kommission."

Die Durchführung dieser Aufgabe wurde also der Kommission und dem Hohen Vertreter je nach ihren jeweiligen Befugnissen (also je nach der Unterteilung in die GASP und die anderen Politikbereiche) anvertraut. Der Kommission und dem Hohen Vertreter obliegt unter anderem die organisatorische Aufsicht über die Beziehungen mit den internationalen Gremien. So kann die Kommission die diesbezüglichen Verwaltungsabkommen abschließen, die aber die Materie von internationalen Verträgen der Union, die an anderer Stelle geregelt sind, nicht berühren dürfen.[258]

Die Zusammensetzung der Delegation des Euroraums ist dabei eine Frage des Details bei der Unterhaltung der internationalen Beziehungen. Der Kommission kommt daher die in Art. 220 AEUV bezeichnete Rolle auch im Rahmen der Unionsbeziehungen mit internationalen Gremien im Finanzbereich zu, die der Art. 138 Abs. 2 AEUV anspricht.

Die Ausnahme bilden hier nur die internationalen Beziehungen des ESZB mit den Zentralbankgremien im Rahmen der Aufgaben des ESZB. Darüber entscheidet die EZB. Eine solche Aufnahme der Beziehungen ist aber jeweils der Kommission mitzuteilen.

cc) Euroraum-Delegation vs. Unionsdelegation nach Art. 221 AEUV

Neben dem Vertragsabschluss und der Verwaltungskooperation wird auch die Aufnahme von diplomatischen und ähnlichen Beziehungen durch die Union als eine gesonderte Art der internationalen Beziehungen angegeben.[259] Der sich hier aufdrängende Art. 221 AEUV bezieht sich aber nicht materiell-rechtlich auf die Unionszuständigkeit zur Unterhaltung solcher Beziehungsarten, sondern auf die Organisation von Unionsdelegationen.

Eine Delegation der Union stellt im Allgemeinen eine personelle Vertretungszusammensetzung dar und ist einem Vertreter gleichgestellt. Die Delegationen der Union spricht dann Art. 221 AEUV wie folgt an:

---

auf die internationalen Organisationen, sondern auch auf die anderen internationalen Gremien, wie auch informelle Konferenzen, Anwendung.

258 Zu den Verwaltungsabkommen siehe: *Tietje*, in: Grabitz/Hilf/Nettesheim (Hrsg.), Das Recht der Europäischen Union, Art. 220 AEUV, Rn. 12–14 und *Schröder*, in: Groeben/Schwarze/Hatje (Hrsg.), Europäisches Unionsrecht, Art. 220 AEUV, Rn. 12–13.

259 Vgl. *MacLeod/Hendry/Hyett*, The external relations of the European Communities, S. 165 ff.

„(1) Die Delegationen der Union in Drittländern und bei internationalen Organisationen sorgen für die Vertretung der Union.
(2) Die Delegationen der Union unterstehen der Leitung des Hohen Vertreters der Union für Außen- und Sicherheitspolitik. Sie werden in enger Zusammenarbeit mit diplomatischen und konsularischen Vertretungen der Mitgliedstaaten tätig."

Es stellt sich demzufolge die Frage, in welchem Verhältnis diese Vorschrift zu dem organisatorischen Art. 138 Abs. 2 AEUV in der Wirtschafts- und Währungspolitik steht.

Zuerst ist es anzuführen, dass Art. 221 AEUV solche Delegationen angeht, die mit einem stationären Element im Sinne einer ständigen Vertretungsstelle beim Empfangsstaat verbunden sind.[260] Dies steht der entsprechenden Anwendung des Art. 221 AEUV auf die ständige Vertretung des Euroraums bei internationalen Einrichtungen (im Folgenden: *Sondervertretung des Euroraums* im Unterschied zur ad hoc entsandten Vertretung) nicht entgegen. Eine entsprechende, nicht aber direkte Anwendung würde dann der Tatsache folgen, dass die Außenvertretung des Euroraums die Vertretung sowohl der Union als auch der Mitgliedstaaten darstellt.

Das Problematische ergibt sich aber aus Art. 221 Abs. 2 AEUV, der die Delegationen der Union der Leitung des Hohen Vertreters unterstellt. Damit sind diese Delegationen mit dem Europäischen Auswärtigen Dienst (EAD) verbunden. Die Organisation und Arbeitsweise des EAD ist in dem für die GASP spezifischen Art. 27 Abs. 3 EUV und, ausführlich, in einem Ratsbeschluss[261] geregelt. Zwar tendiert der EAD zur Übernahme einer holistischen Rolle im auswärtigen Handeln der Union und untergliedert die früheren Außendienststellen des Rates und der Kommission, die nicht nur in der GASP, sondern auch in anderen Politikbereichen tätig sind, er ist aber weiterhin überwiegend auf die GASP bezogen.[262]

Die Perspektive der Außenpartner in Betracht ziehend, wäre es vernünftig, wenn eine Zentrale für alle auswärtigen Unionsbeziehungen, so z.B. der EAD,

---

260 Solche Delegationen, aber nur der Staaten, betrifft das Wiener Übereinkommen vom 18. April 1961 über die diplomatischen Beziehungen (WÜD), worauf beim Einfluss der *externen* Regelungsebene auf die Außenvertretung des Euroraums eingegangen wurde, siehe: Teil I Kapitel III.1.b.aa.

261 Beschluss des Rates Nr. 2010/427 vom 26. Juli 2010 über die Organisation und die Arbeitsweise des EAD, ABl. L 201/30 vom 3. August 2010.

262 Hinsichtlich der diplomatischen Vertretung der Union in Anlehnung an die traditionellen staatlichen diplomatischen Missionen komplex: *Karalus*, Die diplomatische Vertretung der Europäischen Union (mit dem Ausblick auf die EAD-Tätigkeit auf S. 197–230).

bestünde. Sie würde die Außenpartner, je nach dem Sachbereich der Zusammenarbeit, an den passenden Gesprächspartner in der Union weitergeleitet. Die Probleme entstehen aber, wenn man in die Einzelheiten der Ideenausführung eindringt. Einerseits wäre dann der EAD eine riesige, hochkomplizierte Struktur, da nicht nur die EAD-interne Hierarchie und ihre Kommunikationskanäle zwischen allen EAD-Politik-Einheiten, sondern auch ein EAD-externes Verbindungsnetz mit Entscheidungsbefugten in der Union entstehen müssten. Der EAD würde sich damit eigentlich zu einer Last entwickeln: Die Unionsbürokratie würde vermehrt werden. Andererseits, speziell die Wirtschafts- und Währungspolitik angehend, ist es nicht üblich, dass dem Außenminister eines Staates, dem der Hohe Vertreter innerhalb der Union aufgabengemäß ähnelt, die internationalen Beziehungen in dem wirtschafts- und währungspolitischen Ressort anvertraut werden.

Insgesamt stellt es ein fehlerhaftes Konzept dar, das gesamte auswärtige Handeln der Union im EAD als Unterstützungsstelle zu konzentrieren. Der Anwendungsbereich des Art. 221 AEUV betrifft daher zurzeit die Euroraum-Delegationen nicht.

dd) Problem des begrenzten Kreises von Mitgliedstaaten

Als ein Problem für die der Unionsvertretung in anderen Politikbereichen ähnelnde Außenvertretung des Euroraums kann der begrenzte Mitgliedstaatenkreis – nur die Euro-Mitgliedstaaten – angegeben werden.[263]

Die Errichtung einer einzigen Wirtschafts- und Währungsunion, wenn der Kreis der Euro-Mitgliedstaaten dem Kreis aller Mitgliedstaaten gleichsteht, ist eines der Unionsziele. Dies ist aber zurzeit angesichts der besonderen Stellung Dänemarks und des Vereinigten Königreichs ein rein theoretisches Konzept. Der Kreis der Euro-Mitgliedstaaten zeigt sich folglich dauerhaft begrenzt.[264]

Für das Engagement eines Unionsorgans als Euroraum-Vertreter ist es aber kein Hindernis, dass ein solches mit allen Mitgliedstaaten assoziiert wird. Das Unionsorgan vertritt unionsrechtlich jeweils die Union. Die Union kann jedoch faktisch intern in einem durch die vertiefte Zusammenarbeit gekennzeichneten Politikbereich (wie z. B. in der Wirtschafts- und Währungspolitik) einen begrenzten Kreis von Mitgliedstaaten darstellen, obgleich sie ohne jegliche Zersplitterung

---

263 So bei Überlegungen zur Anwendung des GHP-Vertretungsmusters in der Außenvertretung in der Wirtschafts- und Währungspolitik in: *McNamara/Meunier*, International Affairs 2002, S. 853 und *Glöcker/Truchlewski*, in: *Lieb/Ondarza/Schwarzer* (Hrsg.), The European Union in international fora, S. 135.

264 Dazu, aus dem Blickwinkel der Stellung der Nicht-Euro-Mitgliedstaaten gegenüber den Standpunkten des Euroraums, siehe: Teil II Unterteil I Kapitel III.

die Union bleibt. So z.B. schließt die Union die währungspolitischen Verträge im Namen der Union, nicht im Namen der Euro-Mitgliedstaaten ab.[265]

Der Kreis von Mitgliedstaaten, der von einem Unionsorgan in solchen Situationen vertreten wird, wird dann entweder nach den Umständen der internationalen Zusammenarbeit ersichtlich oder den Partnern der Zusammenarbeit von diesem vertretenden Unionsorgan angekündigt. Es ist dabei zum Vertrauenszweck zunächst nur angebracht, jeweils ein je-nach-Politikbereich einheitliches und soweit möglich gleiches Vertretungsmuster anzuwenden.

Aus der Perspektive der Nicht-Euro-Mitgliedstaaten gesehen, können sie auch den Vertreter des Euroraums zur Vertretung in ihrem Zuständigkeitsbereich bevollmächtigen, wenn sie den Standpunkt mit den Euro-Mitgliedstaaten teilen. Es ist aber weiter nicht zwingend notwendig, in den Bereichen der verstärkten Zusammenarbeit einiger Mitgliedstaaten doch die Vertretung aller Mitgliedstaaten zu fordern.

b) ESZB- vs. Euroraum- vs. Eurosystem-Außenvertretung

Für die Bestimmung des Spielraums für die Wahl eines Vertreters des Euroraums ist weiter die Unterscheidung zwischen der Euroraum-Außenvertretung und der ESZB-Außenvertretung deutlich zu machen.

Hier lässt sich das Folgende feststellen: Die Euroraum-Außenvertretung und die ESZB-Außenvertretung stehen in einem Unterordnungsverhältnis zueinander. Dies ergibt sich daraus, dass die Euroraum-Außenvertretung sich thematisch sowohl auf die Wirtschafts- als auch auf die Währungspolitik bezieht, während die ESZB-Außenvertretung nach Art. 6 EZB-Satzung hingegen nur die Währungspolitik in dem Ausmaß der ESZB-Aufgaben betrifft. Die Euroraum-Außenvertretung und die ESZB-Außenvertretung können daher auf keinen Fall gleichstehen, was M. Rodi mit der folgenden Anmerkung über die Soll-Befugnis der EZB für die Außenvertretung des Euroraums zu implizieren scheint:

> „Die Bestimmung [Art. 138 AEUV] räumt dem Rat eine allgemeine Außenvertretungsbefugnis im Bereich der Wirtschafts- und Währungsunion ein; nach allgemeinen Grundsätzen wäre hierfür an sich die EZB zuständig.“[266]

Folglich ist die Außenvertretung des Euroraums die auf den bestimmten Sachbereich beschränkte Außenvertretung der Union und der Mitgliedstaaten, während,

---

265 Dazu auch: *Martenczuk*, ZaöRV 1999, S. 96 f, und *Torrent*, CMLRev. 1999, S. 1232 f.

266 In: Vedder/Heintschel von Heinegg (Hrsg.), Europäisches Unionsrecht, Art. 138 AEUV, Rn. 1.

darunter, die Außenvertretung des ESZB die noch auf einen Teil dieses Sachbereiches beschränkte Außenvertretung der Union ist. Es ist übrigens mit der durch den Vertrag von Lissabon eingeführten Bezeichnung der EZB als Organ der Union (vgl. Art. 7 Abs. 1 EGV i.d.F. vom Vertrag von Nizza und Art. 13 Abs. 1 EUV in der heutigen Fassung) klar geworden, dass die EZB mit der Union (damals: mit der Gemeinschaft) nicht in Kompetenzkonkurrenz steht. Die Konkurrenz sah früher u.a. C. Stumpf mit der Behauptung, dass die Europäische Wirtschafts- und Währungsunion „ein institutionelles und prozedurales Geflecht zwischen der EG [der Gemeinschaft], der EZB sowie den derzeit zwölf Mitgliedstaaten, die an der EWU [Europäische Währungsunion] teilnehmen und deren jeweiligen nationalen Zentralbanken" ist.[267] Die Behauptung wurde dann auf die internationalen Beziehungen in der Wirtschafts- und Währungspolitik verlagert.[268]

Die restlichen Begrifflichkeiten ordnend, steht die ESZB-Außenvertretung der Eurosystem-Außenvertretung gleich. Es gilt deswegen, da gemäß Art. 282 Abs. 1 AEUV die einheitliche Währungspolitik innerhalb des ESZB (i.e. des Systems der EZB und der nZB aller Mitgliedstaaten) vom Eurosystem (i.e. dem System der EZB und der nZB der Euro-Mitgliedstaaten) betrieben wird, die Rechtslage folgend, dass die Währungspolitik nur für die Euro-Mitgliedstaaten einheitlich ist.

Dem Gesagten entsprechend, weisen Art. 138 AEUV und Art. 6.1 EZB-Satzung[269] die Entscheidungsbefugnis bezüglich der Organisation der Unionsaußenvertretung in der Wirtschafts- und Währungspolitik dem Rat (Art. 138 AEUV) und bezüglich der ESZB-Außenvertretung der EZB (Art. 6 EZB-Satzung) zu. Die Hierarchie dieser Vorschriften setzt Art. 6.2 EZB-Satzung, der die Anwendung des Art. 6.1 EZB-Satzung „unbeschadet des Art. 138 AEUV" vorschreibt.[270] Eine adäquate Lösung ließe sich daher insbesondere dann herstellen, wenn der Rat einen Beschluss über die einheitliche Vertretung in der Wirtschafts- und Währungspolitik fasste, die organisatorische Vertretungsgestaltung im Rahmen der ESZB-Aufgaben aber der EZB-Entscheidung belassend.

---

267 *Stumpf*, ZaöRV 2003, S. 1075; siehe auch S. 1084.

268 *Stumpf*, a.a.O., S. 1075 ff. Auf diese Behauptung stützte C. Stumpf alle seine Überlegungen über die auswärtigen Beziehungen in der Wirtschafts- und Währungspolitik.

269 „Im Bereich der internationalen Zusammenarbeit, die die dem ESZB übertragenen Aufgaben betrifft, beschließt die EZB, wie das ESZB vertreten wird."

270 Anders E.-D. Khan, der von der primären Entscheidungsbefugnis der EZB ausgeht, in: Geiger/Khan/Kotzur, EUV/AEUV, Art. 138, Rn. 3.

Art. 6.2 EZB-Satzung kann hingegen zusammen mit „unbeschadet des Art. 138 AEUV" auch auf einen anderen Schluss hindeuten, nämlich dass der Rat bei der Entscheidung über die Außenvertretung der Union in der Wirtschafts- und Währungspolitik in diesem Kontext frei ist. Es ist daher zu fragen, ob ein ESZB-Vertreter in die Vertretungsdelegation, deren Zusammensetzung vom Rat nach Art. 138 Abs. 2 AEUV festzusetzen ist, zwingend einzubeziehen ist, wenn die ESZB-Aufgaben betroffen sind. Dieser Frage ist die Frage gleich, ob es überhaupt zulässig wäre, wenn der Rat z.B. die Kommission als Vertreter, neben anderen wirtschafts- und währungspolitischen Anliegen, auch im ESZB-Aufgabenbereich einsetzte.

Gleiches wird für die Vertretung beim Abschluss von internationalen Verträgen gelten. Art. 219 Abs. 3 AEUV hat für einen solchen Fall Vorrang vor dem Art. 138 Abs. 2 AEUV.

aa) Ebene der Zentralbanken

Erstens, wenn in einem internationalen Gremium die Zentralbanken zu vertreten sind, dann ist das unionale ESZB (insbesondere durch seinen Kern – die EZB) zu vertreten. Dies betrifft sowohl die Unterstrukturen internationaler Gremien, in denen der Euroraum in verschiedenen Anliegen der Wirtschafts- und Währungspolitik, nicht nur in Bezug auf die ESZB-Aufgaben, vertreten wird, als auch die Zentralbankgremien, an denen nur die Zentralbanken beteiligt sind. Insgesamt geht es also um die Ausgliederung der Ebene der Zentralbanken innerhalb der Außenvertretung des Euroraums.

In diesem Zusammenhang stellt sich noch eine weitergehende Frage, nämlich: ob ein Ratsbeschluss auf der Grundlage des Art. 138 Abs. 2 AEUV für die Beteiligung der EZB an Zentralbankgremien (und gemäß Art. 6.2 EZB-Satzung, soweit die EZB zustimmt, auch für eine solche Beteiligung der nZB der Mitgliedstaaten) als Vorabentscheidung notwendig ist.

In Hinsicht darauf, dass die EZB gemäß Art. 282 Abs. 3 Satz 3 und 4 AEUV ein unabhängiger Entscheidungsträger im Rahmen der ESZB-Aufgaben darstellt, ist dies zu verneinen. Nach Art. 23 Strich 1 EZB-Satzung gehört es nämlich zu den eigenständig ausgeübten Befugnissen der EZB und der nZB (als ESZB-Teil, unter Weisungen der EZB):

> „mit Zentralbanken und Finanzinstituten in dritten Ländern und, soweit zweckdienlich, mit internationalen Organisationen Beziehungen aufzunehmen".

Dazu können noch entsprechende Vereinbarungen geschlossen werden.[271] Diese operative Tätigkeit bewegt sich dann teilweise im öffentlich-rechtlichen Rahmen und sonst im privatrechtlichen Rahmen. Nach Art. 282 Abs. 3 Satz 1 AEUV besitzt die EZB nämlich selbst die Rechtspersönlichkeit, die eben unionsintern funktionell auf die ESZB-Aufgaben beschränkt ist.[272] Es wird überdies für die (beschränkte, abgeleitete und relative) Völkerrechtssubjektivität der EZB, die von der Völkerrechtssubjektivität der Union abgesondert ist, argumentiert.[273]

Die Beteiligung an Zentralbankgremien und die diesbezüglichen Vereinbarungen sollen aber weiter insbesondere der Kommission mitgeteilt werden, die für die Unterhaltung der Beziehungen mit internationalen Gremien im Allgemeinen nach Art. 220 AEUV zuständig ist. Dies stellt die Kohärenz des auswärtigen Unionshandelns sicher.

bb) Thematische Beteiligung

Zweitens ist eine thematische Beteiligung eines EZB-Vertreters an einer Euroraum-Delegation zu klären, wenn ihr internationales Auftreten die ESZB-Aufgaben nur anschneidet. Damit verbindet sich im Weiteren auch die Frage der Option der alleinigen Vertretung des Euroraums durch die EZB.

Eine direkte Einbeziehung des EZB-Vertreters in die Euroraum-Delegation, wenn die ESZB-Aufgaben betroffen sind, befiehlt die EZB-Weisungsunabhängigkeit (einer der Unabhängigkeitsaspekte nach Art. 230, Art. 282 Abs. 3 AEUV und Art. 7 EZB-Satzung)[274]. Diese Einbeziehung ist nämlich nicht durch das Preisstabilitätsziel angeordnet, da das Preisstabilitätsziel auf den Inhalt des zu Vertretenden (i.e. des Standpunktes) abzielt. Die Weisungsunabhängigkeit betrifft hingegen gerade die Qualität der interinstitutionellen Verbindungen, darunter auch zwischen der EZB (dem Entscheidungsbefugten innerhalb der ESZB-Aufgaben) und dem Euroraum-Vertreter (dem Erklärungsbefugten).

---

271 Siehe auch: *Weiß*, EuR 2002, S. 187.

272 So etwa: *Horng*, EFARev. 2004, S. 325–327 (insb. S. 327).

273 *Zilioli/Selmayr*, CMLRev. 1999, S. 284–286 und genauso *Stumpf*, ZaöRV 2003, S. 1077 f. Die beiden Aufsätze basierten aber auf der Annahme, dass die EZB „neben" der Union steht (geschrieben vor dem Vertrag von Lissabon). Zum Vergleich siehe aber die generellen Überlegungen in: *Seidl-Hohenveldern/Loibl*, Das Recht der Internationalen Organisationen einschließlich der Supranationalen Organisationen, S. 52 und 108–110.

274 Es gibt insgesamt vier Aspekte dieser Unabhängigkeit: der institutionelle, der funktionelle (darunter: die Weisungsunabhängigkeit), der finanzielle und der persönliche; siehe: *Hahn/Häde*, Währungsrecht, S. 213–232.

Die These der Notwendigkeit der Einbeziehung unterstützt überdies die Tatsache, dass ein EZB-Vertreter eine Sachkunde besitzt, die für die präzise, an den Aufgaben der Zentralbanken orientierte Informationsvermittlung von grundlegender Bedeutung ist.

Es soll schon in der Kommissionsinitiative (i.e. im Vorschlag der Kommission nach Art. 138 Abs. 2 AEUV und in der Empfehlung der Kommission nach Art. 219 Abs. 3 AEUV) hinsichtlich des Beschlusses, der den Vertreter bestimmt, nicht aber erst infolge der Anhörung der EZB hinsichtlich dieses Beschlusses, die entsprechende Einbeziehung eines EZB-Vertreters gesichert werden. Dies ergibt sich daraus, dass die Kommission nach Art. 17 Abs. 1 EUV für die Anwendung von den Verträgen, darunter auch für die Erhaltung der vertraglich vorgeschriebenen Unabhängigkeit der Aufgabendurchführung sorgt.

Die alleinige Vertretung des Euroraums durch die EZB ist dagegen weder in der Wirtschafts- und Währungspolitik noch nur in der Währungspolitik zulässig. Ein ESZB-Vertreter soll sich ausschließlich zu dem innerhalb der ESZB-Aufgaben Entschiedenen äußern, da andernfalls die öffentliche Glaubwürdigkeit der EZB als des unabhängigen Verfolgers des Preisstabilitätsziels erschüttert werden könnte. Die Vertretung der für das ESZB externen Standpunkte (die sich nicht auf das im ESZB Entschiedene beziehen, wie z. B. die Unionsstandpunkte, die gemäß Art. 219 AEUV vom Rat festgelegt wurden) durch einen EZB-Vertreter würde den Eindruck erwecken, dass die EZB, das Preisstabilitätsziel anpassend bzw. von diesem abweichend, mit den geldpolitischen Maßnahmen den dargestellten Politikkurs vorbehaltlos fördert.[275] Die präsentierte Position würde nämlich nicht nach den (für das ESZB internen und externen) Teilen getrennt betrachtet. Im Ergebnis könnte dies eine nicht gewollte Resonanz auf den Geld- und Kapitalmärkten hervorrufen. Insbesondere kann das vom Präsidenten einer Zentralbank Gesagte solche Konsequenzen haben. Als Beispiel kann angegeben werden, dass Alan Greenspan – der Präsident des Federal Reserve System (der US-Notenbank) vom Januar 1987 bis Januar 2006 – für seine vagen Äußerungen, die wegen seines Namens *Greenspeak* (auch: *Fedspeak*) genannt wurden, kritisiert wurde. Laut vielen Ökonomen führten sie zu unnötigen Unsicherheiten auf den Finanzmärkten.[276]

275 So darf das ESZB grundsätzlich auch die allgemeine Wirtschaftspolitik in der Union unterstützen, aber nach Art. 127 Abs. 1 AEUV nur insoweit, als dies ohne Beeinträchtigung des Preisstabilitätsziels möglich ist.

276 Dazu siehe Kommentare u. a. in: *Waltzek*, Wealth Building Strategies in Energy, Metals and Other Markets, S. 205–216 und *Canterbery*, Alan Greenspan: The Oracle

Rein theoretisch wäre die alleinige währungspolitische Vertretung der Union durch die EZB in dem Fall zulässig, wenn alle währungspolitischen Aufgaben (inklusive des Abschlusses von internationalen währungspolitischen Verträgen der Union) dem ESZB zugewiesen würden. Eine solche radikale Lösung wurde sogar vereinzelt durch die jeweilige Ersetzung des Rates in Art. 219 AEUV durch die EZB vorgeschlagen.[277] Dieses Szenario ist aber erstens politisch nicht durchsetzbar, da es die Übertragung der Befugnisse des Rates bedeutet, durch den die Mitgliedstaaten in der Union entscheiden. Zweitens ist es auch nicht üblich, da in der Währungspolitik eines Staates typischerweise zwei Pole nebeneinander auftreten: der politische (die Regierung) und der monetäre (die Zentralbank).[278]

Insgesamt, um die am Anfang gestellte Frage zu beantworten, ist die Einbeziehung eines ESZB-Vertreters in die Euroraum-Delegation zwingend, wenn die ESZB-Aufgaben betroffen sind. Die alleinige Vertretung des Euroraums durch einen Vertreter des ESZB (so z. B. durch den Präsidenten der EZB) sowohl in der gesamten Wirtschafts- und Währungspolitik als auch ausschließlich in der Währungspolitik ist hingegen ausgeschlossen. Die Argumente für diese Ergebnisse basieren, der Reihenfolge entsprechend, auf dem Prinzip der Weisungsunabhängigkeit bei der Tätigkeit des ESZB und auf der Gebundenheit hinsichtlich des Preisstabilitätsziels des ESZB.

c) Spezifische Kommissionsstellung in der Wirtschafts- und Währungspolitik

Zur Stellung der Kommission sind im Hinblick auf die Entscheidung über die Beteiligung an der Euroraum-Delegation die weiteren spezifischen Hinweise der Wirtschafts- und Währungspolitik der Union – einer mit einer positiven (Unterkapitel aa) und einer mit einer negativen Auswirkung (Unterkapitel bb) – zu beachten.

Behind the Curtain, S. 36–41. Alan Greenspan bringt Gegenargumente selbst an in: Greenspan, The Age of Turbulence.

277 In: *Horng*, ELJ 2005, S. 813.

278 Darauf weist *Rodi*, in: Vedder/Heintschel von Heinegg (Hrsg.), Europäisches Unionsrecht, Art. 219 AEUV, Rn. 1 und *Kempen*, in: Streinz, EUV/AEUV, Art. 219 AEUV, Rn. 3 hin. Bedenken gegen eine Kompetenzübertragung auf die EZB fasst U. Reumann zusammen, in: *Reumann*, Die Europäische Zentralbank zwischen Selbstbestimmung und vertragsmäßiger Zusammenarbeit mit der Gemeinschaft, S. 161–164.

aa) „In vollem Umfang" – Verhandlungsbeteiligung

Die Stellung der Kommission ist positiv bei Verhandlungen von internationalen Verträgen der Union in der Wirtschafts- und Währungspolitik mit Art. 219 Abs. 3 AEUV gesichert („Die Kommission wird an den Verhandlungen in vollem Umfang beteiligt.").

Diese Regelung unterscheidet sich vom allgemeinen Art. 218 Abs. 3 AEUV, auf dessen Grundlage üblicher-, aber nicht notwendigerweise die Kommission zur Aushandlung und Unterzeichnung von internationalen Verträgen der Union außerhalb der GASP vom Rat ermächtigt wird. Sie ist demzufolge für die Stellung der Kommission sicherer ausgerichtet. Es ist aber weiter nicht zwingend vorgeschrieben, dass die Kommission jeweils zum Verhandlungsführer wird, wie es in der gemeinsamen Handelspolitik nach Art. 207 Abs. 3 Satz 2 AEUV der Fall ist:

> „Die Kommission legt dem Rat Empfehlungen vor; dieser ermächtigt die Kommission zur Aufnahme der erforderlichen Verhandlungen."[279]

Die Beteiligung an Vertragsverhandlungen in vollem Umfang sollte nämlich in der Weise verstanden werden, dass der Kommission das Recht gesichert wurde, sich während der Verhandlungen gegenüber den potenziellen Vertragsparteien zu äußern. Folgend bedeutet dies das Recht der Kommission, jeweils in Verhandlungsteam der Union hineinzukommen.

bb) Rolle eines unabhängigen Überwachers

Im negativen Sinne wirkt sich die besondere wirtschaftspolitische Position der Kommission auf die Gestaltung der Euroraum-Außenvertretung aus.

Die Kommission soll ein neutraler Informationsmanager und ein neutraler Aufseher sein unabhängig davon, ob die unionalen, insbesondere die die mitgliedstaatlichen Haushaltspolitiken disziplinierenden Vorgaben der Art. 121 und 126 AEUV durch die Mitgliedstaaten eingehalten sind. Die Kommission steht schon im Sinne des grundlegenden Art. 17 Abs. 1 Satz 1 EUV auf der Seite der Union, deren Interesse sich in der Wirtschaftspolitik vom einzelnen, national verstandenen Interesse eines Euro-Mitgliedstaats unterscheiden kann. Die Euro-Mitgliedstaaten stehen nämlich untereinander, nach der wie vor der Euro-Einführung, im ökonomischen Wettbewerb, ungeachtet dessen, dass – unionsintern – dieser Wettbewerb zum Wohl eines Unionsbinnenmarkts

---

279 Vergleichend zu diesen Vorschriften in Bezug auf kohärente Außenvertretung der Union auch in: Teil I Unterteil II Kapitel II.2.bb.(1).

teilweise geregelt ist[280] und dass – aus der unionsexternen Perspektive – die Union eine gemeinsame Handelspolitik betreibt (Art. 206–207 AEUV) und als eine ökonomische Einheit gesehen wird.

Spezifisch in der Wirtschafts- und Währungspolitik kann die Nicht-Beachtung der unionalen Vorgaben, die von der Kommission festzustellen und dem Rat zu übermitteln ist, für die Euro-Mitgliedstaaten die Auferlegung von Zwangsmitteln nach Art. 121 Abs. 4 und Art. 126 Abs. 3–11 AEUV bedeuten.[281]

Der ordnungsgemäßen Durchführung aller Kommissionsaufgaben dient das vertragliche Unabhängigkeitsprinzip:

> „Die Kommission übt ihre Tätigkeit in voller Unabhängigkeit aus. Die Mitglieder der Kommission dürfen (…) [unbeschadet der Aufgaben des Hohen Vertreters der Union für Außen- und Sicherheitspolitik] Weisungen von einer Regierung, einem Organ, einer Einrichtung oder jeder anderen Stelle weder einholen noch entgegennehmen. Sie enthalten sich jeder Handlung, die mit ihrem Amt oder der Erfüllung ihrer Aufgaben unvereinbar ist." (Art. 17 Abs. 3 Satz 3 EUV)

Überdies werden die Mitglieder der Kommission selbst gemäß Art. 17 Abs. 3 Satz 2 EUV

> „(…) aufgrund ihrer allgemeinen Befähigung und ihres Einsatzes für Europa unter Persönlichkeiten ausgewählt, die die volle Gewähr für diese Kommissionsunabhängigkeit bieten".

Es stellt sich an dieser Stelle daher die Frage, ob die Vertretung von Standpunkten des Euroraums, die außerhalb der Unionszuständigkeit im Konsens der Euro-Mitgliedstaaten eingenommen werden (also: von den *koordinierten* Standpunkten), erstens mit dem Prinzip der Unabhängigkeit der Kommission und zweitens mit der Rolle der Kommission als Wächter bezüglich der Einhaltung des Unionsrechts vereinbar wäre.

Für die Beantwortung dieser Frage ist es von Bedeutung, dass es sich eigentlich nicht pauschal feststellen lässt, ob die Voraussetzung der Konformität mit dem Unionsinteresse (i.e. mit den Verträgen) im Fall jedes im Konsens der Euro-Mitgliedstaaten festgelegten Standpunktes eingehalten wird, obwohl die Mitgliedstaaten zur Einhaltung der Verträge verpflichtet sind. Dies kann sich sowohl auf den Inhalt des Standpunktes als auch auf die Festlegungsmethode beziehen.

---

280 Insb. durch Art. 101–118 AEUV, aber überdies auch durch die wirtschaftliche Steuerung auf der Grundlage der Grundzüge der Wirtschaftspolitik der Mitgliedstaaten und der Union.

281 Die Zwangsmittel sind für die Nicht-Euro-Mitgliedstaaten nach Art. 139 Abs. 2 lit. b AEUV ausgeschlossen.

Die intergouvernementale Festlegungsmethode (die sich vor dem Vertrag von Lissabon die Unionsmethode nannte) kann nämlich mit der unionsrechtlich für den betroffenen Sachbereich vorgeschriebenen Gemeinschaftsmethode[282] (Beschlussfassung im Rat, im Regelfall, mit qualifizierter Mehrheit) kollidieren.

Folglich ist eine Bevollmächtigung der Kommission zur Vertretung seitens der Mitgliedstaaten möglich, aber es muss jeweils von der Kommission erwogen werden, ob dies mit dem neutralen Bild des Hüters und Beschützers der Unionsinteressen dieses Organs im Einklang steht. Die Konformität der mitgliedstaatlichen Standpunkte mit dem Unionsrecht soll aber schon von der materiell-rechtlichen Seite aus durch den Grundsatz zur loyalen Zusammenarbeit und institutionell durch die Kommissionsteilnahme sowohl an Sitzungen der Euro-Gruppe als auch des Euro-Gipfels gesichert werden.[283]

d) Problem der politischen Legitimation

Die Auswahl des Euroraum-Vertreters (der Euroraum-Delegation) bedeutet keineswegs eine bloße Zusammenstellung des Unionsvertreters mit den 19 Vertretern der Euro-Mitgliedstaaten. Der Vertreter des Euroraums soll daher, wie schon erwähnt, sowohl für die Union als auch für die Euro-Mitgliedstaaten repräsentativ sein.

In diesem Zusammenhang kann die Frage nach der politischen Legitimation des Euroraum-Vertreters auftreten, welche sich in einer direkten Verbindung mit einem intergouvernementalen Gremium, wie die Vorsitzführung in der Euro-Gruppe bzw. im Rat, ausdrückt.[284] Dahinter stünde die Furcht vor Verlust von Einfluss, der als Folge der Vertretung durch ein supranationales Unionsorgan, wie die Kommission, gesehen wird.

Die Einberufung eines solcherweise politisch legitimierten Vertreters in die Euroraum-Delegation hat auch eine psychologische Auswirkung. Diese Auswirkung ist mit der angeblichen Neutralität in Bezug auf eine zurückhaltende Vertretung der sensiblen, wirtschaftspolitischen Interessen der Euro-Mitgliedstaaten, einer nicht mediokren Wirtschaftspolitik, verbunden.

---

282 Siehe: Gemeinschaftsmethode/Unionsmethode in *Bergmann*, Handlexikon der Europäischen Union, S. 451.

283 Siehe: Teil II Unterteil I Kapitel I.2.b.cc.

284 Die hier zum Zwecke der Suche nach einem Vertreter des Euroraums behandelte Verbindung mit einem intergouvernementalen Gremium ist der meist direkte Aspekt des weit breiteren Themas der politischen Legitimation.

Das Problem der politischen Legitimation bezieht sich aber auf die Festlegung von Standpunkten (also: auf die Entscheidungsbefugnis). Dies verbindet sich mit dem gespannten Verhältnis zwischen der erwähnten Gemeinschafts- und Unionsmethode in der Euroraum-Problemlösung, die ihren Höhepunkt in der Euroschuldenkrise erreichte.[285] Die Aufgabe des Vertreters besteht hingegen in der Erklärung der Ergebnisse der Entscheidung (Erklärung von Standpunkten).[286] Diese Ergebnisse dürfen von einem auch politisch legitimierten Vertreter im Prozess der Vertretung, der als Erklärungsprozess zu verstehen ist, nicht mitkreiert werden. Dies gilt unabhängig davon, ob der Vertreter zugleich ein Vertreter eines Euro-Mitgliedstaats im intergouvernementalen Gremium (in der Euro-Gruppe oder auf dem Euro-Gipfel) oder eine extern (außerhalb des Kreises der Gremiumsmitglieder) ausgewählte Person ist. Genauso ein Mitkreieren werden die Mitgliedstaaten in keinem Fall zulassen, wenn damit ihre wirtschaftspolitischen Interessen gefährdet werden könnten.

Die einzige daraus folgende Voraussetzung für die Wahl des Vertreters des Euroraums ist die Neutralität in der Präsentation von intergouvernemental festgelegten (i.e. *koordinierten*) Standpunkten. Einerseits kann dazu jede Person verpflichtet werden, wenn dies nicht mit ihren anderen dienstlichen, vorrangigen Anweisungen kollidiert. Die Standpunkte stehen eben doch fest. Andererseits muss aber diese Person, insbesondere wenn ihr gegebenenfalls die zusätzliche Rolle eines Moderators der politischen Debatte der Euro-Mitgliedstaaten zugeschrieben wird, das Vertrauen der Euro-Mitgliedstaaten als die Kennende und die nationale Interessen Schonende haben.

---

285 Die Rechtsnatur der seit dem Jahr 2010 vorgenommenen Maßnahmen der Euroraum-Budgethilfenpolitik wurde komplex in *Müller-Graff*, Integration 2011, S. 292–301 und S. 303–305 beschrieben; siehe auch: *Cromme*, Eine Konsequenz aus der Krise: Fortentwicklung der EU als Staatenverbund – Verknüpfung intergouvernementalen und supranationalen Handelns in der EU, DÖV 2012, 209 ff. Allgemeine Überlegungen zum Problem der Verknüpfung der Gemeinschafts- und Unionsmethode findet man auch in: *Sarrazin/Kindler*, Integration 2012, S. 231 ff.

286 Damit kommt man wieder auf die in den Rahmenbedingungen eingeführte Entscheidung zwischen der Entscheidungs- und Erklärungsbefugnis zurück: Teil I Kapitel III.3.b.aa.

e) *Problem der demokratischen Legitimation*

Es ist weiterhin das Problem der demokratischen Legitimation des Vertreters des Euroraums in Erwägung zu ziehen, da ständig beklagt wird, die Union leide an einem Demokratiedefizit.[287]

Die Unionsstrukturen betrachtend, scheint dies zu bedeuten, dass das Europäische Parlament, das sich gemäß Art. 14 Abs. 2 Satz 1 EUV aus den Vertretern der Unionsbürgerinnen und -bürger zusammensetzt, in die Wahl des Vertreters des Euroraums eingeschaltet werden sollte.[288]

Auch in diesem Punkt verwechselt man aber die Erklärungsbefugnis mit dem Entscheidungsprozess, in den eben das Europäische Parlament im entsprechenden Ausmaß einzubeziehen ist.[289] Bei der Festlegung eines Unionsstandpunktes besteht eine solche Einbeziehung des Europäischen Parlaments in der Unterrichtung (nach Art. 219 Abs. 1 Unterabs. 2 AEUV) und Anhörung (nach Art. 219 Abs. 1 Unterabs. 1 AEUV) in der Wechselkurspolitik und in den verschiedenen, bis hin zur Rolle des Mitgesetzgebers, Beteiligungsrechten in der Wirtschaftspolitik (u.a. nach Art. 121 Abs. 2, Abs. 5 und Abs. 6, Art. 122 Abs. 2, Art. 126 Abs. 11 und Abs. 14 AEUV). Dem Europäischen Parlament stehen überdies die generellen Anhörungsrechte nach Art. 230 AEUV zu.

Was die Aufgaben des ESZB betrifft, ist das Europäische Parlament zwar nicht an ihrer Durchführung beteiligt (was der staatlichen Praxis hinsichtlich der Zentralbankaufgaben auch entspricht), aber es werden ihm jeweils die Jahresberichte seitens der EZB zugeleitet. Auf dieser Grundlage kann das Europäische

287 Beispielsweise (aus Quellen mit verschiedenem Charakter) in: *Schinwald*, Ohne uns, The European vom 8. Juni 2013; *Henke*, EuR 2010, S. 118 ff., *Strohmeier*, APuZ 10/2007, S. 24 ff.; siehe auch die Diskussion auf der Internetseite treffpunkteuropa.de: „Pro-/Contra: Hat die EU ein Demokratiedefizit? JA!" (Beitrag von N. Kramer, vom 12. August 2010) und „Pro-/Contra: Hat die EU ein Demokratiedefizit? NEIN!" (Beitrag von S. Boispéan, vom 12. August 2010). Eine systematische Übersicht zu dieser Problematik bietet *Bergmann*, Handlexikon der Europäischen Union unter dem Begriff „Demokratiedefizit", S. 219–222 an. Im Kontext der Außenvertretung des Euroraums wird sie in *McNamara/Meunier*, International Affairs 2002, S. 867–868 erwähnt.

288 Die hier zum Zwecke der Suche nach einem Vertreter des Euroraums behandelte Verbindung mit einem intergouvernementalen Gremium ist der meist direkte Aspekt des weit breiteren Themas der demokratischen Legitimation.

289 Einen Überblick über die demokratische Legitimation des auswärtigen Unionshandelns im Sinne der Einbeziehung des Europäischen Parlaments in den Entscheidungsprozess gibt: *Jaag*, EuR 2012, S. 309 ff.

Parlament laut Art. 284 Abs. 3 Unterabs. 1 AEUV eine allgemeine Aussprache mit der EZB durchführen. Darüber hinaus können der Präsident der EZB und die anderen Mitglieder des EZB-Direktoriums laut Art. 284 Abs. 3 Unterabs. 2 AEUV von den zuständigen Ausschüssen des Europäischen Parlaments gehört werden.[290]

Eine Beteiligung des Europäischen Parlaments am persönlichen Auswahlprozess, die als Ausgangspunkt der Überlegungen auch für die Auswahl des Euroraum-Vertreters erreicht werden sollte, ist bereits der Fall u.a. bei den Kommissionsmitgliedern[291] und den Mitgliedern des EZB-Direktoriums.[292] Es ist aber strikt zu betonen, dass das Europäische Parlament damit nicht über die Politikrichtung dieser Unionsorgane entscheidet, da sowohl die Kommission als auch die EZB dem Unabhängigkeitsprinzip folgen. Für die Kommission gilt dies trotz der Tatsache, dass der Europäische Rat einen Kandidaten für das Amt des Präsidenten der Kommission unter Berücksichtigung des Ergebnisses der Wahlen zum Europäischen Parlament vorschlägt (Art. 17 Abs. 7 Satz 1 AEUV). Die Erteilung des Mandats durch die Wähler würde dem Unabhängigkeitsprinzip widersprechen.

Eine größere Bedeutung kommt einem eventuellen Misstrauensantrag des Europäischen Parlaments gegen die Kommission nach Art. 17 Abs. 8 EUV i.V.m. Art. 234 AEUV zu. Der Misstrauensantrag betrifft als das äußerste Mittel betrifft die Bewertung der Kommission in ihrer Gesamttätigkeit und als Kollegium.[293] Es wäre deshalb nicht möglich, dem Präsidenten der Kommission oder einem anderen Kommissar, wenn sie als Vertreter des Euroraums tätig wären, damit das Amt zu entziehen.[294]

Im Falle des Vertreters des Euroraums ist folglich weder seine Auswahl durch das Europäischen Parlament noch die diesbezügliche Beteiligung des Europäischen

---

290 Zu den anderen Aspekten der Legitimation der ESZB-Tätigkeit – ihrer Transparenz und Nachvollziehbarkeit – siehe: *Buiter*, JCMS 1999, S. 185–198.

291 Innerhalb der ganzen Auswahlprozedur wählt das Europäische Parlament den Kandidaten für das Amt des Präsidenten der Kommission, der sich nach der Annahme der Kommissionsmitgliederliste zusammen mit diesen Kommissionsmitgliedern als Kollegium einem Zustimmungsvotum des Europäischen Parlaments stellt (detailliert siehe: Art. 17 Abs. 7 EUV).

292 Die Ernennung durch den Europäischen Rat benötigt u.a. der Anhörung des Europäischen Parlaments (siehe: Art. 283 Abs. 2 AEUV).

293 Zur Praxis der Misstrauensanträge siehe: *Hölscheidt*, in: Grabitz/Hilf/Nettesheim (Hrsg.), Das Recht der Europäischen Union, Art. 234 AEUV, Rn. 17–18.

294 So u.a. *Hölscheidt*, in: a.a.O., Rn. 8.

Parlaments, obwohl diese Lösungen einen Anschein der demokratischen Legitimation geben, das richtige Mittel, wodurch die Unionsbürgerinnen und -bürger mitentscheiden würden. Der Vertreter des Euroraums handelt nämlich gemäß der Standpunkte, die in einem Entscheidungsprozess entweder innerhalb der Union oder im Konsens der Euro-Mitgliedstaaten festgelegt werden, und ist an sie strikt gebunden. Die demokratische Legitimation der Außenvertretung des Euroraums besteht, zusammengefasst, in der Entscheidungsbefugnis zur Festlegung von Standpunkten, nicht in der Auswahl des Erklärungsbefugten.

f) Schlussfolgerung: Leitlinien

Als Schlussfolgerung ergeben sich für die Auswahl des Vertreters des Euroraums die folgenden Leitlinien:[295]

a) Da die Außenvertretung des Euroraums in ihrem Kern die Außenvertretung der Union darstellt, ist es angebracht, dass die organisatorische Gestaltung der ersten sich in den allgemeinen organisatorischen Rahmen der zweiten einpasst. Dem steht der begrenzte Kreis der Mitgliedstaaten nicht entgegen. Nach dem allgemeinen Rahmen ist insbesondere die Vertretung durch den Ratsvorsitz nach dem Vertrag von Lissabon obsolet geworden, der aber weiter, potentiell, zur Vertretung der Standpunkte der Mitgliedstaaten in ihrem Zuständigkeitsbereich (der *koordinierten* Standpunkte) eingesetzt werden könnte.
   Die Außenvertretung der Union in der Wirtschafts- und Währungspolitik selbst ist aber ein Sonderfall der Vertretung (nach Art. 17 Abs. 1 Satz 6 EUV: „einer der übrigen in den Verträgen vorgesehenen Fälle"). Dies deuten erstens die besonderen Regelungen bezüglich des Verhandlungsteams in Art. 219 Abs. 3 AEUV an. Zweitens ist die Delegation (der Vertreter) des Euroraums dem EAD unter Leitung des Hohen Vertreters als eine der Unionsdelegationen nach Art. 220 AEUV nicht zu untergliedern.
   Die Zusammensetzung der Delegation des Euroraums bleibt aber eine Detail-Frage der Unterhaltung der Beziehungen mit internationalen Gremien, wofür allgemein die Kommission zusammen mit dem Hohen Vertreter zuständig ist.
b) Die ESZB-Außenvertretung (eigentlich: die Eurosystem-Vertretung) ist in der Euroraum-Außenvertretung (in ihrem Unionsaußenvertretungsteil) enthalten. In diesem Zusammenhang ist, einerseits, ein EZB-Vertreter in die

295 Die Richtliniennummerierung folgt der Kapitelnummerierung.

Euroraum-Delegation jeweils dann einzubeziehen, wenn die ESZB-Aufgaben betroffen sind. So ist ein ESZB-Vertreter der Vertreter des Euroraums auf der Ebene der Zentralbanken, deren besonderer Fall internationale Zentralbankgremien bilden. Andererseits darf aber ein ESZB-Vertreter außerhalb der ESZB-Aufgaben zum Vertreter des Euroraums weder in der Wirtschafts- noch in der Währungspolitik werden.

c) Was die Beteiligung der Kommission an der Euroraum-Delegation angeht, ist diese, einerseits, bei der Aushandlung von internationalen Verträgen der Union durch Art. 219 Abs. 3 AEUV gesichert.
Andererseits kann die Unabhängigkeit der Kommission, verbunden mit ihrer spezifischen Rolle des wirtschaftspolitischen Überwachers, im Einzelfall gegen die Vertretung der Standpunkte der Euro-Mitgliedstaaten im mitgliedstaatlichen Zuständigkeitsbereich (der *koordinierten* Standpunkte) sprechen.
d) Angesichts der politischen Legitimation der Außenvertretung des Euroraums ist festzustellen, dass sie sich auf die Festlegung von Standpunkten (die Entscheidungsbefugnis), nicht aber auf die Auswahl des Vertreters des Euroraums (als des Erklärungsbefugten) bezieht.
e) Gleich ist es mit der demokratischen Legitimation der Außenvertretung des Euroraums, die sich auch, wie die politische Legitimation, auf die Entscheidungsbefugnis bezieht.

Allgemein lässt sich noch grundlegend feststellen: es gibt drei Vertretungsebenen – die Staats- und Regierungschefebene, die Ministerebene[296] und die Ebene der Zentralbanken[297]. Bisher wurde eine solche Unterteilung. insbesondere auf die Staats- und Regierungschefebene und die Ministerebene, bei der Analyse der Außenvertretung des Euroraums nicht angewendet.

3. Bisherige Empfehlungen

Die weitere Suche nach einer Lösung wäre jedoch nicht vollständig, wenn sie sich nur an den beschriebenen Hinweisen orientierte, ohne einen Blick auf die bisher vorhandenen Empfehlungen für die Außenvertretung des Euroraums zu werfen.

296 Worauf die Vertretung in der GASP durch den Präsidenten des Europäischen Rates und den Hohen Vertreter ausdrücklich hinwies.

297 Die bei den Überlegungen zur Einbeziehung eines EZB-Vertreters in die Euroraum-Delegation unterschieden wurde.

Solche anfänglichen und auch einzigen Vertretungsmodelle für die Wirtschafts- und Währungspolitik wurden 1997 und 1998 in Luxemburg und Wien besprochen und in den politischen Entschlüssen der Mitgliedstaaten niedergelegt. Die ausgearbeiteten Lösungen wurden pragmatisch ausgerichtet und bilden die Basis für die bis heute existierenden Vertretungsansätze.

a) Luxemburger Modell 1997

Die Luxemburger Entschließung[298] ergab ein generelles Vertretungsmodell mit der Unterscheidung zwischen der Geld- und Wechselkurspolitik einerseits und der Wirtschaftspolitik andererseits.

Danach sollten der Rat und die EZB ihre Aufgaben bei der Vertretung der Gemeinschaft (heute: der Union) auf der internationalen Ebene in der Wirtschafts- und Währungspolitik „wirksam und unter Beachtung der im Vertrag vorgesehenen Kompetenzverteilung" erfüllen. Die Mitgliedstaaten sollten hingegen ihre Wirtschaftspolitik außerhalb der Gemeinschaft (heute: der Union) weiterhin selbst vertreten, „wobei sie allerdings dem Interesse der Gemeinschaft [heute: der Union] voll Rechnung tragen müssen [mussten]". Die Verbindung zwischen den beiden Bereichen sollte die Kommission schaffen, die an der Vertretung nach außen „in dem Umfang beteiligt [werden sollte], der notwendig ist, damit sie die ihr nach dem Vertrag obliegenden Aufgaben wahrnehmen kann [konnte]".

Zusätzlich wurde bemerkt, dass die Regeln der jeweiligen internationalen Organisationen beachtet werden müssen. Der ausdrücklichen Erwähnung des IWF und seiner nur die Staaten zulassenden Mitgliedschaftsregelungen folgte dann die Aussage:

> „Die Mitgliedstaaten sollten sich in ihrer Eigenschaft als Mitglieder des IWF darum bemühen, zu pragmatischen Vereinbarungen zu gelangen, die die Durchführung der IWF-Überwachung und die Darlegung des Gemeinschaftsstandpunkts [heute: des Standpunktes der Union), einschließlich des ESZB-Standpunkts, in den IWF-Gremien erleichtern."

Zusammenfassend lässt sich feststellen, dass sich das Luxemburger Modell strikt an die Entscheidungsbefugnisse hält. Mit der Benennung des Rates und der EZB in der Geld- und Wechselkurspolitik und der Mitgliedstaaten mit der

---

298 Entschließung des Europäischen Rates über die wirtschaftliche Koordinierung in der dritten Stufe der WWU und zu den Artikeln 109 und 109b des EG-Vertrags, Punkt II in der Anlage I der Schlussfolgerungen des Vorsitzes des Europäisches Rates (Luxemburg) 12. vom 13. Dezember 1997, ABl. C 35/1 vom 2. Februar 1998.

Einbeziehung der Kommission in der Wirtschaftspolitik wurden die Hauptakteure der Standpunktfestlegung zusammengebracht. „Die Erfüllung der Aufgaben" zeigt dabei nicht eindeutig auf die Vertretungsbefugnis, sondern sie kann eben nur die Entscheidungsbefugnis betreffen.

Die Einzelheiten der Vertretung blieben allerdings weiter, mit der Verschiebung der Ausarbeitung „der pragmatischen Lösung" im IWF zu einem späteren Zeitpunkt, unbestimmt.

b) Wiener Modell 1998

Der Wiener Bericht[299] nimmt, im Unterschied zu den generellen Erläuterungen der Luxemburger Entschließung, eine punktuelle, teilweise erwünschte und teilweise damals schon durchgesetzte, ortsbezogene Perspektive zur Vertretung in der Wirtschafts- und Währungspolitik ein (i.e. in Bezug auf die G7, den IWF und die ECOFIN-Delegationen bei Missionen in Drittstaaten).

An den Tagungen der G7 in der Zusammensetzung der Finanzminister und Zentralbankpräsidenten sollten danach der EZB-Präsident und der ECOFINPräsident oder, falls der Präsident nicht aus einem Euro-Mitgliedstaat kommt, der Präsident der Euro-Gruppe teilnehmen.[300] Wenn der Präsident der Euro-Gruppe aber aus einem nicht der G7 angehörenden Euro-Mitgliedstaat käme, sollte er noch zusätzlich an den Tagungen teilnehmen. Schließlich sollte einer der drei Minister der ständig der G7 angehörenden Euro-Mitgliedstaaten im jährlichen Wechsel den ECOFIN-/Euro-Gruppe-Präsidenten zur Gewährleistung einer größeren Kontinuität (in einer Übergangsphase) unterstützen. Überdies sollte auch ein Kommissionsvertreter zur Unterstützung einbezogen werden.

---

299 Bericht an den Europäischen Rat über den Stand der Vorarbeiten für die dritte Stufe der WWU, insbesondere hinsichtlich der Vertretung der Gemeinschaft nach außen in der Anlage II der Schlussfolgerungen des Vorsitzes des Europäischen Rates (Wien) vom 11. und 12. Dezember 1998. Er folgte dem Vorschlag der Kommission vom 9. November 1998 für einen Beschluss des Rates über die Vertretung und die Stellungnahmen der Union auf der internationalen Ebene im Kontext der Wirtschafts- und Währungsunion, COM(1998) 637 final. Der Beschluss (ein Unionsrechtsakt) wurde letztendlich aber nicht gefasst.

300 Dabei ist zu bemerken, dass bis 2005 der Präsident des ECOFIN-Rates (also der Finanz- bzw. Wirtschaftsminister des Mitgliedstaats mit dem Vorsitz im Rat) zugleich der Präsident der Euro-Gruppe war, wenn er aus einem Euro-Mitgliedstaat kam. Andernfalls wurde der Minister des nächsten gemäß dem Rotationssystem zum Vorsitz im Rat bestimmten Euro-Mitgliedstaats zum Präsident der Euro-Gruppe.

Im IWF-Direktorium hatte die EZB schon damals einen Beobachterstatus. Nach dem Wiener Modell sollte noch das Mitglied des Exekutivdirektoriums aus dem Mitgliedstaat mit dem Vorsitz in der Euro-Gruppe die Auffassungen der Gemeinschaft (heute: der Union)/der Wirtschafts- und Währungsunion (WWU) darlegen. Dabei sollte er von einem Vertreter der Kommission unterstützt werden.

Es lässt sich bemerken, dass das Wiener Modell sich in der G7 nur auf die Vertretung der Gemeinschaft (heute: der Union) bezieht, während im IWF die Vertretung sowohl der Gemeinschaft (heute: der Union) als auch der Euro-Mitgliedstaaten gemeint war. Das Vertretungsmodell für den IWF wurde nämlich „für die Darlegung von WWU-relevanten Themen" oder anders für die Darlegung von den „Auffassungen der Europäischen Gemeinschaft [heute: der Union]/WWU" ausgedacht. Die Vertretung wurde dann, entsprechend, in die Vertretung „der Gemeinschaft [heute: der Union] auf internationaler Ebene in Fragen, die von besonderer Bedeutung für die Wirtschafts- und Währungsunion sind ([damaliger] Art. 109 Absatz 4 EGV)", und die Vertretung „in Fragen, die nicht in die Zuständigkeit der Gemeinschaft [heute: der Union] fallen, bei denen es jedoch angezeigt sein kann, dass die Mitgliedstaaten gemeinsame Positionen zum Ausdruck bringen", aufgeteilt.

Angesichts der Missionen in Drittstaaten konnte die ECOFIN-Delegation (so wurde sie im Wiener Bericht genannt) hingegen je nach Umständen und Zielen unterschiedlich zusammengesetzt werden. Der Präsident des ECOFIN-Rates sollte dazu die erforderlichen Regelungen treffen.

Allgemein zur Vertretung wurde weiter noch das Folgende vorgesehen:

> „Die für die G7 der Finanzminister und Zentralbankpräsidenten gefundenen Lösungen werden eine Grundlage für die Lösungsfindung für andere Gremien darstellen."

Zur Durchsetzung wurde auf diese Weise ein generelles Vertretungsmodell mit dem von einem Kommissionsvertreter unterstützten Präsidenten des Rates (bzw. der Euro-Gruppe) und einem EZB-Vertreter bestimmt.

Folglich sah man ein sich ergänzendes Trio von einem intergouvernementalen Vertreter (i.e. einem Vertreter des Rates bzw. der Euro-Gruppe), einem Unionsinteressenvertreter (i.e. einem Vertreter der Kommission) und einem den monetären Zweig verkörpernden EZB-Vertreter als die den vertraglichen Vorgaben entsprechenden Vertreter in der Wirtschafts- und Währungspolitik.

c) Ergebnis

Der Unterschied zwischen dem Luxemburger und dem Wiener Modell liegt in der Perspektive: Das erste Modell bezieht sich auf die Entscheidungsbefugnis, das zweite Modell direkt auf die Erklärungsbefugnis. Das erste setzt sich für die Erfüllung der auf der *vertikalen* und *horizontalen* Ebene vertraglich zugewiesenen Aufgaben in der Wirtschafts- und Währungspolitik ein. Das zweite bringt – für den IWF – holistisch die gemeinschaftliche [heute: unionale] und die mitgliedschaftliche (je nach der Zuständigkeit in der Sache) Vertretung für die gemeinsame Darlegung von gemeinsamen Positionen zusammen.

Es geht nicht darum, einen Vertreter in der Währungspolitik und einen Vertreter in der Wirtschaftspolitik zu bestimmen und die beiden danach zusammenzustellen, sondern darum, von vornherein eine Verbindung zu suchen.

Das Wiener Modell stellt hierzu auf die drei Vertreter ab: den Präsidenten des ECOFIN-Rates bzw. der Euro-Gruppe, einen Kommissionsvertreter zur Unterstützung und einen EZB-Vertreter. Eine solche Vertretung erstellt eine Balance durch das Zusammenbringen von Personen aus den intergouvernementalen (Präsident des ECOFIN-Rates bzw. der Euro-Gruppe) und den strikt supranationalen (Kommissionvertreter und EZB-Vertreter) Gremien, aus den politischen (Präsident des ECOFIN-Rates bzw. der Euro-Gruppe) und den operativen, wirtschaftlichen bzw. monetären (Kommissionvertreter und EZB-Vertreter) Gremien, und schließlich aus den Hauptentscheidungs- (Präsident des ECOFIN-Rates bzw. der Euro-Gruppe und EZB-Vertreter) und Durchführungsgremien (Kommission-Vertreter).

Diese Konfiguration der Vertretung wird unter anderen in die Lösungsfestsetzung im nächsten Kapitel einbezogen.

4. Lösung

Nachdem man die Grundlagen der Bevollmächtigung bestimmt (Kapitel 1), der Spielraum für die Wahl eines Vertreters des Euroraums festgesetzt (Kapitel 2) und die bisherigen Lösungsvorschläge darstellt (Kapitel 3) wurden, kann jetzt zum Kern des Unterteils II – der eigentlichen Suche einer Lösung durch die Erwägung von verschiedenen Konfigurationen der Zusammensetzung der Euroraum-Delegation – übergegangen werden.

Zuallererst gilt hier: Die Zusammensetzung der Euroraum-Delegation richtet sich jeweils nach den Vertretungsebenen, wie dies im Ergebnis zum Spielraum für die Wahl eines Vertreters des Euroraums[301] angesprochen wurde. Zu diesen Vertretungsebenen gehören im Fall der Außenvertretung des Euroraums: die Staats- und Regierungschefebene, die Ministerebene und die Ebene der Zentralbankpräsidenten, die entsprechend im Unterkapitel b, Unterkapitel c und Unterkapitel a erwogen wurden. Die Reihenfolge ist durch Zusammenhänge zwischen den Vertretungsebenen diktiert.

Einer der wichtigsten Aspekte internationaler Beziehungen ist nämlich die Gleichrangigkeit (bzw. die Rangähnlichkeit) von Vertretern aufseiten der zusammenarbeitenden Parteien. Die Zusammenarbeit der gegenseitig äquivalenten Sprechpartner führt zu effektiven und entsprechend detaillierten Gesprächen. Das Prinzip entspricht der innerstaatlichen Zuständigkeit für die auf den drei Ebenen behandelten Themen. Es gilt hier auch die Unterscheidung zwischen der Zusammenarbeit von politischem und technischem Charakter. So ist dem Wirtschaftsminister eines Staates in der Regel nicht das Staatsoberhaupt eines anderen Staates gegenüberzustellen.

Die Gleichrangigkeit (bzw. die Rangähnlichkeit) ist in Bezug auf die Staaten einfacher herzustellen als für strukturierte Staatszusammenschlüsse, wie die Union. Für die Außenvertretung des Euroraums tauchen hierzu Probleme sowohl auf der Ministerebene als auch auf der Staats- und Regierungschefebene der wirtschaftspolitischen Zusammenarbeit auf.

Trotz dieser Bemerkungen wird noch die Idee eines allzuständigen Vertreters des Euroraums in Erwägung gezogen (Unterkapitel d). Danach widmet sich die Arbeit auch den ständigen Vertretungen bei internationalen Gremien (Unterkapitel e) um schließlich zu einem endgültigen Konzept in der Gesamtschau (Kapitel III) zu gelangen.

a) Ebene der Zentralbanken

Auf der Ebene der Zentralbanken, inklusive des Sonderfalls der Zentralbankgremien, soll der Euroraum eindeutig, dem Prinzip der Gleichrangigkeit folgend, entweder von der EZB oder den nZB der Euro-Mitgliedstaten (wenn die EZB nach Art. 6 EZB-Satzung zustimmt)[302] vertreten werden.

Das richtige Äquivalent einer nationalen, mit den geld- und wechselkurspolitischen Entscheidungsbefugnissen betrauten Zentralbank ist in der Unionsstruktur die EZB. Sie ist die politikbestimmende ESZB-Schwungfeder und zugleich nach Art. 13 Abs. 1 Satz 2 Strich 6 EUV das Unionsorgan. Den nZB

301 Teil II Unterteil II Kapitel II.2.f.

302 Zu dieser „Ermächtigung“ siehe: Teil II Unterteil II Kapitel I.1.

kommt im ESZB gemäß Art. 14.3 EZB-Satzung grundsätzlich eine Durchführungsrolle zu.

Was die Person des Vertreters auf der Ebene der Zentralbanken angeht, nimmt der EZB-Präsident (als Organwalter) EZB-satzungsgemäß die zentrale Position ein. Nach Art. 13.2 EZB-Satzung vertritt er, in erster Linie, die EZB nach außen.[303] Der EZB-Präsident ist auch als Unterschriftsberechtigter gegenüber Dritten befugt, die EZB rechtswirksam zu verpflichten (Art. 38 EZB-Satzung).

So ist z.B. dem Präsidenten der japanischen Zentralbank Nippon Ginkō oder dem Präsidenten des amerikanischen Federal Reserve System (Fed) der EZB-Präsident als Vertreter des Euroraums gegenüberzustellen.

Gleiches wird auch auf der Ministerebene gelten, wenn eine unterstützende Teilnahme der Zentralbanken wegen der Betroffenheit ihrer Aufgaben notwendig wird.

b) Ministerebene

Die Vertretung des Euroraums auf der Ministerebene hat zwei sachliche Zweige: den währungspolitischen (Unterkapitel aa) und den wirtschaftspolitischen (Unterkapitel bb).

Insgesamt ist der Vertreter des Euroraums auf dieser Ebene dadurch festzulegen, dass die Gestaltung der Außenvertretung der Union in der Währungspolitik (dem Kern der Außenvertretung des Euroraums) in Hinsicht auf die Spezifität der Wirtschaftspolitik, die die Zuständigkeitsverteilung und die Organbefugniszuweisung prägt, übernommen, aufgesetzt oder umgestaltet wird. Bei den Vorschlägen zur Vertretung in der Wirtschaftspolitik wird daher dieser Zusammenhang mit der Währungspolitik jeweils beachtet. Im Unterkapitel cc wird dann das Ergebnis und die vorzuziehende Lösung präsentiert.

aa) Vertretung in der Währungspolitik

Erstens gilt Folgendes: ein EZB-Vertreter ist in die Delegation des Euroraums einzubeziehen,[304] wenn die Aufgaben des ESZB betroffen sind. Dies betrifft die Ministerebene. Eine solche Einbeziehung kann von der vollen Teilnahme an der Mehrpersonendelegation des Euroraums bis zu einer unterstützenden Rolle reichen. Die Regeln für diese Vertretung wurden oben bei der Ebene der Zentralbanken dargestellt.

---

303 Er kann dafür auch eine andere Person benennen.

304 Dazu siehe: Teil II Unterteil II Kapitel II.2.b.bb.

Zweitens ist der eigentliche Vertreter des Euroraums auf der Ministerebene zu suchen, da, wie auch schon bei dem Spielraum für die Wahl eines Vertreters des Euroraums angesprochen,[305] ein EZB-Vertreter nicht alleiniger Vertreter der gesamten Währungspolitik sein darf.

Die Ministerebene (und auch die Staats- und Regierungschefebene) der währungspolitischen Außenvertretung des Euroraums bezieht sich insbesondere auf die Aushandlung und den Abschluss von internationalen Verträgen, die unionsrechtlich nach Art. 219 AEUV vom Rat abzuschließen sind.

In den bisherigen Praxisfällen, wenn die alten Währungsverträge der Euro-Mitgliedstaaten neu ausgehandelt werden sollten, wurde als Verhandlungsführer (Vertreter) entweder der betroffene Euro-Mitgliedstaat zusammen mit der Kommission[306] oder die Kommission[307] (Lösungen, die in letzter Zeit praktiziert wurden) oder nur der betroffene Euro-Mitgliedstaat[308] (Lösung, die anfänglich nach dem Vertrag von Maastricht praktiziert wurde) ermächtigt.

---

305 A.a.O.

306 Siehe: Frankreich und die Kommission als Verhandlungsführer gemäß Art. 3 des Beschlusses des Rates vom 25. Februar 2011 zu den Modalitäten für die Neuverhandlung der Währungsvereinbarung zwischen der Regierung der Französischen Republik – im Namen der Europäischen Gemeinschaft – und der Regierung Seiner Durchlaucht des Fürsten von Monaco, ABl. L 81/3 vom 29. März 2011; Italien und die Kommission als Verhandlungsführer gemäß Art. 3 der Entscheidung des Rates vom 26. November 2009 zum Standpunkt der Europäischen Gemeinschaft hinsichtlich der Neuverhandlung der Währungsvereinbarung mit der Republik San Marino, ABl. L 322/12 vom 9. Dezember 2009; und Italien und die Kommission als Verhandlungsführer gemäß Art. 3 der Entscheidung des Rates vom 26. November 2009 zum Standpunkt der Europäischen Gemeinschaft hinsichtlich der Neuverhandlung der Währungsvereinbarung mit dem Staat Vatikanstadt, ABl. L 321/36 vom 8. Dezember 2009.

307 Siehe: Beschluss des Rates vom 13. April 2011 über die Modalitäten für die Aushandlung einer Währungsvereinbarung mit der Französischen Republik zugunsten der französischen überseeischen Gebietskörperschaft Saint-Barthélemy; und Art. 7 der Entscheidung des Rates vom 11. Mai 2004 über den von der Gemeinschaft zu vertretenden Standpunkt zu einer Vereinbarung über die Währungsbeziehungen zum Fürstentum Andorra, ABl. L 244/47 vom 16. Juli 2004 (hier: mit der vollen Beteiligung Spaniens und Frankreichs an den Verhandlungen).

308 Siehe: Frankreich als Verhandlungsführer gemäß Art. 7 der Entscheidung des Rates vom 31. Dezember über den von der Gemeinschaft zu vertretenden Standpunkt bezüglich einer Vereinbarung über die Währungsbeziehungen zum Fürstentum Monaco, ABl. L 30/31 vom 4. Februar 1999; Italien als Verhandlungsführer nach Art. 7 der Entscheidung des Rates vom 31. Dezember 1998 über den von der Gemeinschaft

Folglich unterschied sich die volle Beteiligung der Kommission an den Verhandlungen, die in Art. 219 Abs. 3 vorgesehen ist, nur danach, ob ihr die formelle Verhandlungsleitung zugeschrieben wurde. Es stellt sich heraus, dass die Kommission auch in der Währungspolitik wie in anderen Politikbereichen der Union (außer der GASP) der primäre Vertreter der Union war und zur Beibehaltung der Kohärenz der Außenvertretung der Union[309] bleiben soll. Die Spezifität der Währungspolitik entschied nur darüber, dass die EZB jeweils in vollem Umfang an den Verhandlungen beteiligt war und ihre Zustimmung bei Angelegenheiten, die in ihren Aufgabenbereich fielen, erforderlich war. Dies soll auch jetzt gelten (der erste Abschnitt in diesem Unterkapitel).

Angesichts der Person des Vertreters ist generell der Präsident der Kommission (Organwalter) nach Art. 3 Abs. 5 der Geschäftsordnung der Kommission für die Vertretung der Kommission zuständig. Wegen seiner alle Politiken übergreifenden Rolle kann er auch andere Kommissionsmitglieder benennen, die ihn bei dieser Aufgabe unterstützen.

So wurde dem Kommissar für „Wirtschaft und Währung, Euro" mit der Amtszeit 2010–2014, auf Grundlage der vom Präsidenten der Kommission erstellten Aufgabenbeschreibung, die Vertretung der Kommission bei internationalen Diskussionen über wirtschaftliche, währungspolitische und finanzielle Angelegenheiten auf der Ministerebene anvertraut.[310] Dabei wurde die Vertretung in G7 und G20 auf der Ministerebene ausdrücklich genannt. Seit 2014 wirkt der Vizepräsident der Kommission für den Euro und den sozialen Dialog an der Außenvertretung des Euroraums mit.[311] Die Domäne „Euro und sozialer Dialog" besteht nach der derzeitigen Aufgabenteilung in der Kommission neben den

---

zu vertretenden Standpunkt bezüglich einer Vereinbarung über die Währungsbeziehungen zur Republik San Marino, ABl. L 30/33 vom 4. Februar 1999; und Italien als Verhandlungsführer nach Art. 7 der Entscheidung des Rates vom 31. Dezember 1998 über den von der Gemeinschaft zu vertretenden Standpunkt bezüglich einer Vereinbarung über die Währungsbeziehungen zur Vatikanstadt, ABl. L 30/35 vom 4. Februar 1999.

309 Siehe: Teil I Unterteil II Kapitel 2.a.

310 Siehe: Brief des Präsidenten der Kommission, José Manuel Barroso, an den Kommissar für „Wirtschaft und Währung, Euro", Olli Rehn, vom 27. November 2009 über die Aufgabenzuschreibung (Mission). Olli Rehn wurde in dieser Position für den Zeitraum vom Juli 2014 bis zur Wahl der neuen Kommission im Oktober 2014 von Jyrki Katainen ersetzt.

311 Siehe: Brief des Präsidenten der Kommission, Jean-Claude Juncker, an den Vizepräsidenten der Kommission für den Euro und sozialen Dialog, Valdis Dombrovkis, vom 10. September 2014, S. 4/5.

zwei anderen, „Wirtschafts- und Finanzangelegenheiten, Steuern und Zoll" und „Finanzstabilität, Finanzdienstleitungen und Kapitalmarktunion", die den zwei anderen Kommissaren von dem Präsidenten der Kommission anvertraut wurden. Der Vizepräsident der Kommission für den Euro und sozialen Dialog leitet aber ein der vier Projektteams der Kommission[312], „Eine vertiefte und faire Wirtschafts- und Währungsunion", zu dem auch die zwei genannten neben einigen von anderen Kommissaren gehören.

Der jeweilige Kommissar für Wirtschafts- und Währungspolitik[313], als Vertreter der Kommission, unterzeichnete nach dem oben aufgezeichneten Vertretungsmuster die von der Union abgeschlossenen Währungsvereinbarungen:

- mit der Republik San Marino gegenüber ihrer Ministerin für auswärtige Angelegenheiten,[314]
- mit dem Fürstentum Monaco gegenüber seinem Staatsminister,[315]
- mit dem Fürstentum Andorra gegenüber seinem Regierungschef[316] und
- mit dem Staat Vatikanstadt gegenüber dem Apostolischen Nuntius bei der Europäischen Union.[317]

---

312 Die Projektteams dienen der Verbesserung der Arbeitsweise der Kommission. Dies sind: das Projektteam „Neue Impulse für Beschäftigung, Wachstum und Investitionen", unter der Leitung des Vizepräsidenten der Kommission für Beschäftigung, Wachstum, Investitionen und Wettbewerbsfähigkeit, das Projektteam „Digitaler Binnenmarkt" unter der Leitung des Vizepräsidenten der Kommission für den digitalen Binnenmarkt, das Projektteam „Eine robuste Energieunion mit einer zukunftsorientierten Klimaschutzpolitik" unter der Leitung des Vizepräsidenten der Kommission für die Energieunion und das Projektteam „Eine vertiefte und faire Wirtschafts- und Währungsunion" unter der Leitung des Vizepräsidenten der Kommission für den Euro und den sozialen Dialog.

313 Bis 2014 gab es jeweils nur einen Kommissar, der für Wirtschafts- und Währungspolitik zuständig war.

314 Siehe: Währungsvereinbarung vom 27. März 2012 zwischen der Europäischen Union und der Republik San Marino, ABl. L 121/5 vom 26. April 2012.

315 Siehe: Währungsvereinbarung zwischen der Europäischen Union und dem Fürstentum Monaco vom 28. November 2011 im Anhang des Beschlusses der Kommission, ABl. C 23/13 vom 28. Januar 2012.

316 Siehe: Währungsvereinbarung vom 30. Juni zwischen der Europäischen Union und dem Fürstentum Andorra, ABl. C 369/1 vom 17. Dezember 2011; Währungsvereinbarung vom 17. Dezember 2009 zwischen der Europäischen Union und dem Staat Vatikanstadt, ABl. C 28/13 vom 4. Februar 2010.

317 Siehe: Währungsvereinbarung vom 17. Dezember 2009 zwischen der Europäischen Union und dem Staat Vatikanstadt, ABl. C 28/13 vom 4. Februar 2010.

Insgesamt stellt sich grundsätzlich (wenn der Präsident der Kommission diese Befugnis nicht wieder an sich zieht) der Kommissar für Wirtschafts- und Währungspolitik (seit 2014 gemäß der Aufgabenteilung in der Kommission angesichts der Vertretungsaufgaben: der Vizepräsident der Kommission für den Euro und den sozialen Dialog)[318], unter Beteiligung der EZB, wenn die ESZB-Aufgaben betroffen sind, als währungspolitischer Vertreter auf der Ministerebene dar.

Ob dieses Muster erhalten bleibt, wird im Zusammenhang mit der Wirtschaftspolitik erwogen.

bb) Vertretung in der Wirtschaftspolitik

In der Wirtschaftspolitik sind hauptsächlich zwei Unionsorgane – die Kommission und der Rat – und ein mitgliedstaatliches Zusammenarbeitsgremium – die Euro-Gruppe – tätig.

Insbesondere sind daher ihre Führungspersonen die potenziellen Kandidaten für den Euroraum-Vertreter auf der Ministerebene. Die Zusammenstellung aller zurzeit vorhandenen Posten, die als Kandidaten für den Euroraum-Vertreter in Frage kommen, liefert:

Tabelle 6: Potenzielle Vertreter auf Ministerebene

Person/Amt	Auswahl	Amtszeit
Ratsvorsitz, i.e. Wirtschafts- bzw. Finanzminister des Mitgliedstaates mit dem Ratsvorsitz (Er ist Mitglied des ECOFIN-Rates.)	Der Ratsvorsitz bestimmt das System der gleichberechtigten, mitgliedstaatlichen Rotation.	6 Monate; Die Mitgliedstaaten sind in Dreier-Gruppen aufgeteilt; die anderen Mitglieder der Gruppe unterstützen den Vorsitz bei all seinen Aufgaben auf der Grundlage des Achtzehnmonatsprogramms des Rates; sog. Trio-Präsidentschaft (siehe: Art. 4 der Geschäftsordnung des Rates)

318 In der Arbeit wird aber jeweils über den Kommissar für Wirtschafts- und Währungspolitik gesprochen, damit sie eine Aktualität auch bei den künftigen Veränderungen im Rahmen der Aufgabenteilung in der Kommission beibehält. Die Tatsache, dass seit 2014 diese Rolle im Rahmen der Auseinandersetzung mit dem Thema „Außenvertretung des Euroraums" dem genannten Vizepräsidenten der Kommission zukommt, ist mit seiner besonderen, überordneten Position (siehe: S. 163) verbunden.

Person/Amt	Auswahl	Amtszeit
Präsident der Kommission	Das Europäische Parlament wählt für dieses Amt den vom Europäischen Rat vorgeschlagenen Kandidaten. Der Präsident stellt sich mit den übrigen Kommissionsmitgliedern einem Zustimmungsvotum des Europäischen Parlaments (siehe: Art. 17 Abs. 7 EUV).	5 Jahre (Kommissionsamtszeit)
Kommissar für Wirtschafts- und Währungspolitik[319]	Der Rat nimmt, im Einvernehmen mit dem Präsidenten der Kommission, die Liste der anderen Personen an, die er als Mitglieder der Kommission vorschlägt. Alle, zusammen mit dem Präsidenten, stellen sich einem Zustimmungsvotum des Europäischen Parlaments (siehe: Art. 17 Abs. 7 EUV). Die politischen Zuständigkeiten innerhalb der Kommission werden vom Präsidenten der Kommission zugewiesen (siehe: Art. 248 AEUV, Art. 3 Abs. 2 der Geschäftsordnung der Kommission).	5 Jahre (Kommissionsamtszeit)
Präsident der Euro-Gruppe	Die Minister der Euro-Mitgliedstaaten wählen einen Präsidenten mit einfacher Mehrheit (siehe: Art. 2 des Protokolls Nr. 14).	2,5 Jahre

Quelle: eigene Darstellung

319 In der Kommission 2014–2019 kommt diese Rolle bei der Behandlung der Thema der Außenvertretung des Euroraums dem Vizepräsidenten der Kommission für den Euro und den sozialen Dialog. Neben ihm gibt es auch den Kommissaren für Wirtschafts- und Finanzangelegenheiten. Steuern und Zoll“ und den Kommissaren für „Finanzstabilität, Finanzdienstleistungen und Kapitalmarktunion. Siehe dazu auch Informationen auf S. 163 und in Fn. 318. Es ist zu bemerken, dass der genannte

Diese Tabelle soll als eine Vergleich-Bezugsquelle bei der Analyse der jeweiligen Lösungsvarianten dienen: der Lösung in Anlehnung an das GHP-Muster (Unterkapitel (1)), der Lösung in Anlehnung an das GASP-Muster (Unterkapitel (2)) und der Lösungen, die als Vertreter des Euroraums den Präsidenten der euro-Gruppe und den Präsidenten des Rates vorsehen (Unterkapitel (3)).

(1) Lösung in Anlehnung an das GHP-Muster

Für die „Euro-Enthusiasten", die eine Zentralisierung der Aufgaben in der Wirtschafts- und Währungsunion bevorzugen, scheint die Kommission – i.e. entweder der Präsident der Kommission oder der Kommissar für die Wirtschafts- und Währungspolitik – der richtige Euroraum-Vertreter in den Bereichen zu sein, die über die ESZB-Aufgaben hinausgehen.

Das ist, wie bereits dargelegt, schon in der Währungspolitik der Fall. Auch in der Wirtschaftspolitik, die in den Aufgabenbereich der Union fällt, soll es angesichts der Kohärenz der Außenvertretung der Union nicht anders sein. Der Kommission kommt im wirtschaftspolitischen Aufgabenteil, noch deutlicher als in der Währungspolitik (siehe: Art. 121 und 126 AEUV), eine Durchführungsrolle zu. In der Wirtschaftspolitik gibt es überdies keine besonderen Befugnisse anderer Organe (wie es in der Währungspolitik in Bezug auf die EZB gilt), die die generelle unionale Außenvertretungsbefugnis der Kommission nach Art. 17 Abs. 1 Satz 6 EUV modifizieren würden.

Wenn die Union das Subjekt der Vertretung ist, teilen sich – zusammenfassend – die Kommission und die EZB die Vertreterrolle. Die unionale Wirtschafts- und Währungspolitik ist nur angesichts der Beteiligung der EZB „der besondere in den Verträgen vorgesehene Fall" nach Art. 17 Abs. 1 Abs. 6 EUV. Er sieht aber, abgesehen vom Vorbehalt der ESZB-Vertretung im Rahmen der ESZB-Aufgaben, tatsächlich wie der Fall der gemeinsamen Handelspolitik (GHP) aus, wo die Kommission als Vertreter fungiert. Gerade aber auf der Grundlage eines solchen ESZB-Vorbehalts ist die Wirtschafts- und Währungspolitik institutionell komplizierter als die GHP.[320]

Vizepräsident der Kommission sich nicht, wie die Domäne suggerieren könnte, nur auf die Euro-Mitgliedstaaten konzentriert, sondern, wie jeder Kommissar, die ganze Union und damit alle Mitgliedstaaten vertritt.

320 Auf die kompliziertere als in der GHP, institutionelle Struktur der Wirtschafts- und Währungspolitik als Hindernis für die Übernahme des GHP-Vertretungsmusters weisen u.a. *Glöcker/Truchlewski*, in: *Lieb/Ondarza/Schwarzer* (Hrsg.), The European Union in international fora, S. 135 und *McNamara/Meunier*, International Affairs 2002, S. 853 hin.

Das Problematische für die Außenvertretung des Euroraums besteht dann, wenn die Mitgliedstaaten die Subjekte der Vertretung sind. An dieser Stelle drängt sich der Vergleich mit der Vertretung der Union und der Mitgliedstaaten in der GHP innerhalb der Welthandelsorganisation (WTO) vor dem Vertrag von Lissabon auf.

Damals wurde die GHP nicht im Ganzen durch die ausschließliche Unionszuständigkeit (früher: Gemeinschaftszuständigkeit) umfasst, sondern der Abschluss von internationalen Verträgen im Bereich des Handels mit kulturellen und audiovisuellen Dienstleistungen, Dienstleistungen im Bereich Bildung sowie in den Bereichen Soziales und Gesundheitswesen fiel noch in die gemischte Zuständigkeit der Gemeinschaft (heute: der Union) und der Mitgliedstaaten.[321] Nach Art. 133 Abs. 6 Unterabs. 2 EGV i.d.F. vom Vertrag von Nizza waren ein Beschluss der Gemeinschaft (heute: der Union) und eine einvernehmliche mitgliedstaatliche Zustimmung zur Aushandlung und zum Abschluss eines internationalen Vertrags erforderlich, die diesen Bereich betraf. Dies war nach dem Vertragstyp ein gemischtes Abkommen. Trotzdem übte die Kommission ständig die Rolle eines Unterhändlers aus sowohl im Namen der Gemeinschaft (heute: der Union) als auch der Mitgliedstaaten, insbesondere eben im Rahmen der WTO. Dies war anhand eines Mandats seitens der Gemeinschaft (heute: der Union) und eines einvernehmlichen Mandats seitens der Mitgliedstaaten möglich.

Die ähnliche, wie in der damaligen GHP, Situation der Willensbildung bei der Zusammenstellung eines Standpunktes der Union und eines im Konsens festgelegten Standpunktes der Euro-Mitgliedstaaten (jeweils entsprechend des Zuständigkeitsbereiches) in einen Standpunkt des Euroraums spricht dafür, dass der Kommission, zur Bildung eines gemeinsamen Verhandlungsblocks der Union und der Euro-Mitgliedstaaten, auch die Rolle des Sprechers des Euroraums anvertraut wird. Die Standpunkte werden intern festgelegt, und dann könnten sie durch die Kommission im Außenverhältnis präsentiert werden. Die Festlegung der Standpunkte, nicht ihre Erklärung nach außen, stellt nämlich das Problem der Suche einer Balance zwischen den nationalen und internationalen

321 Obwohl die GHP in die ausschließliche Unionszuständigkeit nach dem Vertrag von Lissabon fällt, sind bis jetzt sowohl die Union als auch die Mitgliedstaaten die WTO-Mitglieder. Auf dieser Grundlage wird über die ausschließliche Mitgliedschaft der Union in der WTO und den Austritt der Mitgliedstaaten diskutiert; siehe dazu Stellungnahmen u.a. in: *Bungenberg*, EuR 2009 Beiheft 1, S. 206 f. und *Hahn*, in: Calliess/Ruffert (Hrsg.), EUV/AEUV, Art. 207, Rn. 72–78.

Interessen dar, wie es auch in der GHP der Fall war.[322] Die Standpunkte werden intern festgelegt und erst dann durch die Kommission im Außenverhältnis repräsentiert. Noch viel mehr spricht für die Sprecherrolle der Kommission in der Wirtschafts- und Währungspolitik die hier vertretene Annahme der *Theorie 2* für den Art. 138 Abs. 1 AEUV, wonach die Standpunkte in Fragen der sonst in die Zuständigkeit der Euro-Mitgliedstaaten fallenden Wirtschaftspolitik, die von besonderer Bedeutung für die Wirtschafts- und Währungsunion sind, mit qualifizierter Mehrheit in der Union (im Rat) festzulegen sind. Dies unionisiert nämlich ein wichtiger Bereich, wofür dann die Euro-Mitgliedstaaten nur die formelle Zuständigkeit zum Abschluss von internationalen Verträgen behalten.

Die zwei Voraussetzungen für die unionsrechtliche Akzeptanz einer mitgliedstaatlichen Mandatserteilung zur Vertretung durch die Kommission wären: die Bezogenheit der Standpunkte der Euro-Mitgliedstaaten auf die unionale Währungs- und Wirtschaftspolitik und die Vereinbarkeit dieser Standpunkte mit den Verträgen. Für die *gemeinsamen* Standpunkte des Art. 138 Abs. 1 AEUV nach der *Theorie 2* ist dies unproblematisch. Anders könnte es bei den *koordinierten* Standpunkten sein. Die zwei Voraussetzungen benötigten dann eine jeweilige Prüfung und deswegen wäre die pauschale Bevollmächtigung der Kommission ausgeschlossen.[323] Zur Beauftragung der Kommission mit der Vertretung der Euro-Mitgliedstaaten wäre überdies sowohl für die *gemeinsamen* als auch die *koordinierten* Standpunkte eine Zustimmung aller Mitgliedstaaten notwendig, da die Kommission damit, als ein Unionsorgan, außerhalb der unionsrechtlichen Aufgaben tätig wäre.[324]

So bilden zurzeit die Kommission und die EZB – nicht nur im Auftrag der Union, aber auch der Mitgliedstaaten – zusammen mit dem IWF die sog. Troika, die die Bedingungen der krisenfolgenden Finanzhilfe aushandelt und ihre Erfüllung überwacht. Hier vertritt die Kommission die Euro-Mitgliedstaaten im Rahmen der Aufgaben des Europäischen Stabilitätsmechanismus (ESM).[325] Sie

322 Diese entscheidungsbezogene Ähnlichkeit der GHP vor dem Vertrag von Lissabon und der Wirtschafts- und Währungspolitik wurde in *McNamara/Meunier*, International Affairs 2002, S. 852 erwähnt.

323 Dazu siehe auch: Teil II Unterteil II Kapitel II.2.c.bb.

324 Siehe z.B. in Bezug auf einen *koordinierten* Standpunkt: Beschluss der Vertreter der Regierungen der 27 Mitgliedstaaten, Rat der Europäischen Union, Dokument 9614/10 vom 10. Mai 2010.

325 Siehe insb. Art. 13 des ESM-Vertrags.

vertrat die Euro-Mitgliedstaaten auch im Rahmen der Aufgaben des Vorgängers des ESM, der Europäischen Finanzstabilisierungsfazilität (EFSF).[326]

Insgesamt gäbe es, wenn die Union und die Euro-Mitgliedstaaten sich darauf einigten, zwei Vertreter des Euroraums: einen Kommissionsvertreter (auf der Ministerebene üblicherweise der Kommissar für Wirtschafts- und Währungsunion) und einen EZB-Vertreter (üblicherweise der EZB-Präsident). Vereinheitlicht könnte dieses Muster aber nicht als eine währungspolitische Vertretung durch die EZB und eine wirtschaftspolitische Vertretung durch die Kommission genannt werden.

Mit einer solchen Bezeichnung schlug die EPP Convention Group vor, dass der Vertrag über eine Verfassung für Europa (VVE) der im Auftrag des Rates oder der Euro-Gruppe (hier sollte man aber, juristisch gesehen, über den Auftrag seitens der Euro-Mitgliedstaaten sprechen) handelnden Kommission die Außenvertretung in Wirtschaftsfragen und der EZB in Währungsfragen ausdrücklich anvertraut.[327] Richtig ist, über einen monetären und einen politischen Vertretungszweig zu sprechen, da die Kommission auch in der Währungspolitik, wie es schon erwähnt wurde, insbesondere beim Abschluss von internationalen Verträgen nach Art. 219 AEUV, als Vertreter tätig werden soll.

Im Auftrag der EPP Convention Group folgte dann weiter ein dieser Konzeption nicht wiedersprechender Änderungsvorschlag zum Arbeitsvorgänger des heutigen Art. 138 AEUV. Dieser Arbeitsvorgänger schrieb damals noch die Koordinierung der Euro-Mitgliedstaaten in Hinsicht auf die Annahme der *gemeinsamen* Standpunkte in Währungsfragen („monetary matters“) vor. Der an dieser Stelle bedeutende Punkt des Änderungsvorschlags liegt in der Beauftragung der Kommission zur Standpunktvertretung seitens der Mitgliedstaaten:

> „In order to secure the euro's place in the international monetary system, Member States ~~which are members of the Eurozone~~ which have introduced the euro shall coordinate, through the Council, their action ~~among themselves~~ and with the Commission with a view to adopting common positions on monetary matters within the competent international financial institutions and conferences. ~~They~~ The Commission shall defend and promote those common positions on behalf of these Member States.

326 Siehe insb. Art. 2 Abs. 1 (a) (i) und Art. 3 Abs. 1 des EFSF-Rahmenvertrags.

327 In: Dokument CONV 761/03 vom 23. Mai 2003, CONTRIB 338 Contribution from E. Brok, member of the Convention „EPP Essentials on Economic Governance“, Punkt 7, S. 4, abrufbar unter: http://european-convention.europa.eu/pdf/reg/en/03/cv00/cv00761.en03.pdf).

Where appropriate, the European Central Bank, without prejudice to its independence and Article 6 of the ESCB Statute, shall be fully associated with that coordination. (…).“[328]

Innerhalb einer solchen Lösung, da sich die Grundsätze der Vertretung durch die Kommission dadurch nicht ändern würden, könnte noch eine Idee erwogen werden: die Idee eines zweiten, nur für die wirtschafts- und währungspolitischen Anliegen des Euroraums zuständigen Kommissars (also: eines Euroraum-Kommissars)[329]. In der Kommission wurde nämlich bisher in dieser Untersuchung der Kommissar für die gesamte Wirtschafts- und Währungspolitik als Kandidat für den Vertreter des Euroraums (Organwalter der Kommission als der Vertreterin) benannt.

Nach der ersten Option könnte der Euroraum-Kommissar eines der vollberechtigten Kommissionmitglieder, neben dem heutigen Kommissar für Wirtschafts- und Währungspolitik, werden.

Nach der zweiten Option könnte er dem heutigen Kommissar für Wirtschafts- und Währungspolitik unterstehen. Er wäre in der Kommission nicht stimmberechtigt oder er könnte eventuell anstelle des Kommissars für Wirtschafts- und Währungspolitik je nach dem behandelten Thema den Kommissionsmitgliedsdienst ausüben. Der Euroraum-Kommissar wäre damit eigentlich ein Beamter im Stab des Kommissars für Wirtschafts- und Währungspolitik.

Wenn die beiden Optionen aus der begrenzten Perspektive des Euroraum-Kommissars noch plausibel erscheinen, ist zu fragen, welche Aufgaben der Kommissar für Wirtschafts- und Währungspolitik hätte. Denn die beiden schaffen eine verwirrende Doppelzuständigkeit für die wirtschafts- und währungspolitischen Anliegen. In der Union gibt es keine Trennung zwischen der Wirtschafts- und Währungspolitik der Nicht-Euro-Mitgliedstaaten und der Wirtschafts- und Währungspolitik der Euro-Mitgliedstaaten. Diese werden nicht zweigleisig

328 Änderungsvorschlag von E. Brok et al., abrufbar unter: http://european-convention.europa.eu/docs/Treaty/pdf/832/Art%20III%2085c%20Brok%20EN.pdf, vermerkt im Dokument CONV 821/02 vom 27. Juni 2003, S. 36.

329 Die Lösung wurde nicht durch die Einführung der Domäne „Euro und sozialer Dialog“ neben der Domäne „Finanz- und Wirtschaftsangelegenheiten, Steuern und Zoll“ in der Aufgabenteilung der Kommission 2014 eingeführt, die von zwei Kommissaren übernommen wurden. Der Vizepräsident der Kommission für den Euro und den sozialen Dialog ist nicht nur für die Anliegen des Euroraums zuständig. Dies verdeutlicht insbesondere die Leitung eines der vier Projekts in der Kommission, nämlich „Eine vertiefte und faire Wirtschafts- und Währungsunion“, das alle Mitgliedstaaten einbezieht.

betrieben. Es gibt die Wirtschafts- und Währungspolitik, deren Regelungen für die Euro-Mitgliedstaaten in vollem Umfang und für die Nicht-Euro-Mitgliedstaaten nur teilweise gemäß Art. 139 AEUV gelten.

Die Idee erweist sich daher als fehlgeschlagen. Man bleibt aber bei der Kandidatur des Kommissars für Wirtschafts- und Währungspolitik neben dem Präsidenten der EZB als Vertreter des Euroraums auf der Ministerebene. Vor der endgültigen Entscheidung sollten aber auch weitere Lösungen analysiert werden.

(2) Lösung in Anlehnung an das GASP-Muster

Als Einführung zum nächsten Vorschlag ist wieder zu betonen: Der Vertreter des Euroraums erklärt nach außen die festgelegten Standpunkte des Euroraums. Er handelt im Rahmen des erteilten Mandats. Es sind daher keine Missbräuche zu befürchten, die der wirtschaftspolitischen Souveränität der Euro-Mitgliedstaaten schaden würden. Sie als die Entscheidungsträger befinden sich entweder im Rat und entscheiden nach den unionsrechtlichen Mehrheitsvorgaben oder im Konsens. Der Vertreter erklärt hingegen nur das Entschiedene im Außenverhältnis.

Der Kandidatur der Kommission als des Euroraum-Vertreters (nicht nur in Teil der Währungspolitik, sondern eben in der problematischen Wirtschaftspolitik) wird oft ihre „technokratische“ und „bürokratische“ Natur, und der damit verbundene Mangel an politischer Legitimation, vorgeworfen.[330] Die Aufmerksamkeit wird damit in Hinsicht auf den wirtschaftspolitischen Euroraum-Vertreter auf den Ratsvorsitz und den Präsidenten der Euro-Gruppe gelenkt. Obwohl die politische Legitimation sich zuallererst nicht auf die Erklärungsbefugnis,[331] sondern auf die Entscheidungsbefugnis bezieht, werden jedenfalls die möglichen Lösungsvarianten untersucht, die dem Euroraum-Vertreter einen intergouvernementalen Bezug geben.[332]

Die strukturell am meisten fortgeschrittenen Lösungen werden durch die Parallelenbildung zum Posten des Hohen Vertreters, also durch die Einsetzung einer Doppelhut- oder sogar einer Dreierhutstellung, hervorgerufen. Diese Vorgehensweise könnte einen ungeschriebenen (zurzeit als Posten in den Verträgen

---

330 Siehe u.a. *McNamara/Meunier*, International Affairs 2002, S. 861.

331 Dazu: Teil II Unterteil II Kapitel II.2.d. Zu bemerken ist, dass bei der Bezeichnung der Kommission als „burocratic body without direct political power“ (in: siehe Fn. 330) darauf hingewiesen wurde, dass die Kommission nicht in der Lage sei, flexibel und aufmerksam auf die Notwendigkeit der politischen Koalitionsbildung zu reagieren. Dies ist eben ein Hinweis auf die Entscheidungsbildung.

332 Die ESZB-Außenvertretungsbefugnisse bleiben jeweils ohne Änderung.

nicht vorhandenen), aber eindeutigen Euroraum-Vertreter des Euroraums hervorbringen.

So lassen sich, nach dem Muster der Verbindung des Ratsvorsitzes (in der Formation „Auswärtige Angelegenheiten“) und des Postens des Kommissars im Falle des Hohen Vertreters, drei Varianten für die Euroraum-Außenvertretung auf der Ministerebene vorschlagen. Sie reichen von einer direkten Nachbildung durch eine für die Euro-Mitgliedstaaten spezifische Lösung bis zu einer diese beiden zusammensetzenden „Maximal“-Lösung folgenderweise:

- *Variante 1:* Verbindung der Ämter des Vorsitzenden des ECOFIN-Rates und des Kommissars für Wirtschafts- und Währungspolitik (Doppelhutstellung),
- *Variante 2:* Verbindung der Ämter des Präsidenten der Euro-Gruppe und des Kommissars für Wirtschafts- und Währungspolitik (Doppelhutstellung),
- *Variante 3:* Verbindung der Ämter des Vorsitzenden des ECOFIN-Rates, des Präsidenten der Euro-Gruppe und des Kommissars für Wirtschafts- und Währungspolitik (Dreierhutstellung).

Die die Idee begründenden Ähnlichkeiten zwischen der GASP und der Wirtschaftspolitik scheinen bei der Beschreibung der Zuständigkeitsart zu beginnen: In der GASP ist es „die unionskoordinierte zwischenstaatliche Zusammenarbeit“[333] und in der Wirtschaftspolitik – nach Art. 5 Abs. 1 Satz 1 AEUV „die Koordinierung innerhalb der Union“.

Das darauf aufbauende Zusammenspiel der intergouvernementalen und supranationalen Maßnahmen spiegelte sich in der primär auswärtig ausgerichteten GASP eben im Änderungsprozess der Vertretungsbefugnis wider: von der Trio-Präsidentschaft – durch eine Troika des Ratsvorsitzes, des Ratsgeneralsekretärs und des Kommissionsvertreters – bis zu dem heutigen Hohen Vertreter.[334]

---

333 So: *Hummer*, in: Vedder/Heintschel von Heinegg (Hrsg.), Europäisches Unionsrecht, Art. 24 EUV, Rn. 7 und *Cremer*, in: Calliess/Ruffert (Hrsg.), EUV/AEUV, Art. 24 EUV, Kapitel III.

334 Der Hohe Vertreter für die Gemeinsame Außen- und Sicherheitspolitik, dessen Aufgaben der Ratsgeneralsekretär bei der Außenvertretung in der GASP gemäß dem Vertrag i.d.F. vom Vertrag von Nizza wahrnahm, steht dem heutigen Hohen Vertreter der Union für Außen- und Sicherheitspolitik nicht gleich. Zu den Aufgaben des ersteren (und des Ratsgeneralsekretärs) gehörte die Unterstützung des Rates in GASP-Angelegenheiten, insbesondere den Beitrag zur Formulierung, Vorbereitung und Durchführung politischer Entscheidungen und gegebenenfalls die Führung des politischen Dialoges mit Dritten im Namen des Rates (Art. 26 EUV i.d.F. vom Vertrag von Nizza). Die Entwicklung des Postens und seine Bedeutung wurden in *Müller-Brandeck-Bocquet/Rüger*, Integration 2011, S. 24 ff. beschrieben.

Die Anfangsphase scheint an die jetzige, in der Praxis nach dem Wiener Bericht 1998 vorkommende Zusammenstellung des Ratsvorsitzes (bzw. Präsidenten der Euro-Gruppe) und eines Kommissionsvertreters bei der Vertretung in der Wirtschafts- und Währungspolitik zu erinnern:

Tabelle 7: Evolution der Vertretungsbefugnis in der GASP

Nach dem Vertrag von Maastricht	Nach dem Vertrag von Nizza	Nach dem Vertrag von Lissabon
Art. J.5 „(1) Der Vorsitz vertritt die Union in den Angelegenheiten der Gemeinsamen Außen- und Sicherheitspolitik. (2) Der Vorsitz ist für die Durchführung der gemeinsamen Aktionen verantwortlich; daher wird in internationalen Organisationen und auf internationalen Konferenzen der Standpunkt der Union grundsätzlich vom Vorsitz dargelegt. (3) Bei den Aufgaben gemäß den Absätzen 1 und 2 wird der Vorsitz gegebenenfalls von dem Mitgliedstaat, der den vorhergehenden Vorsitz innehatte, und dem Mitgliedstaat, der den nachfolgenden Vorsitz wahrnimmt, unterstützt. Die Kommission wird an diesen Aufgaben in vollem Umfang beteiligt. (…).“	Art. 18 „(1) Der Vorsitz vertritt die Union in Angelegenheiten der Gemeinsamen Außen- und Sicherheitspolitik. (2) Der Vorsitz ist für die Durchführung der nach diesem Titel gefassten Beschlüsse verantwortlich; im Rahmen dieser Aufgaben legt er grundsätzlich den Standpunkt der Union in internationalen Organisationen und auf internationalen Konferenzen dar. (3) Der Vorsitz wird vom Generalsekretär des Rates unterstützt, der die Aufgabe eines Hohen Vertreters für die Gemeinsame Außen- und Sicherheitspolitik wahrnimmt. (4) Die Kommission wird an den Aufgaben nach den Absätzen 1 und 2 in vollem Umfang beteiligt. Der Vorsitz wird gegebenenfalls von dem Mitgliedstaat, der den nachfolgenden Vorsitz wahrnimmt, bei diesen Aufgaben unterstützt. (…).“	Art. 27 Abs. 2 „Der Hohe Vertreter vertritt die Union in den Bereichen der Gemeinsamen Außen- und Sicherheitspolitik. Er führt im Namen der Union den politischen Dialog mit Dritten und vertritt den Standpunkt der Union in internationalen Organisationen und auf internationalen Konferenzen. Art. 15 Abs. 6 Satz 2 Der Präsident des Europäischen Rates nimmt auf seiner Ebene und in seiner Eigenschaft, unbeschadet der Befugnisse des Hohen Vertreters der Union für Außen- und Sicherheitspolitik, die Außenvertretung der Union in Angelegenheiten der Gemeinsamen Außen- und Sicherheitspolitik wahr.“

Quelle: eigene Darstellung

Daher könnte die Entwicklung der Vertretung in der Wirtschafts- und Währungspolitik in dieselbe Richtung gehen.

Es besteht aber ein entscheidender Unterschied zwischen der GASP und der Wirtschaftspolitik, der keine direkte (holistische) Übernahme der GASP-Vertretungslösung zulässt. Die unionale GASP ist weitgehend nach dem Prinzip der Intergouvernementalität[335] ausgestaltet.[336] Über die Kommissionsbeteiligung an der GASP-Außenvertretung entscheidet dann der oft untrennbare Mischcharakter der GASP-Maßnahmen. Sie berühren nämlich oft zugleich andere Unionspolitiken (wie z.B. die Entwicklungspolitik), die dem Prinzip der Supranationalität folgen. Daher wurde die Kommissionsbeteiligung teilweise in den Posten des Hohen Vertreters aufgrund des Vertrags von Lissabon eingebunden. Dem Hohen Vertreter als dem Vizepräsidenten der Kommission kommt danach eine koordinierende Rolle hinsichtlich des auswärtigen Unionshandelns zu. Der Hohe Vertreter ersetzt aber nicht die für die spezifischen Aufgabenbereiche verantwortlichen Kommissare.

In der Wirtschaftspolitik hingegen stehen den nach dem Supranationalitätsprinzip handelnden Unionsorganen grundsätzlich die Überwachungsaufgaben zu, wofür die Bezugsrahmen entweder in den Verträgen vorgeschrieben sind oder in den Grundzügen der Wirtschaftspolitik der Mitgliedstaaten und der Union bestimmt werden. Die Entscheidungen werden dementsprechend entweder vom Rat mit qualifizierter Mehrheit oder von der Kommission getroffen. Die einzige, einstimmige Ausnahme des Art. 126 Abs. 14 AEUV bezieht sich auf die Änderung der in den Verträgen vorgeschriebenen Überwachungsrahmen und stellt deswegen im Grunde ein besonderes Vertragsänderungsverfahren neben den in Art. 48 EUV enthaltenen dar.

Die unionsrechtlich geregelte Wirtschaftspolitik stößt als weiteres, im Unterschied zur GASP, nicht auf ein intern-unionales „Mischproblem". Die wirtschaftspolitische unionale Intergouvernementalität liegt erstens in der Festlegung der

---

335 Im Sinne des Einstimmigkeitserfordernisses beim Entscheidungstreffen, siehe: *Missiroli*, Integration 2011, 247ff. und den Literaturhinweis in Fn. 282. Das Einstimmigkeitserfordernis ist die Unionsmethode genannt in Gegenüberstellung zur Gemeinschaftsmethode.

336 Siehe: Art. 31 EUV und in Bezug auf internationale Verträge der Union (nicht der Mitgliedstaaten!) Art. 218 Abs. 8 AEUV i.V.m. Art. 37 und 31 EUV. Man merkt, dass auch die mit qualifizierter Mehrheit zu fassenden Ratsbeschlüsse eine vorherige, einstimmige Entscheidung, wie z.B. einen Beschluss des Europäischen Rates, benötigen. Überdies kann sich ein Mitgliedstaat bei solchen Ratsbeschlüssen ihrer Durchführung „konstruktiv enthalten", siehe: Art. 31 Abs. 2 Unterabs. 2 EUV.

Kontrolleurstätigkeit der der Union übergeordneten Grundzügen. So ist nach Art. 121 Abs. 2 Satz 3 AEUV in der Ausarbeitung der Grundzüge der (nach dem Einstimmigkeitsprinzip handelnde) Europäische Rat eingebunden. Die Grundzüge stellen zweitens selbst nur eine Empfehlung dar. Für die Anerkennung des Überwachungsverfahrens der Union (das selbst lediglich mit soft-Folgen der Verwarnung, der Empfehlung und der Veröffentlichung verbunden ist) müssen die Mitgliedstaaten mit den Grundzügen einverstanden sein.[337]

Die Intergouvernementalität in der Wirtschafts- und Währungspolitik betrifft aber hauptsächlich das außerunionsrechtliche Segment der mitgliedstaatlichen Einzelentscheidungen[338], die nach Art. 121 Abs. 1 i.V.m. Art. 120 AEUV auch weiter i.V.m. Art. 3 und Art. 119 AEUV durch die unionsrechtliche Anordnung der Behandlung der Wirtschaftspolitik als „eine Angelegenheit von gemeinsamem Interesse" – i.e. als Beitragsleistung zur Verwirklichung von Unionszielen – gelenkt werden.

Obwohl daher die unterschiedlichen Rechtskonfigurationen keine direkte Übernahme der GASP-Vertretungslösung zulassen, ist doch, angesichts der Vertretung der *gemeinsamen* (in dem wirtschaftspolitischen Bereich) und *koordinierten* Standpunkte des Euroraums, ein Doppel-(Dreier-)hut, der einen Vertreter des intergouvernementalen Gremiums mit einem Kommissionsvertreter verbindet, einer Prüfung zu unterziehen. Für die Festlegung dieser Standpunkte werden nämlich der Rat und die Euro-Gruppe als Verhandlungsgremien benutzt. Man könnte dann die angegebenen Lösungsvarianten rein verbindend, ohne zusätzliche Änderungen innerhalb der Entscheidungsbefugnisse, eben wie eine Personalunion, betrachten.

Die Entscheidungsbefugnisse anschauend, würde nur der Kommissar eine Entscheidungsbefugnis als Mitentscheidungsbefugnis in der Kommission (wie jedes Kommissionsmitglied) in die Ämterverbindung mitbringen. Dem ECOFIN-Ratsvorsitz und dem Präsidenten der Euro-Gruppe kommen hingegen kraft dieser Ämter prinzipiell nur die organisatorischen, tagungsbezogenen Aufgaben und die Vertretung des im Gremium Festgelegten (zuallererst) gegenüber anderen Unionsorganen zu. Für die Erwägung bezüglich einer Ämterverbindung sollte daher der Kommissar den Ausgangsposten bilden. Der umgekehrte Fall, i.e. dass der Präsident der Euro-Gruppe oder vielmehr der Vertreter des Mitgliedstaates mit dem Ratsvorsitz in die Kommission als Kommissar für Wirtschafts- und

337 Zur Verknüpfung der Intergouvernementalität und der Supranationalität in den unionsrechtlichen Grundlagen der Wirtschafts- und Währungspolitik siehe: *Müller-Graff*, Integration 2011, S. 290–292.

338 Die Krisenmaßnahmen liefern dazu Beispiele, siehe: Fn. 285.

Währungspolitik ohne weiteres hineinkommt, darf nicht akzeptiert werden, da dies dem Prinzip der Unabhängigkeit der Kommission widersprechen würde.

Daher sollte der Kommissar für Wirtschafts- und Währungspolitik zum Vorsitzenden des ECOFIN-Rates und zum Präsidenten der Euro-Gruppe eingesetzt werden. Für den Rat gilt, dass der Kommissar als Vorsitzender des Rates nicht stimmberechtigt (wie es auch im Fall des dem Rat externen Hohen Vertreters ist) wäre, da der Rat nach Art. 16 EUV aus je einem Vertreter jedes Mitgliedstaates auf Ministerebene besteht. Gleiches gilt für die Euro-Gruppe, wo allerdings die Konsensbildung informell geschieht und eine solche Regel nicht vorhanden ist.

In Bezug auf das heutzutage zulässige Auswahlspektrum müsste aber für den Rat die Regelung des Art. 16 Abs. 9 AEUV zur Durchsetzung einer Ämterverbindung geändert werden. Dort wurde nämlich vorgeschrieben, dass der Vorsitz im Rat in allen Zusammensetzungen mit Ausnahme des Rates „Auswärtige Angelegenheiten" (der Fall des Hohen Vertreters) vom Vertreter eines Mitgliedstaates wahrgenommen wird. Man müsste daher eine Vertragsänderung durchführen. Anders ist es für den Präsidenten der Euro-Gruppe. Art. 2 des Protokolls Nr. 14 legt nicht fest, ob der Präsident der Euro-Gruppe intern, i.e. aus den Mitgliedern der Euro-Gruppe, oder extern zu wählen ist.

So wurde ihr Vorsitz direkt nach der Gründung der Euro-Gruppe (mit der Luxemburger Entschließung 1997) von dem Minister des Mitgliedstaats mit dem Ratsvorsitz geführt (bzw. von dem Minister des nächsten zum Ratsvorsitz nach dem Rotationsystem bestimmten Euro-Mitgliedstaates, wenn den Ratsvorsitz nicht ein Euro-Mitgliedstaat innehatte). Nur im Jahr 2004 entschieden sich die Minister der Euro-Gruppe, einen Präsidenten für die Amtszeit von zwei Jahren zu wählen. Am 1. Januar 2005 begann die erste Mandatsperiode des damaligen luxemburgischen Finanzministers und gleichzeitig Premierministers, Jean-Claude Juncker[339], die bis zum 31. Dezember 2008 und danach noch, einstimmig, bis zum 1. Januar 2010 verlängert wurde (einstimmig, da damals dieselbe Person nicht länger als zwei Mandatsperioden das Amt des Vorsitzenden besetzen durfte). Im Juli 2009 gab Juncker sein Amt als luxemburgischer Finanzminister ab, blieb aber Premierminister Luxemburgs, war also ab diesem Zeitpunkt „Externer" in der Euro-Gruppe. Er wurde dann noch für die nächste Mandatsperiode von nunmehr zweieinhalb Jahren (nach Art. 2 des Protokolls Nr. 14) ab Januar 2010 beginnend und für die nächste ab Juli 2012 beginnend als Präsident der Euro-Gruppe bestätigt. Als Juncker das Amt niederlegte, wurde der niederländische Finanzminister, Jeroen Dijsselbloem, zum Präsidenten der Euro-Gruppe im

339 2014 wurde Juncker zum Präsidenten der Kommission gewählt.

Januar 2013 gewählt. Er ist – als einer der Finanzminister der Euro-Mitgliedstaaten – „intern“ für die Euro-Gruppe.

Insgesamt gibt es, rechtlich gesehen, außer in dem Fall, wenn die Personalunion (Ämterverbindung) den Vorsitzenden des Rates umfassen würde (eine Vertragsänderung wäre für die *Variante 1* und *Variante 3* notwendig), keine Hindernisse für eine Ämterverbindung.

Politisch betrachtet, könnte hingegen bei einer Ämterverbindung ein eventueller Einfluss des Kommissars auf die ECOFIN-Ratsentscheidungen von den Euro-Mitgliedstaaten befürchtet werden. Dem ist aber erstens zu erwidern, dass der Einfluss sich nur insofern verwirklichen könnte, als der Vorsitzende des ECOFIN-Rates jeweils die Tagesordnung herstellt. Zweitens dürfen die Ratsentscheidungen nur auf einen Vorschlag bzw. eine Empfehlung des in den Verträgen vorgesehenen Unionsorgans (der Kommission als Organ (!) bzw. der EZB in der Wirtschafts- und Währungspolitik) getroffen werden. Die Einflussnahme bei Entscheidungen, die der des Hohen Vertreters in der GASP entsprechen würde, wäre dann von den zusätzlichen Änderungen abhängig. So darf der Hohe Vertreter den Rat mit einer Frage der GASP befassen und ihm Initiativen beziehungsweise Vorschläge nach Art. 18 Abs. 2 EUV unterbreiten. Ohne entsprechende Änderung für die Stellung des Kommissars für Wirtschafts- und Währungspolitik würde daher das bisherige check and balance-System zwischen den Unionsorganen nicht geändert.

Ein größerer Einfluss kann dem Präsidenten der Euro-Gruppe zukommen (dies betrifft die *Variante 2* und die *Variante 3*). Die faktische Macht seiner Managerstellung hängt natürlich von vielen Faktoren ab. Dazu zählen: Verteilung und Durchsetzungskraft von einzelnen, nationalen Interessen der Euro-Mitgliedstaaten, Genauigkeit und Selbstsicherheit der für die in der Euro-Gruppe behandelten Themen, spezifischen Sachkunde der Minister der Euro-Mitgliedstaaten, Eigenschaften der Person des Präsidenten selbst und ihre Betrachtung durch die Euro-Mitgliedstaaten (z.B. als neutraler Mediator oder als Verfolger einer bestimmten Politiklinie). Dieser Einfluss könnte sich weiter in Ratsentscheidungen widerspiegeln, da sie eigentlich, wenn nur die Euro-Mitgliedstaaten im Rat stimmberechtigt sind, in der Euro-Gruppe schon vorentschieden werden.[340] Hier aber bleibt der Einfluss auf Entscheidungen durch den Präsidenten der Euro-Gruppe (und auch eines Kommissionsvertreters, der an den Sitzungen der Euro-Gruppe sowieso gemäß Art. 1 des Protokolls Nr. 14 teilnimmt) letztendlich von

340 Dazu schon bei der Beschreibung der Zusammenarbeitsgremien, in denen die *koordinierten* Standpunkte festgelegt werden, in Teil II Unterteil I Kapitel I.2.b.bb.

den Ministern der Euro-Mitgliedstaaten abhängig. Die Euro-Mitgliedstaaten werden keinen ungeachtet, ob einen mehr oder weniger neutralen) Präsidenten der Euro-Gruppe zu einem selbstständigen Entscheidungsträger werden lassen. Insofern könnte eigentlich jede beliebige Person an der Spitze der Euro-Gruppe stehen. Sie muss nur erstens die Anerkennung der Minister der Euro-Mitgliedstaaten gewinnen und zweitens die Arbeitskontinuität der Euro-Gruppe sichern.

Einen anderen politischen Punkt berührend, ist es aber zur gegenwärtigen Zeit schwer vorstellbar, dass ein Kommissionsvertreter zum Präsidenten der Euro-Gruppe einberufen werden könnte. Die Tätigkeit der Euro-Gruppe konzentriert sich nämlich auf die Ausarbeitung von wirtschaftspolitischen Maßnahmen konzentriert und der Präsident der Euro-Gruppe nimmt die Rolle des politischen Gegenpols der Kommission an. Die obige Lösung müsste daher mit einer Regelung erzwungen werden.

Im Ergebnis würde die Ämterverbindung mit dem Ratsvorsitz (*Variante 1* und *Variante 3*) eine Vertragsänderung benötigen, da sie dem jetzigen Rechtsstand widerspricht. Bei der Ämterverbindung mit dem Präsidenten der Euro-Gruppe (*Variante 2* und *Variante 3*) gibt es keinen solchen Widerspruch, aber angesichts der politischen Erwägungen würde dafür eine Regelung benötigt, die eine solche Lösung erzwingen müsste.

Die vorgeschlagene Lösung ist auch aus der Folgenseite zu betrachten. Diese wird jetzt die praktische Sichtweise widerspiegeln. Es stellt sich dann heraus, dass die Bedeutung des Dreierhuts (*Variante 3*) bzw. des Doppelhuts (*Variante 1* und *Variante 2*) in der Wirtschafts- und Währungspolitik sich im Grunde – angesichts (erstens) der schon bestehenden, ausreichenden interinstitutionellen Verbindungen,[341] (zweitens) der hauptsächlich organisatorischen Aufgaben des Ratsvorsitzes und des Präsidenten der Euro-Gruppe und (drittens) des einzigen Vorteils des eindeutigen Euroraum-Vertreters (neben dem ESZB-Vertreter) – auf eine Arbeitsüberbelastung des Kommissars für Wirtschafts- und Währungspolitik reduzieren würde. Er müsste sowohl seine Aufgaben in der Kommission als auch die neuen im Rat und in der Euro-Gruppe erledigen. Darüber hinaus, obwohl die Tätigkeit des Kommissars im Rat und in der Euro-Gruppe ohne andere Änderungen rein organisatorisch wäre, würden die vorgeschlagenen Ämterverbindungen unnötige Zweifel an der Unabhängigkeit der Kommission hervorrufen. In der Wirtschaftspolitik hat die Kommission zuallererst, wie beim Spielraum für die Wahl eines Vertreters des Euroraums in Kapitel 2 dargestellt, die Aufgabe eines neutralen Aufsehers, ohne Rücksicht auf die Stimmungen im

341 Siehe: Teil II Unterteil I Kapitel I.2.b.cc.(2).

Rat (bzw. in der Euro-Gruppe), zu erfüllen. Schließlich lässt sich nicht vorhersehen, ob die Präsidentschaft eines Kommissars in der Euro-Gruppe sich eventuell negativ auf die ungezwungene und großangelegte Debatte auswirken würde.

Alle diese Kommentare betreffen die tatsächlich vorgebrachten Vorschläge. Einen solchen stellte die Spinelli-Group vor. Er sah das Folgende vor:

> „(...) (2) A reorganisation of the Commission to nominate a senior member as the Euro Finance minister who would chair the Eurogroup and head a group of commissioners charged with implementing economic governance at least within the eurozone. A reorganisation of the DG ECFIN in order to have, inside the COM [Kommission], an independent expertise, as is the case in the Competition services.
>
> (3) The Euro finance minister would also be the sole external representative of the euro, as legally provided by Article 138 of the TFEU. (...)"[342]

Im Unterschied zu den obigen Lösungen würde hier aber eine holistische Nachahmung der Idee sowohl der Vertretungs- als auch der Entscheidungsbefugnisse des Hohen Vertreters (mit dem *Variante 2*-„Doppelhut") in der Wirtschaftspolitik vorgeschlagen.

Eine solche Nachahmung, diesmal mit dem *Variante 3*-„Dreierhut", in der Person des Währungs- und Finanzkommissars wurde zuerst aber vom Sonderausschuss des Europäischen Parlaments zur Finanz-, Wirtschafts- und Sozialkrise (CRIS) vorgeschlagen. Sie wurde dann als einer der Punkte der Eigeninitiative des Europäischen Parlaments in Bezug auf die in der Finanzkrise zu ergreifenden Maßnahmen im Oktober 2010 der Kommission wie folgt vorgelegt:

> „Das Europäische Parlament schlägt vor, dass die Verantwortung für die Bereiche Wirtschaft und Währung bei der Kommission einem ihrer Vizepräsidenten übertragen wird; schlägt vor, dass diese Person damit beauftragt wird, zu gewährleisten, dass die wirtschaftlichen Tätigkeiten der EU konsistent erfolgen, zu überwachen, wie die Kommission ihre Verantwortung in Bezug auf Wirtschaft, Währung und Finanzmarkt wahrnimmt, und weitere Aspekte der Wirtschaftstätigkeit der Union zu koordinieren; regt ferner an, dass diese Person an den Arbeiten des Europäischen Rates teilnehmen, den Vorsitz im Rat der Wirtschafts- und Finanzminister und in der Euro-Gruppe führen und die Union in den einschlägigen internationalen Gremien vertreten sollte."[343]

---

342 Fixiert in den Punkten 2 und 3 in: *Spinelli Group*, A federal step forwards to end the eurocrisis, Shadow European Council Conclusions, October 2011.

343 Punkt 83, Entschließung des Europäischen Parlaments vom 20. Oktober 2010 zu der Finanz-, Wirtschafts- und Sozialkrise: Empfehlungen in Bezug auf zu ergreifende Maßnahmen und Initiativen (Zwischenbericht) (2009/2182(INI)).

Diese Initiative fand zuerst keine weitere Unterstützung der Kommission.[344] Die Vizepräsidentschaft der Kommission wurde aber in der Aufgabenteilung der Kommission 2014–2019 der Domäne „Euro und sozialer Dialog“ zugewiesen. Dies aber ohne einhergehende Veränderungen in Bezug auf den Vorsitz im Rat.

Die oben beschriebene Initiative fand ihre Fortsetzung 2011/2012 in einer juristischen Umsetzung, die im Auftrag der Gruppe von EFA/Grünen-Abgeordneten des Europäischen Parlaments, zum Zweck der economic governance-Verbesserung, spiegelartig zu den Vertragsvorschriften über den Hohen Vertreter (nur mit der Ausnahme des Wahlverfahrens, das in der Umsetzung dem des Kommissionspräsidenten gleichstehen soll) ausgearbeitet wurde.[345] Ihre zentrale Vorschrift – der vorgeschlagene Art. 18 a Abs. 2 EUV – mit der Befugniszuweisung lautet:

> „Der Währungs- und Finanzkommissar leitet die Währungs- und Finanzpolitik der Union. Er überwacht die wirtschaftliche Entwicklung in jedem Mitgliedstaat und in der Union sowie die Vereinbarkeit der Wirtschaftspolitik der Mitgliedstaaten mit den Grundzügen der Wirtschaftspolitik im Sinne von Art. 121 des Vertrags über die Arbeitsweise der Europäischen Union, die Entwicklung der Haushaltslage und der Höhe des öffentlichen Schuldenstands in den Mitgliedstaaten im Hinblick auf die Feststellung schwerwiegender Fehler und die makroökonomische Entwicklung in den Mitgliedstaaten. Er trägt durch seine Vorschläge zur Festlegung dieser Politik bei und führt sie im Auftrag des Rates durch.“[346]

Aus der Analyse der Umsetzung ergibt sich, dass der spezialisierte Währungs- und Finanzkommissar (bisher: ein Organwalter) und die Kommission (also: das

344 Die Initiative wurde weder in der Kommissionsantwort noch in der nachträglichen Kommissionsarbeit berücksichtigt; siehe: Follow up to the European Parliament resolution on the financial, economic and social crisis: recommendations concerning measures and initiatives to be taken (mid-term report), adopted by the Commission on 9 February 2011.

345 Die Initiative steht unter den sechs vorgeschlagenen, institutionellen Elementen der wirksamen europäischen economic governance in: *Bütikofer/Giegold/Trüpel/Brantner*, Europäische Wirtschaftsregierung – oder was?, Diskussionspaper vom 24. November 2011.
(Es ist hier zu bemerken, dass H. Giegold einer der CRIS- und F. Brantner eine der stellvertretenden CRIS-Mitglieder Koordinatoren im Europäischen Parlament waren.)
Die juristische Umsetzung erarbeitete im Auftrag der Autoren R. Repasi: *Repasi*, Studie vom Januar 2012, S. 15–18.

346 In der o.a. Studie, S. 17.

Organ) angesichts der Befugnisse teilweise nebeneinander gestellt werden sollen. Man spricht hier nur über eine teilweise Nebeneinanderstellung, da in anderen Vorschriften, insbesondere in Art. 121, 126 und 136 AEUV, die Kommission durch den Währungs- und Finanzkommissar nicht ersetzt würde.

Zusammenfassend lässt sich alles erstens auf eine vertragliche Verankerung der sonst in der Kommission vorhandenen, aber bisher nur politischen Aufgabenzuweisung[347] und zweitens auf die Neuigkeit im direkten Vorschlagsrecht des Währungs- und Finanzkommissars reduzieren. Hinzu kommt noch die Erschütterung der Rolle der Kommission als eines neutralen Kontrolleurs als Nebeneffekt des dritten Aspekts, i.e. der Durchführung der Währungs- und Finanzpolitik durch den Währungs- und Finanzkommissars im Auftrag des Rates.[348] Letztendlich ist zu fragen, was eigentlich die Währungs- und Finanzpolitik der Union umfasst und wie sie gegenüber der Wirtschafts- und Währungspolitik zu stellen ist. Die Bezeichnung ist nämlich an anderer Stelle in den Verträgen nicht zu finden.

Schlussfolgernd ist weder die rein verbindende noch die holistische Idee der Übernahme des Hohen Vertreters in die Wirtschafts- und Währungspolitik aufrechtzuerhalten.

(3) Präsident der Euro-Gruppe und Präsident des Rates als Kandidaten

Mit dem Scheitern der GASP-ähnlichen Lösungsvorschläge kommt man auf die Basiskandidaturen des Vorsitzenden des ECOFIN-Rates und des Präsidenten der Euro-Gruppe im Wettbewerb mit der eines Kommissionsvertreters zurück.

Von der Kommissionsstellung ausgehend, ist die Kommission bei den wirtschaftspolitischen Aufgaben der Union der natürliche Unionsaußenvertreter, wie im Unterkapitel (1) dargestellt wurde. Die Kommission könnte dann weiter, wie erläutert, nicht nur die Unionsvertretung, sondern auch die wirtschaftspolitische Vertretung der Mitgliedstaaten übernehmen. So kann ihr die Aushandlung eines internationalen Vertrags sowohl im Namen der Union als auch zugleich im Namen der Mitgliedstaaten in der Wirtschafts- und Währungspolitik und die operative Außentätigkeit für die Mitgliedstaaten bei der Finanzhilfeverwaltung

347 Dies bestätigt noch der vorgeschlagene Art. 18 a Abs. 4 EUV: „Er [der Währungs- und Finanzkommissar] ist innerhalb der Kommission für die Überwachung der wirtschaftlichen Entwicklung und der Haushaltspolitik der Mitgliedstaaten zuständig", in der o.a. Studie, S. 17.

348 Dies sollte mit einer Ausnahme in Art. 17 Abs. 3 (in der Vorschrift über die Kommissionsunabhängigkeit), gleich wie für den Hohen Vertreter, auch für den Währungs- und Finanzkommissar sanktioniert werden, siehe: in der o.a. Studie, S. 16.

anvertraut werden. Dieser Vertretungsansatz ist geeignet entweder bei der dem Supranationalitätsprinzip folgenden, unionsrechtlichen Entscheidungsbefugnis (z.B. des mit qualifizierter Mehrheit entscheidenden Rates), wenn die Kommission ein für die Union meist passendes Ergebnis erzielt, oder bei einem durch die im mitgliedstaatlichen Konsens festgelegten Standpunkte des Euroraums bestimmten Mandat, das der Kommission keine zwischen den Euro-Mitgliedstaaten kontroversen Themen als Verhandlungsspielraum lässt. Für die internationale politische Zusammenarbeit, die oft die Fortsetzung des kontroversen Willensbildungsprozesses zwischen den Euro-Mitgliedstaaten darstellt, ist ein Kommissionsvertreter zwar ein guter Unterstützungspartner, jedoch nicht ein richtiger mitgliedstaatlicher Vertreter. Ein solcher müsste sich nämlich mit einer ständigen Interessenvermittlung zwischen den Ministern beschäftigen. Dies wäre erstens aber mit der unabhängigen Stellung der Kommission nicht vereinbar. Zweitens, aus der politischen Kehrseite gesehen, müsste ihm das für eine solche Vertretung notwendige Vertrauen der Euro-Mitgliedstaaten als dem Kennenden und die nationalen Interessen Schonenden verliehen werden. Dies würde wieder die eventuelle Abweichung von der unabhängigen Verfolgung der Unionsinteressen voraussetzen.

An dieser Stelle kommt daher die entscheidende Rolle nicht den rechtlichen, sondern den politischen Überlegungen zu.

Eine dem oben Beschriebenen entsprechende Rolle kam, sowie es scheint, Jean-Claude Juncker, dem Präsidenten der Euro-Gruppe im Zeitraum vom Januar 2005 bis Januar 2013, zu, der 2014 zum Präsidenten der Kommission gewählt wurde. Mit seiner Erfahrung,[349] Bewährung in der Krisenzeit,[350] der der Vermittlertätigkeit förderlichen Herkunftslandbasis[351] und seiner entschiedenen Stellung bei der zusammenarbeitsstärkenden Euro-Gruppen-Mission[352] erlangte

349 Seit 1982 gehört er ununterbrochen der Regierung Luxemburgs an: 1989–2009 als Finanzminister, seit 1995 als Premierminister. Acht Jahre lang bekleidete er das Amt des Präsidenten der Euro-Gruppe.

350 Die Euro-Gruppe ist zu einem fundamentalen Vorbereitungsgremium für die Ratsentscheidungen, die intergouvernementalen und die nationalen Maßnahmen geworden.

351 Er vertritt ein kleines Land, das nicht eindeutig den sich in der Krise stark divergierenden Polen – dem Norden oder dem Süden des Euroraums – zugerechnet werden kann. In der Zeit seiner Euro-Gruppe-Leitung gehörte er nicht zu den in der starken Interessenauseinandersetzung stehenden Mitgliedstaaten.

352 In Bezug auf die letzten Jahre der Amtsbekleidung siehe: Letter from the President of the Eurogroup to euro area Finance Ministers, the European Commissioner for

er die für den Vertreter der Euro-Mitgliedstaaten notwendige Anerkennung. Diese interne Facilitatorrolle des Präsidenten der Euro-Gruppe ist allerdings weiterhin weit von einer politischen Vertretung im Sinne der Entscheidungsmacht entfernt. Die Wahl des Präsidenten der Euro-Gruppe in der Person des niederländischen Finanzministers Jeroen Dijsselbloem im Januar 2013 bestätigt, dass vom Präsidenten der Euro-Gruppe ausschließlich die Ausübung einer intern gerichteten, neutralen Moderatorrolle erwartet wird.[353]

Der Präsident der Euro-Gruppe bleibt jedoch nach wie vor einer der Kandidaten für den Euroraum-Vertreter.[354] Bei der Vertretung der *koordinierten* und *gemeinsamen* Standpunkte ist es von Vorteil, wenn innerhalb von internationalen Gremien jeweils bekannt wird, wer (von den Ministern) diese Standpunkte im Namen aller Euro-Mitgliedstaaten zu äußern hat.

Dieser Vorteil stützt sich auf die Annahme, dass der Präsident der Euro-Gruppe intern, also aus dem Kreis der an den Sitzungen der Euro-Gruppe teilnehmenden Minister, gewählt wird. Erstens wäre es damit nicht notwendig, jeweils einen zusätzlichen Vertreter – neben den Ministern der Euro-Mitgliedstaaten – zur Äußerung der Standpunkte zusätzlich zu beteiligen. Damit verbunden wären zweitens eine direkte Informationsaufnahme und die Beobachtung der internationalen Politikgestaltung von dem Präsidenten der Euro-Gruppe auch dann gesichert, wenn ein Standpunkt der Euro-Mitgliedstaaten vorher nicht erzielt wurde. Dies schafft die notwendige Basis für das nachträgliche Moderieren der internen Arbeit innerhalb der Euro-Gruppe. Drittens, da die Zuständigkeit zum

---

Economic and Monetary Affairs and the President of the European Central Bank, 15. Januar 2010.

353 Siehe die medialen Bemerkungen zur Wahlbegründung in: *Mussler*, Wachwechsel in der Eurogruppe. Die großen Fußstapfen des Jean-Claude Juncker, FAZ vom 21. Januar 2013. Dort findet man solche Aussagen wie: „(…) der Nachfolgestreit wurde wieder einmal nach einem in der EU sehr beliebten Prinzip gelöst: Den Posten hat einer bekommen, den sehr lange niemand auf der Rechnung hatte – und vor allem einer, von dem die großen Mitgliedstaaten glauben, dass er kein eigenständiges Profil entwickeln wird. Kommissionpräsident José Manuel Barroso [Präsident der Kommission 2004–2014], Ratspräsident Herman Van Rompuy [Präsident des Europäischen Rates 2009–2014] und die Außenbeauftragte Catherine Ashton [Hohe Vertreterin für Außen- und Sicherheitspolitik 2009–2014] sind nach demselben Muster in ihre Ämter gelangt."

354 Diese potenzielle Rolle berücksichtigt Jeroen Dijsselbloem in seinem präsidialen Exposé: „Policy Priorities Eurogroup Presidency", Brief an die Finanzminister der Euro-Mitgliedstaaten, den Kommissar für Wirtschafts- und Währungspolitik und den Präsidenten der EZB, 20. Januar 2013, S. 5.

rechtsverbindlichen Handeln auch bei der Festlegung der *gemeinsamen* (in dem zusätzlichen wirtschaftspolitischen Bereich nach *Theorie 2*) und *koordinierten* Standpunkte bei den Euro-Mitgliedstaaten bleibt, würde diese Zuständigkeit mit einem aus der Regierung eines Mitgliedstaats stammenden, nicht strikt unionalen Vertreter gegenüber den Zusammenarbeitspartnern verständlich zum Ausdruck gebracht.

Die Kandidaturen des Präsidenten der Euro-Gruppe und des Vorsitzenden des ECOFIN-Rates (die beide amtierende Minister der Mitgliedstaaten sind) vergleichend, lässt sich feststellen, dass der Präsident der Euro-Gruppe, außer dem strikten Bezug auf die Euro-Mitgliedstaaten, dem Ratsvorsitz angesichts der die Arbeitskontinuität sichernden Amtszeit überlegen ist. Der Präsident der Euro-Gruppe amtiert zurzeit nach Art. 2 des Protokolls Nr. 14 zweieinhalb Jahre, während der Vorsitz des Rates gemäß Art. 1 Abs. 4 Satz 2 der Geschäftsordnung des Rates sechs Monate geführt wird. Folglich ist das Amtszeitargument hier aber keine Grundlage für die Überlegungen über die Verlängerung der Amtszeit des Ratsvorsitzes. Damit hätte nämlich jeder von den jetzigen 28 Mitgliedstaaten zweieinhalb Jahre die Leitung im Rat inne und das Rotationssystem würde sich dann alle 70 Jahre, nicht alle 14 Jahre, wiederholen.

Dem Ratsvorsitz sollen daher in der jetzigen, diesen auch genügenden Form die rein organisatorischen Aufgaben gelassen werden. Die Vertretung durch den Ratsvorsitz hätte sowieso keine die Teilnahme der Nicht-Euro-Mitgliedstaaten an den Euroraum-Standpunkten fördernde Auswirkung. Es ist übrigens nicht ausgeschlossen, dass der Präsident der Euro-Gruppe auch die anderen Mitgliedstaaten vertritt, wenn diese sich dem Euroraum-Standpunkt anschließen. Der Kreis der vertretenen Mitgliedstaaten wird dann gegenüber den Außenpartnern ausdrücklich genannt.

Damit ist die Kandidatur des Präsidenten der Euro-Gruppe zum Euroraum-Vertreter auf der Ministerebene zu bevorzugen, wenn die mitgliedstaatliche Zuständigkeit betroffen ist. Man könnte aber noch eine Fusion des Ratsvorsitzes und des Präsidenten der Euro-Gruppe überlegen.

Nehmen wir an, die Amtszeit beträgt ausgewogen (zwischen der Amtszeit des Präsidenten der Euro-Gruppe und der Amtszeit des Ratsvorsitzes) eineinhalb Jahre. Allein gesehen stellt dies aber nicht das Problem dar.

Die zwei ersten möglichen Fusionsoptionen setzen auf eine interne Wahl aus den Mitgliedern der Euro-Gruppe bzw. des Rates.

Nach der *Option 1* würde der Präsident der Euro-Gruppe jeweils auch den Ratsvorsitz innehaben. Dies würde bedeuten, dass jeweils einer der Finanz- bzw. Wirtschaftsminister der Euro-Mitgliedstaaten, welcher dann in der Euro-Gruppe gewählt wird, den Rat in der Zusammensetzung von Vertretern aller Mitgliedstaaten leitete. Politisch gesehen, wäre dies für die Nicht-Euro-Mitgliedstaaten unannehmbar. Der einzige Mehrwert in der Fusion der Posten ist hingegen für das vertragliche Erzwingen der *Option 1* zweifelhaft.

Nach der *Option 2* würde der Ratsvorsitz jeweils die Präsidentschaft in der Euro-Gruppe innehaben. Dies würde bedeuten, dass auch ein Finanz- bzw. Wirtschaftsminister aus einem Nicht-Euro-Mitgliedstaat die auf die Anliegen der Euro-Währung zentrierte Euro-Gruppe führte. Politisch gesehen, wäre das sowohl für die Euro- als auch die Nicht-Euro-Mitgliedstaaten unannehmbar. Wie auch bei der *Option 1* ist hingegen der einzige Mehrwert in der Fusion der Posten für das vertragliche Erzwingen auch dieser Option zweifelhaft.

Es bleibt noch die *Option 3*, wonach eine externe Person (i.e. weder aus den Mitgliedern des Rates noch der Euro-Gruppe) den Vorsitz sowohl im Rat als auch in der Euro-Gruppe führen würde. Angesichts des Scheiterns der GASP-ähnlichen Lösungen, die den Kommissar für Wirtschafts- und Währungspolitik einbezogen (Unterkapitel (2)), müsste dann ein neuer Posten für die Verwirklichung der *Option 3* eingerichtet werden. Dazu müssten noch die entsprechenden, den ECOFIN-Rat absondernden (wie es für den Rat „Auswärtige Angelegenheiten" nach Art. 16 Abs. 9 EUV der Fall ist) Vertragsänderungen durchgeführt werden. Dies bedeutet ausschließlich die Vermehrung von Unionsposten. Aufgabengemäß würde das neue Amt keine Vorteile außer seiner Präsenz bringen.

Man sollte daher beim Basisposten des Präsidenten der Euro-Gruppe bleiben, der aus dem Kreis der Finanz- bzw. Wirtschaftsminister der Euro-Mitgliedstaaten gewählt wird. Der Präsident der Euro-Gruppe soll den Euroraum dann vertreten, wenn die Euroraum-Standpunkte aus dem Bereich der Zuständigkeit der Mitgliedstaaten nach außen zu präsentieren sind. Überdies, wenn sich die Nicht-Euro-Mitgliedstaaten dem Euroraum-Standpunkt anschließen, können sie ebenso vom Präsidenten der Euro-Gruppe mitvertreten werden.

cc) Ergebnis

Als Ergebnis der Überlegungen gilt das Folgende für die Ministerebene:

- Innerhalb der Unionszuständigkeit – sowohl in der Währungspolitik als auch im Rahmen der der Union zugewiesenen wirtschaftspolitischen Aufgaben – ist der Euroraum (die Union als Subjekt der Vertretung) von der Kommission, i.e. grundsätzlich dem Kommissar für Wirtschafts- und Währungspolitik (Organwalter), zu vertreten. Die Notwendigkeit der zusätzlichen Beteiligung der EZB, i.e. grundsätzlich des EZB-Präsidenten (Organwalter), bestimmen dabei die ESZB-Aufgaben. (Siehe: Unterkapitel (1))

- In der Wirtschaftspolitik hingegen, die über die Unionsaufgaben hinausgeht, wenn die Mitgliedstaaten sich auf einen Standpunkt im Rat (ein *gemeinsamer* Standpunkt) oder im Konsens (ein *koordinierter* Standpunkt) einigen, ist der Euroraum (die Euro-Mitgliedstaaten als Subjekte der Vertretung) vom Präsidenten der Euro-Gruppe zu vertreten, der aus dem Kreis der an den Sitzungen der Euro-Gruppe teilnehmenden Ministern zu wählen ist. (Siehe: Unterkapitel (3)).
- Hier wurde sowohl die Lösung in Anlehnung an das GHP-Muster (siehe: Unterkapitel (1) i.V.m. Unterkapitel (3) a.A.) außer dem Fall der Aushandlung eines gemischten Abkommens durch die Kommission sowohl im Namen der Union als auch der Euro-Mitgliedstaaten als auch die *drei Variationen* der Lösung in Anlehnung an das GASP-Muster (siehe: Unterkapitel (2)) wegen der politischen und praktischen Überlegungen abgewiesen. Gleiches betrifft die Fusion der Posten des Präsidenten der Euro-Gruppe und des Ratsvorsitzes gemäß den *drei* unterschiedlichen *Optionen* (siehe: Unterkapitel (3) a.E.).

Auf diese Weise wurde eine gemeinsame Vertretung von der Union und den Mitgliedstaaten auf der Ministerebene geschaffen. Dann aber, wenn der Sachbereich der internationalen Zusammenarbeit über die die Euro-Mitgliedstaaten vereinigenden Standpunkte hinausgeht, treten weiter die Finanz- und Wirtschaftsminister aller Euro-Mitgliedstaaten als die getrennten, nationalen Delegationen auf.

Wie schon bemerkt wurde, steht dem aber weiter nicht im Wege, dass die Mitgliedstaaten die Kommission auch für die Aushandlung eines Abkommens in der Wirtschafts- und Währungspolitik in ihrem Namen bevollmächtigen.

c) Staats- und Regierungschefebene

Auf der Staats- und Regierungschefebene könnten die Rolle des Euroraum-Vertreters die folgenden zurzeit existierenden Posten beanspruchen:

Tabelle 8: Potenzielle Vertreter auf Staats- und Regierungsebene

Person/Amt	Auswahl	Amtszeit
Präsident des Europäischen Rates	Der Europäische Rat (der sich dann aus den Staats- und Regierungschefs der Mitgliedstaaten und dem Präsidenten der Kommission zusammensetzt, siehe: Art. 15 Abs. 2 EUV) wählt seinen Präsidenten mit qualifizierter Mehrheit (siehe: Art. 15 Abs. 5 EUV).	2,5 Jahre
Präsident des Euro-Gipfels	Der Präsident des Euro-Gipfels wird von den Staats- und Regierungschefs der Euro-Mitgliedstaaten gewählt (siehe: Art. 12 Abs. 1 SKS-Vertrag).	Die Amtszeit entspricht der Amtszeit des Präsidenten des Europäischen Rates.
Präsident der Kommission	Das Europäische Parlament wählt den vom Europäischen Rat vorgeschlagenen Kandidaten für dieses Amt. Der Präsident stellt sich mit den übrigen Kommissionsmitgliedern einem Zustimmungsvotum des Europäischen Parlaments (siehe: Art. 17 Abs. 7 EUV).	5 Jahre (Amtszeit der Kommission)

Quelle: eigene Darstellung

Die Vertretung auf der Staats- und Regierungschefebene stößt, noch deutlicher als auf die Ministerebene (da auf der höchsten Ebene die Schlüsselentscheidungen getroffen werden), auf das Problem der Verzahnung der Intergouvernementalität mit der Supranationalität in der Wirtschaftspolitik.

Auf dieser Ebene scheint es aber viel weniger wahrscheinlich als auf der Ministerebene, dass sich die Staats- und Regierungschefs der Euro-Mitgliedstaaten von einem gemeinsamen, sogar bloßen Sprecher in ihrem Zuständigkeitsbereich vertreten lassen. Die Präsenz und die Sprecherrolle jedes einzelnen Staats- bzw. Regierungschefs bestimmen nämlich die internationale Bedeutung des eigenen Staats. Dies ist eine rein politische Überlegung, aber von prinzipiellem Gewicht. Es ist deshalb grundsätzlich der Unionsvertreter für den Unionszuständigkeitsbereich zu bestimmen.

Bei der internationalen Auseinandersetzung mit wirtschafts- und währungspolitischen Anliegen stellt sich der Präsident der Kommission als der das Unionsinteresse vertretende „Regierungschef“ dar. Er leitet die Kommission, also das Unionsorgan, das nach Art. 17 Abs. 1 Satz 1 und 2 EUV die allgemeinen Interessen der Union fördert, für die Anwendung der Verträge sowie der von den Unionsorganen kraft der Verträge erlassenen Maßnahmen sorgt und nach

Art. 17 Abs. 1 Satz 6 EUV die Vertretung nach außen wahrnimmt. Wenn man weiter die Organe der Union nach Art. 13 Abs. 1 EUV und ihre Befugnisse nach Art. 14 bis 19 EUV betrachtet, kommt man zu der Schlussfolgerung: Die Kommission ist die unionale Exekutive und der Präsident der Kommission kann zum „Unionsregierungschef" im Sinne des Führenden der Exekutive ernannt werden.

Der Präsident der Kommission hat als Organwalter der Kommission aber keine eigenen Gestaltungsbefugnisse hinsichtlich der in den Verträgen festgelegten Arbeitsrahmen (darunter auch hinsichtlich der Struktur der Wirtschafts- und Währungsunion). Sein Posten ist selbst ein Geschöpf der Verträge, deren „Herren", und damit die die Union einstimmig Regierenden, die Mitgliedstaaten sind. So eben – innerhalb der vertraglich festgelegten Arbeitsrahmen – hat der „Unionsregierungschef" die Union auf der Staats- und Regierungschefebene, analog zu dem Kommissar für Wirtschafts- und Währungspolitik auf der Ministerebene, in der Währungspolitik und in Hinsicht auf die der Union zugewiesenen Aufgaben in der Wirtschaftspolitik zu vertreten.

Wie aber früher beim Spielraum für die Wahl eines Vertreters des Euroraums dargestellt wurde,[355] gibt es generell zwei Unionsvertreter auf der Staats- und Regierungschefebene: der Präsident der Kommission und der Präsident des Europäischen Rates. So treten die beiden auf den Gipfeln der G7 und G20 als eine Unionsdelegation zusammen auf. Die G7 und G20 beschäftigen sich aber nicht nur mit den Finanz- und Wirtschaftsfragen, sondern behandeln ein viel breiteres Themenspektrum. Deswegen treten der Präsident der Kommission und der Präsident des Europäischen Rates dort komplementär nach einer internen Vereinbarung[356] auf und die Sprecherrolle je nach ihren vertraglichen Befugnissen ergreifen.

Im Folgenden ist zu untersuchen, ob auch bei der Außenvertretung des Euroraums die Präsenz des Präsidenten des Europäischen Rates angebracht ist.

Das Gesagte bei den Überlegung zum Spielraum für die Wahl des Vertreters des Euroraums wiederholend,[357] ist die Unionsvertretung des Präsidenten des Europäischen Rates nur in den GASP-Angelegenheiten gemäß Art. 15 Abs. 6 Satz EUV vorgeschrieben, während die sonstige Unionsaußenvertretung (mit

---

355 Siehe: Teil II Unterteil II Kapitel II.2.a.aa.(1).

356 Practical Arrangements between President Van Rompuy [Präsident des Europäischen Rates 2009–2009] and President Barroso [Präsident der Kommission 2004–2014] regarding External Representation of the European Union at Presidential Level, vom 16. März 2010. Die dorthin enthaltenen Regelungen werden auch von dem Präsidenten Juncker (Präsident der Kommission seit 2014) fortgesetzt.

357 Teil II Unterteil II Kapitel II.2.a.aa.1.

der eventuellen Ausnahme der „übrigen in den Verträgen vorgesehenen Fälle“) der Kommission nach Art. 17 Abs. 1 Satz 6 EUV zufällt. Diese Rollenverteilung entspricht dem überwiegenden Intergouvernementalitätsprinzip der GASP-Unionshandlung. Diese vollzieht sich nämlich insbesondere durch die in den Verträgen festgelegte Beteiligung des Europäischen Rates (Art. 26 und 31 EUV).

Die unionsinterne Rolle des Präsidenten des Europäischen Rates geht jedoch über die sich auf die GASP-beziehenden Aufgaben hinaus. Nach Art. 15 Abs. 6 lit. a und c EUV:

- gibt er Impulse zur Arbeit des Europäischen Rates – des Unionsorgans, das laut Art. 15 Abs. 1 EUV die allgemeinen Zielvorstellungen und Prioritäten in allen Politikbereichen festlegt, und die Gestaltungsbefugnisse hinsichtlich der in den Verträgen festgelegten Arbeitsrahmen durch eine Vertragsänderung gemäß Art. 48 EUV innehat, und
- wirkt er darauf hin, dass Zusammenhalt und Konsens im Europäischen Rat gefördert werden.

Speziell in der Wirtschafts- und Währungspolitik übt der Präsident des Europäischen Rates diese fördernde Rolle aus

- bei der Festlegung der Grundzüge der Wirtschaftspolitik nach Art. 121 Abs. 2 AEUV,
- bei den außerunionsrechtlichen, intergouvernementalen wirtschaftspolitischen Maßnahmen der Mitgliedstaaten bzw. Euro-Mitgliedstaaten, die zum reibungslosen Funktionieren der Währungs- und Wirtschaftsunion beitragen (darunter auch bei der Festlegung der *koordinierten* Standpunkte auf der Staats- und Regierungschefebene), und
- bei den die Verbesserung der „Architektur“ (der unionsrechtlichem Arbeitsrahmen) der Wirtschafts- und Währungsunion bezweckenden Vertragsänderungen nach Art. 48 EUV.

Als Folge davon hat die Präsenz des Präsidenten des Europäischen Rates auch Bedeutung bei der internationalen Zusammenarbeit (auch) in anderen Unionspolitikbereichen als die GASP wie auch in der Wirtschafts- und Währungspolitik hauptsächlich in

- der direkten Informationsaufnahme und
- der direkten Beobachtung der Interessenäußerung und -gestaltung der Staats- und Regierungschefs der Mitgliedstaaten, was für die interne Facilitatorrolle im Europäischen Rat wichtig ist.

So kann der Präsident des Europäischen Rates auch aktiv die im Europäischen Rat vereinbarten Arbeitsprioritäten und Zusammenarbeitspläne gegenüber den Außenpartnern darstellen, die insbesondere in den Schlussfolgerungen des Europäischen Rates und Erklärungen der Staats- und Regierungschefs der Mitgliedstaaten enthalten sind.

Neben der unionsinternen Rolle des Präsidenten des Europäischen Rates spricht für seine Einbeziehung in die Euroraum-Außenvertretung weiter das folgende Argument: Die jeweilige, unveränderbare „Janus"-Unionsdelegation auf der Staats- und Regierungschefebene, mit dem Präsidenten des Europäischen Rates und dem Präsidenten der Kommission,[358] ist für die unionsexterne Wahrnehmung der Union als ein in ihrem Kompetenzbereich einheitlicher Organismus und damit ein zuverlässiger Zusammenarbeitspartner von vorrangiger Bedeutung. Mit einem solchen Dualismus wird gleichzeitig auch der Unionscharakter unionsextern betont: Die Union ist eine internationale Organisation, nicht „ein Superstaat" mit einem staatsähnlichen Präsidenten in der Person des Präsidenten der Kommission ist.

Das Ganze setzt aber zuallererst die effizient funktionierende, enge Zusammenarbeit des Präsidenten des Europäischen Rates und des Präsidenten der Kommission voraus. Unionsintern ist dies u.a. in Art. 15 Abs. 6 lit. b und Art. 2 der Geschäftsordnung des Europäischen Rates vorgeschrieben. Darüber hinaus nimmt der Präsident der Kommission ohne Stimmberechtigung (ebenso wie auch der Präsident des Europäischen Rates) an den Tagungen des Europäischen Rates gemäß Art. 15 Abs. 2 EUV teil.

Der Präsident des Europäischen Rates und der Präsident der Kommission haben die Sprecherrolle untereinander, je nach der thematischen Befugnis, harmonisch zu verteilen, wie es im Fall der Gipfel der G7 und der G20 ist.

Letztendlich hängt aber die reibungslose Zusammenarbeit, aus der rein praxisbezogenen Seite gesehen, von den Persönlichkeiten der beiden Präsidenten ab.[359]

Bei der Außenvertretung des Euroraums erscheint aber nicht der Präsident des Europäischen Rates, sondern der Präsident des Euro-Gipfels in Teamwork

---

358 In der, unionsintern, der erste grundsätzlich die Intergouvernementalität und der zweite die Supranationalität in der Union verkörpert, so u.a. *Frenz*, Handbuch Europarecht, Band 6: Institutionen und Politiken, Rn. 853.

359 Bezüglich der Zusammenarbeit von Herman Van Rompuy (des Präsidenten des Europäischen Rates 2009–2014) und José Manuel Barroso (des Präsidenten der Kommission 2004–2014) siehe Bemerkungen in: *Broin/Kaczyński* at al., The Treaty of Lisbon: a second look at the institutional innovations, S. 75–76.

mit dem Präsidenten der Kommission als ein passender wirtschaftspolitischer Vertreter, da ihm der engere Bezug zu den Euro-Mitgliedstaaten zukommt. Diese Idee ist auch durch die Parallele zwischen der Staats- und Regierungschefebene und der Ministerebene gekennzeichnet, da auf der zweiten der Präsident der Euro-Gruppe (nicht der Vorsitz des Rates) in Kooperation mit dem Kommissar für Wirtschafts- und Währungspolitik zum Euroraum-Vertreter in der Wirtschaftspolitik im vorherigen Unterkapitel b wurde. Dem ist zu erwidern, dass das kohärente internationale Unionsbild auf der Staats- und Regierungschefebene gefährdet würde, wenn der Präsident des Euro-Gipfels zusätzlich bzw. statt des Präsidenten des Europäischen Rates in den wirtschaftlichen Anliegen auftreten würde.

Das Problem lässt sich daher am besten lösen, wenn der Präsident des Europäischen Rates zugleich der Präsident des Euro-Gipfels ist. Rechtlich gibt es dafür keine Hindernisse. Wie Tabelle 8 zeigt, braucht diese Lösung weder eine Vertragsänderung noch eine Änderung des SKS-Vertrags. Für die Verfolgung der Lösung der gleichzeitigen Führung des Euro-Gipfels durch den Präsidenten des Europäischen Rates und, umgekehrt, gegen die Vermehrung der Führungsposten sprechen noch die weiteren Argumente, i.e.:

- die Überschneidung der Arbeit des Europäischen Rates mit der des Euro-Gipfels,[360] die einen gemeinsamen Koordinator als erwünscht erachtet,
- die zur Zeit bestehende arbeitsbezogene Kompatibilität der Ämter des Präsidenten des Euro-Gipfels und des Präsidenten des Europäischen Rates und
- die Überlegungen bezüglich einer Arbeitszeitbelastung, i.e. die Intensivität der Arbeit des Europäischen Rates und des Euro-Gipfels in Verbindung mit dem Gedanken des hauptamtlichen Postens des Präsidenten des Europäischen Rates.

Die Lösung wurde bis jetzt auch in der Praxis verwirklicht. Die Euro-Mitgliedstaaten beriefen den Präsidenten des Europäischen Rates, Herman Van Rompuy, zum ersten Präsidenten des Euro-Gipfels. Er bekleidete das Amt des Präsidenten

360 Trotz der Verankerung im SKS-Vertrag wurde das Arbeitsspektrum des Euro-Gipfels allgemein bestimmt und enthält keine, abgesehen von der Vertragsänderung, für den SKS-Vertrag spezifischen Aufgaben (siehe den einzigen, den Euro-Gipfel erwähnenden Art. 12 SKS-Vertrag). Der Euro-Gipfel setzt sich aus den Staats- und Regierungschefs der Euro-Mitgliedstaaten und in der erweiterten Zusammensetzung aus den Staats- und Regierungschefs der Mitgliedstaaten, die den SKS-Vertrag ratifizierten (zurzeit 25 von 28 Mitgliedstaaten), zusammen. Er ist daher eigentlich eine in der Zusammenarbeit fortgeschrittene Arbeitsgruppe des Europäischen Rates.

des Europäischen Rates vom 1. Dezember 2009 bis 30. November 2014. Gleichzeitig mit der Bestätigung für die zweite Amtsperiode vom 1. Juni 2012 bis 30. November 2014 wurde er für dieselbe Zeit auch zum Präsidenten des Euro-Gipfels berufen.[361] Sein Nachfolger im Amt des Präsidenten des Europäischen Rates, Donald Tusk, übernahm zugleich auch die Aufgaben des Präsidenten des Euro-Gipfels.

Außer dieser Lösung sind noch zwei weitere die interne, institutionelle Unionsstruktur komprimierende und das internationale einheitliche Unionsbild sichernde Varianten vorstellbar (analog zu den drei Lösungsvarianten in Anlehnung an das GASP-Muster auf der Ministerebene)[362]:

- *Variante 1*: Verbindung der Ämter des Präsidenten des Europäischen Rates und des Präsidenten der Kommission, sog. „großer Doppelhut" (im Unterschied zum „kleinen Doppelhut" beim Hohen Vertreter der Union für Außen- und Sicherheitspolitik),
- *Variante 2*: Verbindung der Ämter des Präsidenten des Euro-Gipfels und des Präsidenten der Kommission als eine asymmetrische Verbindung (i.e. nur für die Euro-Mitgliedstaaten) unter Beibehaltung des getrennten Postens des Präsidenten des Europäischen Rates, und
- *Variante 3*: Verbindung der Ämter des Präsidenten des Europäischen Rates, des Präsidenten des Euro-Gipfels und des Präsidenten der Kommission („großer Dreierhut").

Daraus ergäben sich die folgenden Zusammensetzungen der Unionsdelegation:

- bei *der Variante 1*: (je nach Bereich der Zusammenarbeit) grundsätzlich eine Einzelpersonendelegation mit dem „großer Doppelhut"-Präsidenten, aber in der Wirtschafts- und Währungspolitik eine Zweipersonendelegation, i.e. zusätzlich mit dem Präsidenten des Euro-Gipfels,
- bei der *Variante 2*: die jeweils unveränderbare „Janus"-Unionsdelegation (Zweipersonendelegation) mit dem Präsidenten des Europäischen Rates und dem Präsidenten der Kommission, und
- bei der *Variante 3*: jeweils die Einzelpersonendelegation – der „großer Doppelhut"-Präsident als der einzige Unionsvertreter.

Die *Variante 1* als Posten des Präsidenten der Europäischen Union wurde parallel zur Schaffung des „Doppelhuts" in der Person des Hohen Vertreters,

361 Siehe: Statement Euro Area Heads of State or Government, Brüssel, 2. März 2012.
362 Teil II Unterteil II Kapitel II.4.b.bb.(2).

der die Ministerebene betrifft, zur Debatte im Europäischen Konvent gestellt. Sie setzte sich aber nicht durch. Es wurde sogar umgekehrt teilweise gefordert, dass eine solche Verbindung der Ämter in den Verträgen ausdrücklich ausgeschlossen wird.[363] Dies betrifft die politische Ansicht der Mitgliedstaaten in einem bestimmten Zeitpunkt.

Nach dem heutigen Rechtsstand ist „ein großer Doppelhut" formell nicht ausgeschlossen: Die Mitgliedstaaten würden diese Person im Europäischen Rat wählen. Hierzu gilt nach Art. 15 Abs. 5 und Art. 17 Abs. 7 EUV weiter, dass sowohl für die Wahl des Präsidenten des Europäischen Rates, als auch für den Vorschlag einer Kandidatur für das Amt des Präsidenten der Kommission die gleiche qualifizierte Mehrheit im Europäischen Rat benötigt wird. Die Person müsste ferner von einer Mehrheit im Europäischen Parlament befürwortet werden. Die Amtszeit des „doppelhutigen" Präsidenten würde dann fünf Jahre betragen, da die Amtszeit des Präsidenten der Kommission vertraglich fünf Jahre beträgt, während die des Präsidenten des Europäischen Rates zweieinhalb Jahre ist. Der Präsident des Europäischen Rates müsste einfach im Vorhinein für seine maximal zwei Amtsperioden gewählt werden. Zusammenfassend ist daher festzustellen, dass der „große Doppelhut" formell im Sinne der Auswahlanforderungen keine Vertragsänderung benötigt. Er könnte einfach durch eine Personalunion durchgeführt werden.

Es steht ihm aber vertraglich, noch deutlicher als bei der ähnlichen Lösung auf der Ministerebene, das Prinzip der Unabhängigkeit der Kommission entgegen. Der Präsident des Europäischen Rates nimmt nämlich, in Hinsicht auf die Zusammenarbeit im Europäischen Rat, die Rolle eines strikt politischen Facilitators ein, was vertraglich u.a. der in Art. 15 abs. 6 lit. c EUV beschriebenen Aufgabe – der Förderung des Zusammenhalts und Konsenses im Europäischen Rat – zu entnehmen ist.

Man kann noch ein politisches Argument hinzufügen: Es besteht für den „großen Doppelhut" ein Hindernis in der dadurch zwangsläufig herbeigeführten Verschmelzung der Intergouvernementalität und der Supranationalität. Die Definition stellen nämlich die Tätigkeitsprinzipien des Europäischen Rates und der Kommission dar. Dies steht im Zusammenhang mit dem Unwillen der Mitgliedstaaten, einen „Superstaat" der Union zu kreieren.

---

363 Siehe Informationen im EU-Glossar unter dem Begriff „Doppelhut" auf der Internetseite vom Centrum für Europäische Politik, abrufbar unter: http://www.cep.eu/ unter Publikationen/EU-Lexikon. Die Lösung wurde aber weiterhin als eine „long-run, maybe around 2020"-Rationalisierungsmaßnahme der Unionsführung in: *Emerson* et al., Upgrading the EU's role as global actor, S. 107 erwähnt.

Den gleichen Problemen begegnet die *Variante 2*, obwohl es scheinen könnte, dass sich die Verbindung der Ämter des Präsidenten des Euro-Gipfels und des Präsidenten der Kommission zur verstärkten Zusammenarbeit der Euro-Mitgliedstaaten mit einer stärkeren Rolle der Kommission gut fügt. Da hier aber der Präsident der Kommission mit dem Präsidenten eines nur die Euro-Mitgliedstaaten versammelnden Gremiums verbunden würde, führt die *Variante 2* negativerweise noch zusätzlich eine strukturelle, aus der Asymmetrie der Lösung hervorgehende Verwirrung ein.

Die Gegenargumente bezüglich der *Variante 1* und der *Variante 2* kumulieren sich dann in der *Variante 3*.

Schlussfolgernd ist für die Außenvertretung des Euroraums auf der Staats- und Regierungschefebene auf die für alle Politikbereiche gleiche Unionsaußenvertretung durch die „Janus"-Unionsdelegation abzustellen. Diese Delegation setzt sich aus dem Präsidenten des Europäischen Rates und dem Präsidenten der Kommission zusammen.

Dabei gilt weiter der hier vertretene Vorschlag, den Präsidenten des Europäischen Rates jeweils zum Präsidenten des Euro-Gipfels zu berufen. Für diese Personalunion benötigt man keine Vertragsänderung.

Die Außenvertretung des Euroraums auf der Staats- und Regierungschefebene bedeutet insgesamt, angesichts der Zuständigkeitsverteilung, das Zusammentreten der „Janus"-Unionsdelegation mit den Staats- und Regierungschefs der Euro-Mitgliedstaaten.

d) Verbindung der Vertretungsebene: Idee „Mr. Euro"

Nach allen obigen Überlegungen erweist sich die Idee eines „Mr. Euro", i.e. eines einzigen Euroraum-Vertreters, als unannehmbar, ganz abgesehen davon, dass sie praktisch unmöglich ist.

Vor allem ist die Vertretung durch einen „Mr. Euro" bei der Betroffenheit der ESZB-Aufgaben angesichts der EZB-Unabhängigkeit abzulehnen.[364] Es ist nach den Verträgen ausgeschlossen, dass alle Vertretungsebenen – die Ebene der Zentralbanken, die Ministerebene und die Staats- und Regierungschefebene – verbunden werden.

Folglich ist auf die zwei Vertreter des Euroraums – den „Mr. Euro" und den EZB-Vertreter – zu setzen.

Wenn man dann die Schaffung eines solchen Konzepts doch überlegt, ist zu fragen, wozu ein neuer Posten geschaffen werden soll, wenn die Kandidaten

364 Siehe dazu: Teil II Unterteil II Kapitel II.2.b.bb.

innerhalb der schon existierenden Posten ausgesucht werden könnten. Auf der Ministerebene sind es der Kommissar für Wirtschafts- und Währungspolitik und der Präsident der Euro-Gruppe, die in verschiedenen Vertretungskonstellationen je nach Thema der internationalen Zusammenarbeit in Betracht gezogen und deren Ämterverbindungen überlegt wurden.[365] Ein neuer Posten würde nur die Vermehrung der unionalen Verwaltung bedeuten. Wenn man den benötigten Verknüpfungen zwischen dem Vertreter des Euroraums und den Entscheidungsgremien Rechnung trägt, dann kommt man zu der Feststellung, dass zusätzlich noch ein größerer Unterstützungsstab eingestellt werden müsste.

Dies scheint S. Everts mit der Idee eines neuen „Mr. Euroland" vorzuschlagen, welcher:

- beim Ratssekretariat mit einem kleinen Unterstützungsstab angesiedelt,
- von den Euro-Mitgliedstaaten im Konsens ausgewählt,
- vor diesen verantwortlich werden und
- über das Mandat zur Aushandlung von internationalen Verträgen und informellen Vereinbarungen verfügen sollte.[366]

Nach den Weisungen des Rates kann aber heute schon die Kommission die Verträge und die Vereinbarungen auch im Namen der Euro-Mitgliedstaaten aushandeln. Sie ist dann an die Weisungen des Rates gebunden und in diesem Sinne vor dem Rat (also eigentlich: vor den Mitgliedstaaten) verantwortlich. Dies entspricht im Ganzen der von S. Everts vorgebrachten Lösung. Der einzige Unterschied besteht eigentlich in der Person des Vertreters. Einen neuen Posten zu schaffen ist kein Selbstzweck bei der Außenvertretung des Euroraums.

Im Sinne des „Mr. Euro" (mit der Ausnahme für die ESZB-Vertretung) könnte man noch das vertikale Verbinden der Ministerebene und der Staats- und Regierungschefebene auf der Grundlage der früher vorgeschlagenen Lösungen[367] in Erwägung ziehen. Dann lautet weiter die Frage, wer dieses Amt zu besetzen hätte. Die plausiblen Kandidaten wären der Präsident der Kommission, der ein Kommissionsvertreter sowohl auf der Minister- als auch auf der Staats- und Regierungschefebene wäre, und der Präsident der Euro-Gruppe, der mit dem Präsidenten des Euro-Gipfels durch eine Personalunion oder eine vertragliche Ämterverbindung in einer Person vereinigt würde. Grundsätzlich bestehen hier keine rechtlichen Hindernisse.

---

365 Siehe: Teil II Unterteil II Kapitel II.4.b.

366 *Everts*, European Affairs, Spring 2000. Diese Idee wurde von K. McNamara und S. Meunier unterstüzt: *McNamara/Meunier*, International Affairs 2002, S. 864.

367 Siehe: Teil II Unterteil II Kapitel II.4.b-c.

Wenn zwischen den beiden zu wählen wäre, bedeutet dies aber die gleichen Probleme, die bei den Erwägungen der bereits analysierten Lösungen vorkamen, wie z.B. bei der Erwägung der alleinigen Vertretung des Euroraums durch die Kommission. Im zweiten Fall müsste überdies die Verbindung des Präsidenten des Euro-Gipfels mit dem Präsidenten des Europäischen Rates entfallen. Das wäre völlig asymmetrisch, wenn die zwei für die Euro-Mitgliedstaaten geschaffenen Ämter (Präsident des Euro-Gipfels und Präsident der Euro-Gruppe) auf den beiden Vertretungsebenen mit dem Repräsentanten aller Mitgliedstaaten auf der Staats- und Regierungschefebene verbunden würden. Wenn man daher die Verbindung des Präsidenten des Euro-Gipfels und des Präsidenten des Europäischen Rates ausschließt, würde es noch die nächsten, bei den Erwägungen bezüglich der Staats- und Regierungsebene besprochenen Probleme der Einheitlichkeit der Vertretung hervorrufen. Dies ist höchst unerwünscht, da das internationale Bild der Union darunter leiden würde.

Wenn man aber trotz der Gegenargumente auf der vertikalen Verbindung besteht, dann müssten eigentlich der Präsident der Kommission und der Präsident der Euro-Gruppe nebeneinander auftreten. Es gäbe im Ergebnis zwei „Mr. Euro" und noch dazu einen ESZB-Vertreter, wenn die Aufgaben des ESZB betroffen sind – insgesamt daher drei Vertreter des Euroraums.

Das Problematische besteht aber ausschlaggebend und letztendlich in dem praktischen Argument: der unüberwindlichen Überlastung der beiden „Mr. Euro", die sich aus der Verbindung der Funktionen ergeben würde.

Insgesamt ist daher die Idee des einzigen „Mr. Euro" und die Verbindung der Minister- und Staats- und Regierungschefebene zurückzuweisen.

e) Sondervertretung

In Anbetracht der Aspekte der Kontakthäufigkeit und geographischen Entfernung der Zusammenarbeitszentren können noch stationäre Vertretungen des Euroraums bei internationalen Gremien gegründet werden.

Zwangsläufig werden sie Sonderstrukturen mit Sondervertretern des Euroraums aufweisen (daher der Name: die Sondervertretung).

Sie müssen allerdings die entsprechende Verbindung mit den allgemeinen Vertretern des Euroraums haben. Die Lösung hängt letztendlich von dem Einzelfall ab.

III. Gesamtschau

Insgesamt lässt sich der folgende Vorschlag der einheitlichen Außenvertretung des Euroraums zusammenstellen:

Tabelle 9: Vorschlag: Euroraum-Vertretungsmuster

Union	Euro-Mitgliedstaaten
Vertikale Vertretungsebene (unionsrechtmäßige Mitgliedschaftskonfiguration in internationalen Gremien)	
– Mitgliedschaft der Union in internationalen Gremien, die sich mit der Währungspolitik befassen – wenn sich das internationale Gremium nicht mit der Währungspolitik befasst: Beteiligungsrechte der Union bei der Betroffenheit der wirtschaftspolitischen Aufgaben, die der Union nach den Verträgen zugewiesen sind	– Mitgliedschaft der Euro-Mitgliedstaaten in internationalen Gremien, die sich mit der Wirtschaftspolitik befassen
Horizontale Vertretungsebene (Vertreter des Euroraums)	
– Staats- und Regierungschefebene –	
– Präsident des Europäischen Rates und – Präsident der Kommission	– Staats- und Regierungschefs der Euro-Mitgliedstaaten
– Ministerebene –	
– Kommissar für Wirtschafts- und Währungspolitik[368] – Präsident der Euro-Gruppe[369]	– Präsident der Euro-Gruppe, der einer der Finanz- und Wirtschaftsminister der Euro-Mitgliedstaaten ist, vertritt die Standpunkte des Euroraums. (Im Fall der mitgliedstaatlichen Zuständigkeit sind es: die *gemeinsamen* und die *koordinierten* Standpunkte.) – Finanz- und Wirtschaftsminister der Euro-Mitgliedstaaten
– Ebene der Zentralbanken – Präsident der EZB	
– Sondervertretung –	

Quelle: eigene Darstellung

368 Angesichts der Vertretungsaufgaben handelt es sich hier zurzeit gemäß der Aufgabenteilung der Kommission 2014–2019 um den Vizepräsidenten der Kommission für den Euro und den sozialen Dialog.

369 Der Präsident der Euro-Gruppe ist der Vertreter des Euroraums bei der wirtschaftspolitischen Zuständigkeit der Mitgliedstaaten (siehe: die rechte Spalte der Tabelle 9). Wegen der strikten Verzahnung der Währungs- und der Wirtschaftspolitik und insbesondere der Ausgestaltung der Vertretung in internationalen Gremien kann er aber auch als ein zusätzlicher Vertreter der Union eingesetzt werden.

Die Tabelle ist gemäß den Spalten zu lesen. Das heißt, dass zuerst über die Mitgliedschaft (bzw. die Beteiligung) des Subjektes – über die *vertikale* Vertretungsebene – zu entscheiden ist. Erst danach geht man zu den direkt unterlegten Zeilen über, die den Vertreter des Euroraums anzeigen (die *horizontale* Vertretungsebene).

An dieser Stelle ist noch über eine formelle Frage zu entscheiden: Wer sollte dann letztendlich den medialen Namen „Mr. Euro" tragen? Darüber gab es bisher keine Einigung zwischen dem Präsidenten der EZB und dem Präsidenten der Euro-Gruppe.[370] Hier vertritt man die Meinung: Wenn man den Namen „Mr. Euro" unbedingt benutzen will, dann sollte dieser dem monetären Zweig der Außenvertretung des Euroraums vorbehalten werden: dem Präsidenten der EZB. Materiell-rechtlich ist nämlich die EZB für die geldpolitische Steuerung zuständig, die den unmittelbaren Einfluss auf die Euro-Währung hat.

370 Der Präsident der EZB wurde „Mr. Euro" genannt u.a. in: *Fleming*, „There is only one monsieur Euro", European Voice vom 14. September 2006, abrufbar unter: http://www.europeanvoice.com/article/imported/there-s-only-one-monsieur-euro/55618.aspx; *Rettman*, US sees ECB chief as „Mr. Euro", EUobserver vom 5. November 2012, abrufbar unter: http://euobserver.com/economic/118090. Der Präsident der Euro-Gruppe wurde „Mr. Euro" genannt u.a. in: *Ingenrleth*, Jean-Claude Juncker [Präsident der Euro-Gruppe 2005–2013] im Interview: „Als Mr. Euro ist man kein freier Mann", RP Online vom 18. Januar 2013, abrufbar unter: http://www.rp-online.de/wirtschaft/finanzen/als-mr-euro-ist-man-kein-freier-mann-aid-1.3138627.

Teil III Gesamtdarstellung: Realisierung in internationalen Gremien

Nach der Ausarbeitung des Konzepts der Außenvertretung des Euroraums (auch mit den schon angeführten Praxisbeispielen), kann jetzt die umfassende Bewertung der schon bestehenden Vertretung in den einzelnen internationalen Gremien erfolgen. Insgesamt bedarf die Einheitlichkeit der Außenvertretung des Euroraums einer Ordnung – entweder durch die Klärung der Stichhaltigkeit der zurzeit in einem internationalen Gremium bestehenden Vertretungskonfiguration oder durch die Bestimmung ihrer Änderungsnotwendigkeit. Dies ist im Folgenden für jedes internationale Gremium nach den folgenden Prüfpunkten mit dem jeweiligen Bezug auf die Tabelle „Vorschlag: *Euroraum-Vertretungsmuster*" in Teil II Unterteil II Kapitel III durchzuführen:
I. In Bezug auf die *vertikale* Vertretungsebene ist:

- der Aufgabenbereich des internationalen Gremiums und damit seine Überschneidung mit der Wirtschafts- und Währungspolitik der Union und der Euro-Mitgliedstaaten (dem Objekt der Außenvertretung des Euroraums) festzulegen. Dies dient weiter
- der Ermittlung der erwünschten Mitgliedschaftskonfiguration (des erwünschten Subjektes der Außenvertretung des Euroraums), die der bestehenden Konfiguration und den Möglichkeiten, die sich aus der Teilnahmeregelung des internationalen Gremiums ergeben, gegenüberzustellen ist.

II. In Bezug auf die *horizontale* Ebene der Vertretung ist

- die zurzeit in dem internationalen Gremium angenommene Regel, wie die Union und die Euro-Mitgliedstaaten im Rahmen der wirtschafts- und währungspolitischen Zusammenarbeit vertreten sind (die den Euroraum zurzeit Vertretenden), auf der Grundlage von schriftlichen Vereinbarungen und nach der Vertretungsgewohnheit zusammenzufassen. Diese Vertretungsregel ist dann,
- mit Rücksicht auf die eventuelle Notwendigkeit der Einsetzung einer Sondervertretung (einer stationären Vertretung) des Euroraums,
- dem hier vorgeschlagenen und durchzusetzenden *Euroraum-Vertretungsmuster* (Tabelle 9) gegenüberzustellen.

III. Schließlich sind je nach der Gestaltung der Zusammenarbeit des internationalen Gremiums auch

- die sonstigen möglichen, die Außenvertretung des Euroraums fördernden Maßnahmen, wie z.B. die mitgliedstaatliche Blockbildung, in Erwägung zu ziehen.

I. G7

Die G7 (Gruppe der Sieben; früher G7/8[371]) ist ein Abstimmungsforum von Deutschland, Frankreich, Italien, Japan, Kanada, Russland, den Vereinigten Staaten und dem Vereinigten Königreich (insgesamt acht Staaten) und der Union.

Die G7, noch als G6,[372] wurde im Gründungsjahr 1975 zuallererst zur Diskussion der Finanz- und Währungsfragen konzipiert. Die ersten Themen der Gruppe – ohne Teilnahme Kanadas, Russlands und der Union – waren: die Währungspolitik nach dem Zusammenbruch des Bretton Woods-Systems[373] und die Reaktion auf die damalige Ölkrise. Das Themenspektrum erweiterte sich jedoch seither erheblich und umfasst inzwischen die jeweils im Vordergrund stehenden, internationalen Probleme aus verschiedenen Politikbereichen. Diese Themen reichen von dem Klimawandel, über die Gesundheits- und Bildungspolitik, die Bevölkerungsentwicklung, den internationalen Handel u.a. bis zum internationalen Terrorismus. Die Wirtschafts- und Währungspolitik bleibt dabei nach wie vor einer der zentralen Bereiche, insbesondere angesichts der Finanzkrise während der G7/8-Treffen in Tōyako (Japan) 2008, Huntsville (Kanada) 2010, Deauville (Frankreich) 2011 und Camp David (die Vereinigten Staaten von Amerika)

---

371 Die Unterscheidung zwischen G7 und G8 war darauf zurückzuführen, dass Russland zwar Mitglied der Gruppe im Jahr 1998 geworden, allerdings von den finanz- und währungspolitischen Beratungen (G7-Treffen von Finanzministern und Zentralbankpräsidenten) ausgeschlossen war. Am 25. März 2014 schlossen die anderen Mitglieder Russland aufgrund der Annexion der Krim aus und kehrten zum Format der G7 zurück.

372 Die G6 ging noch auf die G5, ein informelles, in der Bibliothek des Weißen Hauses stattfindendes (deswegen auch „Library Group" genanntes) Treffen der Finanzminister und Zentralbankpräsidenten Deutschlands, Frankreichs, Japans, der Vereinigten Staaten und des Vereinigten Königreichs (insgesamt fünf Staaten), zurück.

373 Als Bretton-Woods-System wird die aufgrund des Bretton-Woods-Abkommens vom Juli 1944 geschaffene internationale Währungsordnung mit Wechselkursbandbreiten bezeichnet, die vom US-Dollar als Ankerwährung ausging. Zur Kontrolle und Durchsetzung des Abkommens wurden die Weltbank und der Internationale Währungsfonds eingerichtet. Anfang der 1970er Jahre wurde das Bretton-Woods-Abkommen aufgegeben, die Institutionen bestanden jedoch mit teils veränderten Zuständigkeiten fort. Dazu siehe z.B.: „Bretton-Woods-System" auf der Internetseite der Bundeszentrale für Politische Bildung, abrufbar unter: http://www.bpb.de/politik/wirtschaft/finanzmaerkte/54851/bretton-woods-system?p=all.

2012. Da die Wirtschafts- und Währungspolitik aber nicht der einzige Sachbereich der G7 ist, kommt die Außenvertretung des Euroraums daher in der G7 zusätzlich zu der anderen Vertretung der Union und der Mitgliedstaaten hinzu.

Die unionsrechtmäßige Mitgliedschaftskonfiguration weist in einem solchen sowohl wirtschafts- als auch währungspolitischen Fall zusätzlich zu der Mitgliedschaft der Mitgliedstaaten auf die Mitgliedschaft der Union hin. Zurzeit ist dies auch praktisch in der G7 der Fall. Die Gruppe ist ein exklusiver Klub, der nicht alle Euro-Mitgliedstaaten umfasst. Dazu gehören vier Mitgliedstaaten: Deutschland, Frankreich, Italien und das Vereinigte Königreich (darunter drei Euro-Mitgliedstaaten). Der Union wurde hingegen im Jahr 1976 ein Assoziationsstatus eingeräumt, der in dem Zuständigkeitsbereich der Union eigentlich der vollen Mitgliedschaft ähnelt.

Auf der Staats- und Regierungschefebene (i.e. auf den G7-Gipfeln), die thematisch unspezifisch alle Unionspolitiken berühren können – nehmen neben den Oberhäuptern der vier Mitgliedstaaten eine die Union vertretende, sich aus dem Präsidenten der Kommission und dem Präsidenten des Europäischen Rates zusammensetzende Unionsdelegation teil. Eine solche Zusammensetzung der Unionsdelegation wurde nach dem Inkrafttreten des Vertrags von Lissabon in den Vereinbarungen zwischen dem Präsidenten Van Rompuy (dem Präsidenten des Europäischen Rates 2009–2014) und dem Präsidenten Barroso (dem Präsidenten der Kommission 2004–2014) bezüglich der Außenvertretung der Union auf der Präsidentenebene am 16. März 2010[374] bestimmt, nachdem der erste G7/8-Gipfel in Musoka (Japan) im Juni 2010 stattfand. Vorher nahm der Präsident der Kommission im Namen der Union an den Gipfeln teil; an den meisten auch das Oberhaupt des Mitgliedstaats mit dem Ratsvorsitz. Es ist zu bemerken, dass dieses Oberhaupt vor dem Vertrag von Lissabon der Vorsitzende des Europäischen Rates nach Art. 4 Satz 4 EUV i.d.F. vom Vertrag von Nizza war.

Auf der Ministerebene (und zugleich auf der Ebene der Zentralbanken) gehen die G7-Finanzminister und Zentralbankpräsidenten auf die Themenbereiche der Außenvertretung des Euroraums ein. Sie untergliedern sich in zwei thematische Teile: einen zur Analyse der Wirtschaftspolitik und Marktentwicklung (einschließlich der Wechselkursanliegen) und einen zweiten zur Analyse des internationalen Finanzsystems und der Entwicklungspolitik. Dabei tritt zurzeit der Präsident der EZB anstelle der Zentralbankpräsidenten der drei

374 Practical Arrangements between President Van Rompuy and President Barroso regarding External Representation of the European Union at Presidential Level, vom 16. März 2010. Die dorthin enthaltenen Regelungen werden auch von dem Präsidenten Juncker (Präsident der Kommission seit 2014) fortgesetzt.

Euro-Mitgliedstaaten auf. Neben den Finanzministern der Mitgliedstaaten nehmen der Präsident der Euro-Gruppe und der Kommissar für Wirtschafts- und Währungspolitik an dieser Zusammenarbeit teil.

Zusammenfassend stellt sich die Außenvertretung des Euroraums in G7 folgendermaßen dar:

Tabelle 10: Außenvertretung des Euroraums in G7

<table>
<tr><th>Union</th><th>Euro-Mitgliedstaaten</th></tr>
<tr><td colspan="2">Vertikale Ebene</td></tr>
<tr><td>Assoziierungsstatus der Union
(steht der vollen Teilnahme gleich.)</td><td>volle Teilnahme Deutschlands, Frankreichs, Italiens (drei Euro-Mitgliedstaaten) und des Vereinigten Königsreiches (ein Nicht-Euro-Mitgliedstaat)</td></tr>
<tr><td colspan="2">Horizontale Ebene</td></tr>
<tr><td colspan="2">– G7-Gipfel (Staats- und Regierungschefebene) –</td></tr>
<tr><td>Präsident des Europäischen Rates
Präsident der Kommission</td><td>Staats- und Regierungschefs der Mitgliedstaaten</td></tr>
<tr><td colspan="2">- G7-Treffen der Finanzminister und Zentralbankpräsidenten (Ministerebene und Ebene der Zentralbanken)</td></tr>
<tr><td>Präsident der Euro-Gruppe
Kommissar für Wirtschafts- und Währungspolitik
Präsident der EZB</td><td>Finanzminister der Euro-Mitgliedstaaten</td></tr>
</table>

Quelle: eigene Darstellung

Die jetzige Vertretungskonfiguration in der G7 entspricht dem vorgeschlagenen *Euroraum-Vertretungsmuster.*

II. G20

G20 (Gruppe der zwanzig wichtigsten Industrie- und Schwellenländer) ist ein informeller Zusammenschluss der 19 Staaten (darunter Deutschland, Frankreich, Italien und das Vereinigte Königreich)[375] und der Union. Überdies werden dazu auch die Vertreter anderer Länder (darunter Spanien auf einer permanenten

375 Zu der G20 gehören weiter: Argentinien, Australien, Brasilien, China, Indonesien, Japan, Kanada, Mexiko, die Republik Südafrika, Russland, Saudi-Arabien, Südkorea, Türkei und die Vereinigte Staaten.

Basis seit dem Jahr 2008, früher auch in den Jahren 2008, 2009 und 2010 die Niederlande) und internationaler Einrichtungen eingeladen.

Seit der Gründung im Jahr 1999 in Reaktion auf die Asienkrise[376] und in Anerkennung der Tatsache, dass die großen Entwicklungsländer nicht adäquat an der global economic governance beteiligt sind, bestimmten die internationalen Finanz- und Wirtschaftsfragen die Agenda der G20-Treffen. Die Wirtschafts- und Währungspolitik (das Objekt der Außenvertretung des Euroraums) ist daher der Sachbereich der G20. Die Mitgliedschaftskonfiguration in der G20 entspricht der unionsrechtmäßig Gewünschten.

Was die Vertretungsebene angeht, wurden zuerst nur die G20-Treffen von Finanzministern und Präsidenten der Zentralbanken organisiert. Der erste Staats- und Regierungschefgipfel wurde im November 2008 in Washington D.C. angesichts der Finanzkrise einberufen. Im Krisenmanagement nahm die G20 die führende Rolle ein.

Auf den G20-Gipfeln wird die Union seit dem G20-Gipfel in Toronto im Juni 2010 vom Präsidenten des Europäischen Rates und dem Präsidenten der Kommission vertreten. Auf den Gipfeln in Washington D.C. 2008, London 2009 und Pittsburgh (Vereinigte Staaten) 2009 waren dies entsprechend der Präsident der Kommission und das Oberhaupt des Mitgliedstaates mit dem Ratsvorsitz.[377]

An den Treffen der Finanzminister und Zentralbankpräsidenten hingegen nehmen zurzeit der Finanzminister des Mitgliedstaates, der Vorsitzende des ECOFIN-Rates (zusätzlich, wenn er nicht schon wegen der Teilnahme seines Staates am Treffen teilnimmt), der Kommissar für Wirtschafts- und Währungspolitik und der Präsident der EZB seitens der Union teil.

---

376 Mit der Asienkrise wird die Finanz-, Währungs- und Wirtschaftskrise der Jahre 1997 und 1998 bezeichnet. Sie begann in 1997 in Thailand und griff auf mehrere asiatische Staaten über. Dazu siehe z.B. Informationen auf der Internetseite des IWF unter „Erholung von der Asienkrise und die Rolle des IWF", abrufbar unter: http://www.imf.org/external/np/ exr/ib/2000/deu/062300g.htm.

377 Siehe dazu: *Cooper/Helleiner*, in: Pohlmann/Reicher/Schillinger (Hrsg.), Veröffentlichung der Friedrich-Ebert-Stiftung 2010, S. 25. Wie schon bei der G7 erwähnt, war dieses Oberhaupt vor dem Vertrag von Lissabon nach Art. 4 Satz 4 EUV i.d.F. vom Vertrag von Nizza auch der Vorsitzende des Europäischen Rates.

Tabelle 11: Außenvertretung des Euroraums in G20

Union	Euro-Mitgliedstaaten
Vertikale Ebene	
volle Mitgliedschaft der Union	volle Mitgliedschaft Deutschlands, Frankreichs, Italiens (insgesamt drei Euro-Mitgliedstaaten) und des Vereinigten Königreiches (ein Nicht-Euro-Mitgliedstaat) Teilnahme Spaniens auf Einladung seit dem Jahr 2008 Teilnahme der Niederlande auf Einladung in den Jahren 2008, 2009, 2010
Horizontale Ebene	
– G20-Gipfel (Staats- und Regierungschefebene) –	
Präsident des Europäischen Rates Präsident der Kommission	Staats- und Regierungschefs der Mitgliedstaaten
– G7-Treffen der Finanzminister und Zentralbankpräsidenten - (Ministerebene und Ebene der Zentralbanken)	
Vorsitzender des ECOFIN-Rates Kommissar für Wirtschafts- und Währungspolitik Präsident der EZB	Finanzminister der Euro-Mitgliedstaaten

Quelle: eigene Darstellung

Die jetzige Vertretungskonfiguration in der G20 entspricht nicht im Ganzen dem vorgeschlagenen *Euroraum-Vertretungsmuster.*

Auf die Vertretung durch den Vorsitzenden des ECOFIN-Rates ist zu verzichten. Eine solche Vertretung ist nach dem Vertrag von Lissabon obsolet geworden.[378] Seitens der Union ist der Kommissar für Wirtschafts- und Währungspolitik der Vertreter. Den Ratsvorsitz in G20 könnte der Präsident der Euro-Gruppe ersetzen, wenn er schon nicht einer der Finanzminister eines G20-Mitgliedes ist.

III. OECD

Die OECD (Organisation for Economic Cooperation and Development) ist eine internationale Organisation, deren primär wirtschaftspolitisch angelegtes Mandat nach Art. 1, 2 und 3 des OECD-Übereinkommens breit gefasst ist und

378 Dazu: Teil II Unterteil II Kapitel II.2.a.aa.(2).

sich infolgedessen auf fast alle Politikbereiche außer Verteidigungspolitik erstreckt.

Zu der OECD gehören zurzeit 34 Mitglieder, von denen mehr als die Hälfte die Mitgliedstaaten ausmachen (darunter 15 Euro-Mitgliedstaaten und sechs Nicht-Euro-Mitgliedstaaten). An der OECD sind Lettland, Litauen, Malta und Zypern aus dem Euroraum, und Bulgarien, Kroatien und Rumänien außerhalb des Euroraums nicht beteiligt. Der Status der Union, der der Union in ihrer Zuständigkeit eine entsprechende Beteiligung garantiert, ist hingegen in dem OECD-Übereinkommen gesondert verankert. Dazu steht in Art. 13 des OECD-Übereinkommens:

> „Die Vertretung der durch die Verträge von Paris und Rom vom 18. April 1951 beziehungsweise 25. März 1957 gegründeten Europäischen Gemeinschaften in der Organisation richtet sich nach dem Zusatzprotokoll Nr. 1 zu diesem Übereinkommen."

Nach Art. 1 des Protokolls Nr. 1 zum Übereinkommen, einem seiner zwei Artikel, heißt es weiter:

> „Representation in the Organisation for Economic Co-operation and Development of the European Communities established by the Treaties of Paris and Rome of 18th April, 1951, and 25th March, 1957, shall be determined in accordance with the institutional provisions of those Treaties."

In der wirtschafts- und währungspolitischen Vertretung der Union nimmt die Kommission die Schlüsselrolle ein. Dies ist darauf zurückzuführen, dass die diesbezügliche OECD-Zusammenarbeit in dem spezialisierten, ökonomischen peer review-Analyse- und Empfehlungsverfahren besteht, das sich mit den parallelen, unionsinternen wirtschaftspolitischen Kommissionsaufgaben verbindet. Diese Rolle ist auch im OECD-Übereinkommen (deklaratorisch) vorgeschrieben:

> „The Commissions of the European Economic Community and of the European Atomic Energy Community as well as the High Authority of the European Coal and Steel Community shall take part in the work of that Organisation." (Art. 2 des Protokolls Nr. 1 zum OECD-Übereinkommen)

Der Wortlaut des OECD-Übereinkommens und des Protokolls bleiben diesbezüglich seit seinem Inkrafttreten im Jahr 1961 unverändert: Die Kommission der beiden Gemeinschaften und die Hohe Behörde der Europäischen Gemeinschaft für Kohle und Stahl gingen in eine einzige Kommission mit dem Inkrafttreten des Fusionsvertrags im Jahr 1967 ein.

So setzt sich das oberste Entscheidungsorgan der OECD – der im Konsens seine Beschlüsse fassende Rat – aus den Vertretern der Mitgliedsländer (entweder auf der Botschafts- oder der Ministerebene) und einem Vertreter der Kommission zusammen.

Bezüglich der Aktivität, die die Außenvertretung des Euroraums anbelangt, sind, aus den rund 200 OECD-Ausschüssen, Arbeits- und Expertengruppen, insbesondere

- der Prüfungsausschuss für Wirtschafts- und Entwicklungsfragen, der die Wirtschaftsanalysen der einzelnen Mitgliedsländer, des Euroraums und der Union mit in den OECD Economic Outlooks und OECD Economic Surveys publizierten Ergebnissen durchführt, und
- der Ausschuss für Wirtschaftspolitik

von Bedeutung. An den beiden sind zurzeit die Vertreter der Kommission und der EZB beteiligt; an dem ersten, begrenzt auf die Euroraum-Wirtschaftsanalyse, zusätzlich auch der Präsident der Euro-Gruppe. Dies entspricht den internen Aufgaben der Unionsorgane.

Tabelle 12: Außenvertretung des Euroraums in der OECD

<table>
<tr><th>Union</th><th>Euro-Mitgliedstaaten</th></tr>
<tr><td colspan="2"><u>Vertikale</u> <u>Ebene</u></td></tr>
<tr><td>besonderer Status der Union
(steht der vollen Mitgliedschaft gleich.)</td><td>volle Mitgliedschaft der 15 Euro-Mitgliedstaaten (Lettland, Litauen, Malta und Zypern sind nicht beteiligt)
und sechs Nicht-Euro-Mitgliedstaaten (Bulgarien, Kroatien und Rumänien sind nicht beteiligt)</td></tr>
<tr><td colspan="2"><u>Horizontale</u> <u>Ebene</u></td></tr>
<tr><td colspan="2">– OECD-Rat (Ministerebene bzw. Botschafterebene) –</td></tr>
<tr><td>Vertreter der Kommission</td><td>Vertreter der Euro-Mitgliedstaaten</td></tr>
<tr><td colspan="2">– Prüfungsausschuss für Wirtschafts- und Entwicklungsfragen –
– Ausschuss für Wirtschaftspolitik –
(Expertenebene)</td></tr>
<tr><td>Vertreter der Kommission
Vertreter der EZB
Präsident der Euro-Gruppe (nur bei der Wirtschaftsanalyse des Euroraums des Economic and Development Review Committee)</td><td>Vertreter der Euro-Mitgliedstaaten</td></tr>
</table>

Quelle: eigene Darstellung

Es ist festzustellen, dass die jetzige Vertretungskonfiguration in der OECD dem hier vorgeschlagenen *Euroraum-Vertretungsmuster* entspricht.

IV. BIZ

Die BIZ (Bank für Internationalen Zahlungsausgleich) ist eine internationale Finanzinstitution in Form einer Aktiengesellschaft, deren Aktionäre Zentralbanken und andere Währungsbehörden sind.

Nach Art. 3 der BIZ-Satzung ist der Zweck der BIZ:

- die Zusammenarbeit der Zentralbanken zu fördern,
- neue Möglichkeiten für internationale Finanzgeschäfte zu schaffen und
- als Treuhänder (Trustee) oder Agent der internationalen Zahlungsgeschäfte zu handeln).

Demgemäß ist die BIZ eine Bank der Zentralbanken und ein Informationsaustausch- und Forschungsforum. Ihre Aktivität bezieht sich dann sowohl auf die technischen, als auch die breiteren, politischen Aspekte der Zentralbanktätigkeit.

Zurzeit sind an der BIZ circa 60 Zentralbanken und Währungsbehörden, darunter auch die nZB der 26 Mitgliedstaaten (außer Maltas und Zyperns) und die EZB beteiligt.

Die Parallelität der Beteiligung der nZB der Euro-Mitgliedstaaten und der EZB ist in diesem Fall nicht unionsrechtswidrig. Einerseits können die nZB der Euro-Mitgliedstaaten nach Art. 14.4 EZB-Satzung weiter die eigenen Kompetenzen außerhalb der ESZB-Aufgaben wahrnehmen. Dies betrifft z.B. die Aufgaben, die sich auf die Zahlungssysteme beziehen. Andererseits bedeuten die Beteiligung der nZB der Euro-Mitgliedstaaten und ihre Stimmberechtigung nicht, dass sie die Fazilitäten der BIZ souverän in Anspruch nehmen dürfen, wenn dies unionsrechtlich nur im Rahmen der ESZB-Aufgaben erfolgen darf.[379] Sie handeln dann gemäß Art. 14.3 Satz 1 EZB-Satzung nach den Leitlinien und Weisungen der EZB.[380]

Zusammenfassend, stellt sich für die BIZ die folgende Vertretungskonfiguration, die dem vorgeschlagenen *Euroraum-Vertretungsmuster* entspricht:

379 Diesen Aspekt erwähnt R. Smits in: *Smits*, The European Central Bank – institutional aspects, S. 424.

380 Nicht präzise äußert sich dazu R. Dutheil de La Rochère, in: *Dutheil de La Rochère*, Yearbook of European Law 1999, S. 437.

Tabelle 13: Außenvertretung des Euroraums in der BIZ

Union	Euro-Mitgliedstaaten
<u>*Horizontale*</u> <u>Ebene</u> – Zentralbankeinrichtung –	
EZB	nZB der 17 Euro-Mitgliedstaaten (Die nZB Maltas und Zyperns sind nicht beteiligt.), die im Rahmen der ESZB-Aufgaben nach den Weisungen und den Leitlinien der EZB handeln, und nZB aller Nicht-Euro-Mitgliedstaaten

Quelle: eigene Darstellung

Bei der BIZ sind weiter die ständigen Ausschüsse und Foren der Zentralbanken und anderer Finanzinstitutionen angesiedelt, deren Ziel die Förderung der Währungs -und Finanzstabilität ist. Dazu zählen:

- Basel Committee on Banking Supervision (BCBS),
- Committee on the Global Financial System (CGFS),
- Committee on Payment and Settlement Systems (CPSS),
- Markets Committee,
- Central Bank Governance Forum und
- Irving Fisher Committee on Central Bank Statistics (IFC).

Es gibt noch die selbstständigen, sich mit den Themen der Finanzstabilität beschäftigen Einrichtungen, die ihren Sitz bei der BIZ haben:

- Financial Stability Board (FSB),
- International Association of Insurance Supervisors (IAIS) und
- International Association of Deposit Insurers (IADI).

Sowohl an den Einrichtungen der ersten als auch an den Einrichtungen der zweiten Gruppe beteiligen sich die nZB einiger der Mitgliedstaaten und die EZB (mit Ausnahme des Irving Fisher Committee on Central Bank Statistics (IFC), an der die Zentralbanken aller Mitgliedstaaten und die EZB beteiligt sind). Dabei gilt für die parallele Beteiligung der nZB der Euro-Mitgliedstaaten neben der EZB die gleiche Regel wie bei der BIZ.

Darüber hinaus können daran, je nach dem behandelten Thema, auch zusätzlich die anderen unionalen Finanzinstitutionen teilnehmen, wobei sie die entsprechende Befugnisverteilung berücksichtigen müssen.

Das ist der Fall mit den unionalen Aufsichtsbehörden des Europäischen Finanzaufsichtssystems (ESFS, engl. European System of Financial Supervisors). Dazu gehören: die Europäische Bankenaufsichtsbehörde (EBA, engl. European Banking Authority), die Europäische Wertpapier- und Marktaufsichtsbehörde (ESMA, engl. European Securities and Markets Authority) und die Europäische Aufsichtsbehörde für das Versicherungswesen und die betriebliche Altersversorgung (EIOPA, engl. European Insurance and Occupational Pensions Authority). So nimmt z.B. die EBA an der Zusammenarbeit in dem Basel Committee on Banking Supervision als eine(r) der Beobachter(innen) seitens der Union teil. In Hinsicht auf die internationalen Kontakte der EBA wurde dazu unionsintern das Folgende vorgeschrieben:

> „Unbeschadet der jeweiligen Zuständigkeiten der Mitgliedstaaten und der Organe der Union kann die Behörde Kontakte zu Aufsichtsbehörden, internationalen Organisationen und den Verwaltungen von Drittländern knüpfen und Verwaltungsvereinbarungen mit diesen schließen. Durch diese Vereinbarungen entstehen keine rechtlichen Verpflichtungen bezüglich der Union und ihrer Mitgliedstaaten und diese Vereinbarungen hindern die Mitgliedstaaten und ihre zuständigen Behörden nicht daran, bilaterale oder multilaterale Vereinbarungen mit diesen Drittländern zu schließen."
> (Art. 33 Abs. 1 der Verordnung des Verordnung (EU) Nr. 1093/2010 des Europäischen Parlaments und des Rates vom 24. November 2010 zur Errichtung einer Europäischen Aufsichtsbehörde (Europäische Bankenaufsichtsbehörde) (...), ABl. L 331/12 vom 15. Dezember 2010)

V. FSB

Der FSB (Financial Stability Board), der im Jahr 2009 auf einem G20-Gipfel als Nachfolger des seit 1998 sich versammelnden FSF (Financial Stability Forum) gegründet wurde, ist eine aus den nationalen und internationalen Finanzinstitutionen zusammengesetzte Einrichtung.

Sie dient im Generellen:

- der Überwachung des globalen Finanzsystems in Hinsicht auf die Stabilitätsgefährdungen,
- der Ausarbeitung der finanzregulatorischen Maßnahmen und
- dem Informationsaustausch.[381]

381 Zum detaillierten Mandat siehe: Art. 1 und 2 der FSB-Satzung.

Den Kern der Mutterländer der in dem FSB vertretenen Finanzbehörden, Zentralbanken und Aufsichtsbehörden bilden die G20-Mitgliedsländer, inklusive der Union. Diesen schlossen sich weiter andere Staaten (Hong Kong, die Niederlande, Singapur, Spanien und die Schweiz) und internationale, in dem Finanzbereich tätige Einrichtungen (BIZ, IWF, OECD, Committee on Payment and Settlement Systems (CPSS), Committee on the Global Financial System (CGFS), International Accounting Standards Board (IASB), International Association of Insurance Supervisors (IAIS), International Accounting Standards Board (IASB) und International Organisation of Securities Commissions (IOSCO)) an.

Die nationale Beteiligung ist, je nach der internen Befugnisstruktur in den Mutterländern in Bezug auf den FSB-Aufgabenbereich und je nach dem Zusammenarbeitsengagement im FSB, unterschiedlich ausgestaltet. An der Zusammenarbeit nehmen z.B. seitens Deutschlands Vertreter der Deutschen Bundesbank, der Bundesanstalt für Finanzdienstleistungsaufsicht und des Bundesministeriums für Finanzen teil; ähnlich seitens Italiens Vertreter der Banca d'Italia, der Commissione Nazionale per le Società e la Borsa und des Ministero dell'Economia e delle Finanze, während z.B. seitens Indonesiens und der Türkei nur Vertreter ihrer Zentralbanken teilnehmen.

Dabei arbeiten die EZB und die Kommission seitens der Union mit. Die Kommission ist insbesondere wegen ihrer unionalen Aufgaben in der Wirtschaftspolitik im FSB tätig.

Tabelle 14: Außenvertretung des Euroraums im FSB

Union	Euro-Mitgliedstaaten
Horizontale Ebene – Einrichtung der Finanzinstitutionen –	
Vertreter der EZB Vertreter der Kommission	– Finanzministerien, – nZB (wobei im Rahmen der ESZB-Aufgaben die nZB der Euro-Mitgliedstaaten nach den Weisungen und Leitlinien der EZB gemäß Art. 14.3 EZB-Satzung handeln) und – Aufsichtsbehörden Deutschlands, Frankreichs, Italiens, der Niederlande und Spaniens (insgesamt fünf Euro-Mitgliedstaaten) und des Vereinigten Königreiches (ein Nicht-Euro-Mitgliedstaat)

Quelle: eigene Darstellung

Angesichts der sich überwiegend auf die Überwachung konzentrierten Tätigkeit des FSB passt seine Vertretungskonfiguration zu dem vorgeschlagenen *Euroraum-Vertretungsmuster*.

VI. IWF

Der IWF (Internationaler Währungsfonds) ist eine internationale Organisation, die, ausgehend vom anfänglich währungspolitischen Fokus durch die Finanzhilfegewährung und eine umfassende wirtschaftspolitische Überwachungstätigkeit (insbesondere im Rahmen der Art. IV-Konsultationen[382]), zum Grundpfeiler der weltweiten Wirtschaftssteuerung geworden ist.[383]

Der ausschließlich interstaatliche IWF (Nur-Staaten-Klausel in Art. II des IWF-Übereinkommens) zählt heutzutage 188 Mitglieder, darunter alle Mitgliedstaaten. Daneben arbeitet er nach Art. X des IWF-Übereinkommens mit den in seinem Aufgabenbereich tätigen internationalen Einrichtungen zusammen. Die Unionsstellung stützt sich auf die Beteiligungsrechte ihrer Organe.

Trotz der Forderungen nach der Unionsmitgliedschaft[384] und sogar vereinzelt nach der Mitgliedschaft der EZB[385] ist eine solche Lösung mit dem

---

382 Nach Art. IV Abschnitt 3 des IWF-Übereinkommens überwacht der IWF die in Einhaltung der in diesem Übereinkommen von den Mitgliedstaaten eingegangenen wirtschafts- und währungspolitischen Verpflichtungen. Der IWF unterstellt die Wechselkurspolitik der Mitglieder einer strikten Überwachung und stellt besondere Grundsätze auf, von denen sich alle Mitglieder bei ihrer Wechselkurspolitik leiten lassen. Jedes Mitglied liefert dem Fonds die für eine solche Überwachung notwendigen Informationen und konsultiert den Fonds auf dessen Ersuchen über seine Wechselkurspolitik.

383 Die Ziele der Organisation zählt Art. I des IWF-Übereinkommens auf.

384 Mit unterschiedlicher Begründung u. a.: *Smits*, in: Groeben/Schwarze/Hatje, Europäisches Unionsrecht, Art. 138 AEUV, Rn. 46 mit der Auffassung, dass die Union mit dem Übergang zur einheitlichen Währung und der damit einhergehenden Übertragung einzelstaatlicher Währungsbefugnisse auf die Union die Merkmale eines „Landes" im Sinne des IWF-Übereinkommens angenommen habe; *Zilioli/Selmayr*, CMLRev. 1999, S. 322 mit der Bezeichnung der Euro-Mitgliedstaaten (in Hinsicht auf die IWF-Verpflichtungserfüllung) als die „empty shell" (die Kritik dazu äußerte *Torrent*, CMLRev. 1999, S. 1239); und *Martha*, CMLRev. 1993, S. 749 ff. (insb. S. 773–774). Die Mitgliedschaft der Union im IWF erforschte auch *Bognar*, Europäische Währungsintegration und Außenwirtschaftsbeziehungen, S. 395–401.

385 Siehe: *Horng*, ELJ 2005, S. 809 unter der Bedingung der Art. 219 AEUV-Änderung durch die Ersetzung des Rates mit der EZB (S. 813). Damit würde der Ausgangspunkt

Unionsrecht unvereinbar. Ungeachtet der technischen Einzelheiten der Quotenzuteilung[386], darf der Union einerseits keine ausschließliche, unter dem Ausschluss der (Euro-) Mitgliedstaaten und noch weniger eine zusätzliche, parallel zu den Mitgliedstaaten, Kreditnehmerstellung im IWF eingeräumt werden. Die Union hat nämlich heutzutage keine dementsprechende Zuständigkeit eines zentralen Finanzenverteilers der Mitgliedstaaten. Überdies stützt sich die Finanzhilfegewährung auf die wirtschaftspolitischen Bedingungen, deren Erfüllung überwiegend in der mitgliedstaatlichen Zuständigkeit liegt.[387] Andererseits würde die Kreditgeberstellung der Union eine Mitmodellierung der Finanzhilfepolitik der Union durch die anderen IWF-Mitgliedsländer als Mitgliedstaaten bedeuten. Dies wäre ein für die Mitgliedstaaten unannehmbarer Steuerungswechsel in der Union.

Wenn die kraft der Unionsentscheidung zu gewährende Unionsfinanzhilfe zusammen mit der kraft der IWF-Entscheidung zu gewährenden IWF-Finanzhilfe in einem Finanzhilfepaket zu verbinden ist, ist dieses daher auf der Ebene zwischen den internationalen Organisationen zu vereinbaren. Bei den mit der Euroraumschuldenkrise verbundenen Finanzhilfepaketen an die Euro-Mitgliedstaaten arbeitete dabei die sog. Troika, i.e. die Kommission, die EZB und der IWF zusammen.

Obwohl die Unionsmitgliedschaft im IWF nicht angemessen ist, sind die Unionsorgane bei der Betroffenheit von Unionsaufgaben an der IWF-Zusammenarbeit doch zu beteiligen.

Angesichts der währungspolitischen ESZB-Aufgaben, die, konzentriert auf den Euro, auch die Analyse der währungspolitischen Anliegen der Nicht-Euro-Mitgliedstaaten und der Unionsbeitrittskandidaten einbeziehen, wurde der EZB ein thematisch begrenzter Beobachterstatus im Exekutivdirektorium (dem sich aus den 24 stimmberechtigten Exekutivdirektoren[388] zusammensetzenden

---

einer [scheinbaren] Ersetzung der Union mit der EZB geschaffen, der die Argumentation für die EZB-Mitgliedschaft im IWF folgt (S. 815, 818 und 820).

386 Der IWF basiert auf einem Quoten-System, das die Einzahlungen, die Finanzhilfeauszahlungen und weiter die Stimmzahl der IWF-Mitglieder bestimmt. Eine Quote ist anhand der Formel berechnet, die die makroökonomischen Variablen (wie die Kontributionsfähigkeit und die Vulnerabilität eines Staates) berücksichtigt.

387 Anders: *Smits*, in: Groeben/Schwarze/Hatje (Hrsg), Unionsrecht, Art. 138 AEUV, insb. Rn. 43 und 57–60.

388 Die Ernennung der Exekutivdirektoren (Vertreter der Finanzministerien bzw. der Zentralbanken) steht dem Alleingang einiger IWF-Mitgliedern (der fünf Mitgliedern mit den höchsten Quoten, i.e. Deutschland, Frankreich, Japan, dem Vereinigten Königreich und den Vereinigten Staaten und zusätzlich der drei anderen Mitgliedern, i.e. China, Russland und Saudi Arabien) und im Rest den Stimmgruppen zu.

IWF-Geschäftsführungsorgan) eingeräumt. Die Grundlage dafür ist die Entscheidung Nr. 12925-(03/1) „Europäische Zentralbank – Beobachterstatus" vom 27. Dezember 2002, die anhand des Art. X „Beziehungen mit anderen internationalen Organisationen" des IWF-Übereinkommens erlassen wurde. So kann der Vertreter der EZB auf den in dieser Entscheidung spezifizierten Tagungen des Exekutivdirektoriums:

> „ (…) address the Board with the permission of the Chairman on matters within the responsibility of the ECB. The ECB representative may circulate written statements in advance of Board meetings to which the ECB has been invited. Such statements may be acknowledged by the Chairman to become part of the record of the Board meeting."
> (Punkt 4 der Entscheidung)

Angesichts der anderen für die Euro-Mitgliedstaaten gemeinsamen Unionspolitiken (nicht nur angesichts der Wirtschafts- und Währungspolitik, aber auch angesichts der anderen Unionspolitiken) werden im Rahmen der Überwachung des Euroraums (engl. Surveillance over Euro-Area Policies) die besonderen zweijährlichen (staff-level-)Diskussionen als ein integraler Bestandteil der Art. IV-Konsultationen der einzelnen Euro-Mitgliedstaaten im International Monetary and Finance Committee (IWFC)[389] mit der Teilnahme der Vertreter der Kommission und der EZB durchgeführt.[390] Darüber hinaus finden auch die diesbezüglichen Diskussionen im Exekutivdirektorium einmal jährlich statt, wobei die EZB den schon erwähnten Beobachterstatus hat.[391]

Die Unionsorgane können überdies ad hoc auch zu den anderen Diskussionen im IWF eingeladen werden.

Die Stimmanzahl der Exekutivdirektoren richtet sich nach der Quotenzuteilungssumme der vertretenen Staaten.

389 Einer der zwei IWF-Ausschüsse (neben dem Development Committee), denen eine Beratungsrolle gegenüber dem Exekutivdirektorium zukommt. In dem IWFC sind die Vertreter der Finanzministerien und Zentralbanken der IWF-Mitglieder entsprechend dem Muster des Exekutivdirektoriums beteiligt.

390 „(…) There will be twice-yearly staff discussions with EU institutions responsible for common policies in the euro area. (…)"
(Entscheidung 12899-(02/119) „Modalities for Surveillance over Euro-Area Policies in context of Article IV Consultations with Member Countries" vom 4. Dezember 2002, erlassen anhand des Art. IV des IWF-Übereinkommens).

391 Zur Entwicklung dieses Ansatzes: *Broome*, The politics of IMF-EU cooperation, Journal of European Public Policy 2013, S. 597–598 und 599–600.

Unionsintern wurden zwei Sondergremien für die Ausarbeitung des für die IWF-Aufgaben spezifischen, koordinierten Vorgehens (unter Einbeziehung der schon bestehenden Standpunkte) gegründet:

- der in Brüssel tätige Subausschuss des Wirtschafts- und Finanzausschusses SCIMF und
- der die IWF-Vertreter der Mitgliedstaaten und der Union versammelnde, in Washington tätige EURIMF.

Die beiden Gremien setzen sich aus Vertretern der Mitgliedstaaten, der Kommission und der EZB zusammen.[392]

Das koordinierte Vorgehen zwischen den (Euro-)Mitgliedstaaten ist aber insoweit kompliziert, als die stimmberechtigten Mitglieder der IWF-Organe und IWF-Ausschüsse teilweise auch die Einzelmitgliedstaaten (Deutschland, Frankreich und das Vereinigte Königreich) und teilweise die IWF-Stimmgruppen (im Folgenden: Stimmgruppen), zwischen denen der Rest der Mitgliedstaaten zersplittert ist, vertreten.[393]

Auf der einen Seite gibt es Kritik wegen einer Unterrepräsentation in dem Sinne, dass es an einer einzigen, der wirtschaftlichen Stärke der Union bzw. des Euroraums entsprechenden, gemeinsamen Positionsäußerung seitens der Mitgliedstaaten mangelt. Gleichzeitig wird eine Überrepräsentation in dem Sinne, dass die Mitgliedstaaten durch die Stimmenzahl im Vergleich zu den Entwicklungsländern überrepräsentiert sind, kritisiert.[394] Um beiden Positionen gerecht zu werden, wurde die Lösung einer EU- bzw. Euroraum-Stimmgruppe zusammen mit einem globalen IWF-Änderungsvorschlag für Quotenzuteilung empfohlen. Diese Stimmgruppe sollte einen gemeinsamen EU- bzw. Euroraum-Vertreter sowohl im Exekutivdirektorium (ein Exekutivdirektor) als auch in den IWF-Ausschüssen garantieren. Unter anderen auch nach Ansicht der Kommission soll ein einziger Euroraum-Sitz als Schlussphase des Ausbaus der Vertretung des Euroraums angestrebt werden.[395]

---

392 Die Skizze der Verbindungen zwischen den Gremien findet man in: *Glöcker/Truchlewski*, in: Lieb/Ondarza /Schwarzer (Hrsg.), The European Union in international fora, S. 126.

393 Die mitgliedstaatliche Koordinierung, ihre Hindernisse und Antriebskräfte wurden beschrieben in: *Eurodad*, European Coordination at the World Bank and the IWF: A question of harmony?, Januar 2006.

394 Dazu siehe: *Schwarzer*, in: Lieb/Ondarza/Schwarzer (Hrsg.), The European Union in international fora: lessons for the Union's external representation after Lisbon, S. 137 ff.

395 Dazu siehe: Mitteilung der Kommission vom 30. November 2012 „Ein Konzept für eine vertiefte und echte Wirtschafts- und Währungsunion: Auftakt für eine europäische Diskussion“, COM(2012) 777 final/2, S. 15 und 29–30 und Anhang 2. Dazu aber

Die Kommission lag dem Rat diesbezüglich am 21. Oktober 2015 einen Vorschlag für einen Beschluss vor.[396]

Hier wird zur Gewährleistung der Stellung des Euro im internationalen Währungssystem die Bildung einer Euroraum-Stimmgruppe gefördert, der die nächsten

---

auch schon früher in: Mitteilung der Kommission vom 7. Mai 2008 „WWU@10: Zehn Jahre Wirtschafts- und Währungsunion – Errungenschaften und Herausforderungen", COM(2008) 238 final. Die Überlegungen zur Bildung einer EU- bzw. Euroraum-Stimmgruppe findet man weiter u.a. in: *Ahearne/Eichengreen*, in: Sapir (Hrsg.), Fragmented Power: Europe and the Global Economy, S. 149, die u.a. die Option der Polarisierung der Stimmgruppen mit den Mitgliedstaaten zuerst in mehr als eine Stimmgruppe bzw. zwei Stimmgruppen ergreifen; *Hervé*, ELJ 2012, S. 160–161; *Smits*, International Representation of Europe in the area of Economic and Monetary Union, Paper presented at the ECB Conference „10 years of European Monetary Union: a legal perspective", Frankfurt am Main, 29–30. Januar 2009, S. 25 und 29 ff., und *Bini Smaghi*, JCMS 2004, S. 229ff. Generell zur Bildung einer Stimmgruppe: *Woods/Lombardi*, Effective representation and the role of coalitions within the IWF, GEG Working Paper 2005/17.
Während der Arbeit des Europäischen Konvents befürworteten Deutschland und Frankreich die Idee eines single European seat, siehe: Dokument CONV 470/02 vom 22. Dezember 2002, CONTRIB 180 „ Gemeinsamer Beitrag Frankreichs und Deutschlands zur Ordnungspolitik", Punkt 4, S. 5, abrufbar unter: http://european-convention.europa.eu/pdf/reg/de/02/cv00/cv00470.de02.pdf. Die Kodifizierung schlug sogar H. Farnleitner (Mitglied des Europäischen Konvents) in seinem Änderungsvorschlag zum Arbeitsvorgänger des Art. 138 AEUV (Art. 85c gemäß dem VVE-Arbeitstextentwurf im Dokument CONV 802–03 vom 12. Juni 2003, S. 59) vor: „(…) the Council, on a proposal from the Commission, may shall adopt appropriate measures to ensure unified representation within the international financial institutions and conferences, including the possibility of single Union seats."
(Abrufbar unter: http://european-convention.europa.eu/docs/Treaty/pdf/832/Art%20III% 2085c%20Farnleitner%20EN.pdf, vermerkt im Dokument CONV 821/03 vom 27. Juni 2003, S. 36).
Die Überlegungen bezüglich der Quoten liefert u.a.: *Giovannini/Gros/Paul/Kaczyński/Va-liante,* Extrenal representation of the euro area. Study, IP/A/ECON/FWC/2010_19, Mai 2012, S. 43–51 („The power Index Analysis"). Bemerkenswert ist dabei, die Autoren gehen davon aus, dass der ESM (dazu siehe: Fn. 59) als eine Institution mit eigener Rechtspersönlichkeit für die Einrichtung sogar einer Euroraum-Mitgliedschaft im IWF benutzt werden soll.

396 Vorschlag der Kommission vom 21. Oktober 2015 für einen Beschluss des Rates über Maßnahmen zur schrittweisen Einrichtung einer einheitlichen Vertretung des Euro-Währungsgebiets im Internationalen Währungsfonds, COM(2015) 603 final. Diesbezüglich: Mitteilung der Kommission vom 21. Oktober 2015 „Ein Fahrplan für die Schaffung einer kohärenten Außenvertretung des Euro-Währungsgebiets in internationalen Foren", COM(2015) 602 final.

den Euro einführenden Mitgliedstaaten beitreten könnten. Dafür sprechen insbesondere zwei Argumente: die einheitliche Währung der Euro-Mitgliedstaaten und ihre verstärkte wirtschaftspolitische Zusammenarbeit, worauf sich auch der IWF-Aufgabenbereich bezieht. So versammeln sich auch die IWF-Mitglieder der anderen Wirtschafts- und Währungsunionen in den gemeinsamen Stimmgruppen. Die Staaten der Westafrikanischen Wirtschafts- und Währungsunion (UEMOA mit dem CFA-Franc BCEAO) und die Staaten der Zentralafrikanischen Wirtschafts- und Währungsgemeinschaft (CEMAC mit dem CFA-Franc BEAC) gehören zu einer Stimmgruppe, die auch andere afrikanische Staaten (allerdings nicht alle, so z. B. gehören Marokko und Tunesien zu anderen Stimmgruppen) umfasst. Auch die Staaten der Ostkaribischen Währungsunion (mit dem Ostkaribischen Dollar) außer den britischen ÜLG (Anguilla und Montserrat) gehören zu einer Stimmgruppe, die ebenfalls andere Staaten, darunter einen Euro-Mitgliedstaat (Irland), verbindet.

Zur derzeitigen Außenvertretung des Euroraums im IWF lässt sich die folgende Tabelle erstellen:

Tabelle 15: Außenvertretung des Euroraums im IWF

<table>
<tr><td>Union</td><td>Euro-Mitgliedstaaten</td></tr>
<tr><td colspan="2" align="center">Vertikale Ebene</td></tr>
<tr><td>Die Unionsstellung wird durch die Beteiligungsrechte ihrer Organe bestimmt.</td><td>volle Mitgliedschaft aller Mitgliedstaaten</td></tr>
<tr><td colspan="2" align="center">Horizontale Ebene
in den für die Außenvertretung des Euroraums relevanten IWF-Gremien</td></tr>
<tr><td colspan="2" align="center">– Exekutivdirektorium –
(mit 24 Exekutivdirektoren: Vertreter von Finanzministerien und Zentralbanken)</td></tr>
<tr><td>Thematisch begrenzter Beobachterstatus der EZB (eine ständige EZB-Vertretung in Washington D.C.)</td><td>Deutschland, Frankreich und das Vereinigte Königreich (neben China, Japan, Russland, Saudi Arabien und die Vereinigten Staaten) haben je einen Exekutivdirektor.
Der Rest der Mitgliedstaaten ist zwischen den Stimmgruppen zersplittert, die von je einem Exekutivdirektor vertreten sind.

Der Standpunkt der Union/des Euroraums kann von einem der Exekutivdirektoren aus einem (Euro-)Mitgliedstaat präsentiert werden.</td></tr>
</table>

Union	Euro-Mitgliedstaaten
– Monetary and Finance Committee – (mit 24 stimmberechtigten Mitgliedern: Vertreter von Finanzministerien und Zentralbanken)	
Beteiligung der zuständigen Unionsorgane (i.e. der Vertreter der Kommission und der EZB) an den staff-level-Diskussionen der Surveillance over Euro-Area Policies	Vertretung nach dem gleichen System wie im Exekutivdirektorium
– Sonderkoordinierungsgremien – EURIMF in Washington, SCIMF in Brüssel	

Quelle: eigene Darstellung

Zusammenfassend lässt sich somit feststellen, dass die Mitgliedschaftskonfiguration im IWF, trotz der vorkommenden Einwände, der unionsrechtmäßigen Mitgliedschaftskonfiguration entspricht. Die Beteiligung der Organe ist auch adäquat zum vorgeschlagenen *Euroraum-Vertretungsmuster*.

Um dem Euroraum *eine Stimme* zu verschaffen, wäre es aber zusätzlich angebracht – wie auch schon u.a. von der Kommission vorgeschlagen – eine Euroraum-Stimmgruppe zu bilden, die den Euro-Mitgliedstaaten einen gemeinsamen Exekutivdirektor und je einen Vertreter in den IWF-Ausschüssen gewährleisten würde.

VII. Schlussfolgerung

Das Ergebnis mag nicht beeindruckend scheinen: Die Vertreterzahl in den internationalen Gremien ändert sich mit dem vorgeschlagenen *Euroraum-Vertretungsmuster* nicht bahnbrechend.

Der maßgebliche Wert liegt jedoch in Folgendem: Entscheidend sind die Festsetzung einer Ordnung und das Verständnis dafür, warum eine bestimmte Konfiguration der Mitgliedschaft in dem Gremium gegeben ist (*vertikale* Vertretungsebene), warum bestimmte Amtsträger dort als Vertreter des auftreten Euroraums (*horizontale* Vertretungsebene) und warum dies alles in dieser Weise notwendig ist. Man verbindet es erstens mit dem Aufgabenbereich des Gremiums, zweitens mit der Tatsache, auf welcher Ebene (Staats- und Regierungschefebene, Ministerebene oder Ebene der Zentralbanken) und drittens bei welchem Teil des Aufgabenbereiches des Gremiums die Vertretung stattfindet.

Es erwies sich, dass die daraus resultierende, praxisbezogene Änderung im Ausschluss des Vorsitzes des Rates von der Vertretung in der Wirtschafts- und Währungspolitik liegt. Punktuell – im IWF – wurde der Vorschlag vorgebracht, eine einzige Euroraum-Stimmgruppe zu bilden.

Zusammenfassung

Das Ziel dieser Untersuchung ist die Ausarbeitung eines Systems, welches die einheitliche Außenvertretung des Euroraums gewährleistet.

Dazu musste zuerst die Bedeutung der Außenvertretung des Euroraums geklärt werden: Beginnend bei dem Subjekt (der Vertretene) und dem Objekt (der Sachbereich) der Vertretung („Euroraum"), über die Festlegung der Außenkonfiguration, die durch Außenpartner und Zusammenarbeitsarten bestimmt ist (Präfix „Außen-"), bis zur Identifizierung der Maßstäben für die einschlägige Handlung „Vertretung"). Im Ergebnis ließ sich die folgende Definition der Außenvertretung des Euroraums aufstellen:

> als die internationale Vertretung der Union und/oder der Euro-Mitgliedstaaten (je nach der unionsrechtlichen Zuständigkeitsverteilung) im Gegenstand der diese Subjekte vereinigenden Standpunkten in der Wirtschafts- und Währungspolitik insbesondere im Rahmen von internationalen Gremien, wie IWF und G7. Diese internationale Vertretung kann sich dann sowohl auf den Abschluss von internationalen Verträgen als auch auf die sonstige Arten internationaler Zusammenarbeit (die „Soft"-Kooperation) beziehen.

Aus dieser Definition ergeben sich zwei Aspekte, die miteinander einhergehen müssen, damit diese Außenvertretung einheitlich wird. Über eine einheitliche Außenvertretung des Euroraums entscheidet demnach die Verbindung einer kohärenten Stellungnahme des Euroraums (ein kohärenter Standpunkt des Euroraums – der sachliche Aspekt der Außenvertretung des Euroraums) und eines einheitlichen organisatorischen Musters seiner Vertretung (ein Vertreter des Euroraums – der organisatorische Aspekt der Außenvertretung des Euroraums). Hierauf baut folglich das Konzept der vorliegenden Untersuchung auf (Punkt **I** und Punkt **II** in dieser Zusammenfassung).

Als Bausteine, insbesondere in Bezug auf den organisatorischen Aspekt, dienten die weiteren Erkenntnisse:

- die Unterscheidung zwischen der *vertikalen* Vertretungsebene, die sich auf das Subjekt der Vertretung bezieht, und der *horizontalen*, die sich auf die Person des Vertreters bezieht (generell auch zwischen der *vertikalen* Union/(Euro-)Mitgliedstaaten Ebene und der *horizontalen*, institutionellen Ebene);
- die Festlegungen in Hinsicht auf die Verflechtung der zwei Regelungsebenen: der *interne*n, die das Recht des Euroraums (überwiegend das Unionsrecht, neben dem Recht der Euro-Mitgliedstaaten) ausmacht, und der *externen*, die das allgemeine (wie WÜRV und WÜD) und partikuläre (die

Teilnahmeregelungen von internationalen Gremien) Völkerrecht darstellt. Daraus lässt sich u.a. der Hauptschluss ziehen, dass das Konzept der einheitlichen Außenvertretung des Euroraums eigentlich von dem Unionsrecht unter Berücksichtigung der Regelungen von internationalen Gremien, in denen der Euroraum vertreten wird, abhängt. So kann jeder ausgewählte Vertreter des Euroraums mit einer Vollmacht seitens der Union und der Euro-Mitgliedstaaten zur völkerrechtlichen Etablierung ausgestattet werden. Die Etablierung kann überdies durch eine längere Übung erreicht werden, was mit der jeweiligen Verfolgung des in dieser Untersuchung ausgearbeiteten Konzepts erreicht werden kann; und

- die grundlegenden Unterscheidungen zwischen der Vertretungsbefugnis und der Entscheidungsbefugnis, da die erste keine einfache Reflexion der zweiten ist, zwischen der Verhandlungsbefugnis und der Unterzeichnungsbefugnis und schließlich zwischen dem Organ und dem Organwalter (da die beiden als Vertreter bezeichnet werden können).

Unionsrechtlich tritt der mit dem Vertrag von Lissabon eingeführte Art. 138 AEUV in dem Kapitel „Besondere Bestimmungen für die Mitgliedstaaten, deren Währung der Euro ist" mit dem schon früher vorhandenen Art. 219 AEUV im Zusammenhang mit der Außenvertretung des Euroraums in den Vordergrund. Die Außenvertretung des Euroraums stützt sich aber nicht bloß auf die Auslegung dieser Vorschriften und auch nicht nur auf den Umstand, dass Art. 219 AEUV lex specialis für den Abschluss von internationalen Verträgen ist. Die Bedeutung wurde in dem systematischen Zusammenhang mit anderen Vorschriften erschlossen.

I. In Hinsicht auf den sachlichen Aspekt der Außenvertretung des Euroraums, auf den sich Art. 138 Abs. 1 AEUV und Art. 219 Abs. 3 AEUV (mit den „Modalitäten") beziehen könnten, wurde die Vorgehensweise vorgeschlagen, den Mehrwert des später eingeführten Art. 138 Abs. 1 AEUV durch die vorangeschaltete Analyse der Rechtslage ohne Rücksicht auf diese Vorschrift zu erschließen.

Es stellte sich heraus, dass schon vor dem Vertrag von Lissabon ein kohärenter Standpunkt des Euroraums ausgearbeitet werden konnte, der angesichts der Entscheidungsbefugnis auf *vertikaler* Ebene euroraumintern in den *einheitlichen* (wenn der Union die Entscheidungsbefugnis zufiel) und den *koordinierten* Standpunkt des Euroraums (wenn die Mitgliedstaaten im Konsens über einen Standpunkt entscheiden) untergliedert werden konnte. Die *einheitlichen* Standpunkte galten danach in der Währungspolitik und in Teilen der Wirtschaftspolitik, die entweder vertraglich geregelt wurden oder indem die Aufgaben der Union zugewiesen wurden. In der übrigen Wirtschaftspolitik konnten die

Mitgliedstaaten im Konsens über einen *koordinierten* Standpunkt entscheiden, dessen Festlegung, wenn dies zur Gewährleistung der Stellung des Euro sich als notwendig erweisen sollte, die Loyalitätspflicht nach Art. 4 Abs. 3 EUV in Rücksicht nehmend, angebracht war. Die *einheitlichen* und *koordinierten* Standpunkte wurden aus Gründen der Kohärenz in jeder Hinsicht parallel analysiert. Das Ergebnis – der kohärente Standpunkt des Euroraums ohne Rücksicht auf Art. 138 Abs. 1 AEUV – konnte als Folge der vertraglichen Verpflichtungen und der vertraglich sichergestellten Prinzipien der Zusammenarbeit zwischen den Unionsorganen und zwischen den Unionsorganen und den Euro-Mitgliedstaaten effektiv durchgesetzt werden.

Vor diesem Hintergrund stellte sich dann die Frage nach der Bedeutung des Art. 138 Abs. 1 AEUV, i.e. der Bedeutung des *gemeinsamen* Standpunktes. Die Kommentare zu dieser Vorschrift entsprechend ordnend, konnte dazu die *Theorie 1* aufgestellt werden, deren Schwerpunkt auf der Abstimmung zwischen den Unionsorganen und zugleich auf der Anweisung gegenüber den Mitgliedstaaten, was als Unionsauffassung zu gelten habe, beruhte. Der Sachbereich des *gemeinsamen* Standpunktes sollte danach nur die Materie in der vorherbestimmten Zuständigkeit der Union betreffen. Wenn der *gemeinsame* Standpunkt auch die Materie in der Zuständigkeit der Mitgliedstaaten betreffen würde, sollte dieser Teil für die Mitgliedstaaten nicht verbindlich sein, sondern es sollte die abgeschwächte Verbindlichkeit im Sinne der Loyalitätsverpflichtung der Mitgliedstaaten gegenüber der Union gelten. Das Problematische an der *Theorie 1* stellte sich auch in Hinsicht auf die Verbindlichkeit der Standpunkte auf *horizontaler* Ebene – gegenüber der EZB – dar, wozu zwei Varianten der *Theorie 1* entwickelt wurden (*Variante a* mit dem Prinzip der allgemeinen Auffangsaußenvertretungskompetenz des Rates und *Variante b* mit drei verschiedenen Auffassungen zur differenzierten Verbindlichkeit gegenüber der EZB). Nach den gleichen Erwägungspunkten (Sachbereich, Bedeutung der Festlegungspflicht und Bindungskraft) wurde zum Vergleich die *Theorie 2* aufgestellt, deren Widerhall eventuell nur einem der bisherigen Kommentare zum Art. 138 Abs. 1 AEUV entnommen werden konnte. Nach dieser Theorie soll der Schwerpunkt des *gemeinsamen* Standpunktes in der Festlegung einer Position in der Wirtschaftspolitik bestehen, die vorher in die Zuständigkeit der Mitgliedstaaten fiel. Der Anwendungsbereich sollte durch die Voraussetzungen – die besondere Bedeutung für die Wirtschafts- und Währungsunion und das Ziel der Gewährleistung der Stellung des Euro im internationalen Währungssystem, also insgesamt durch einen engen Bezug zu der Euro-Währung – abgegrenzt werden. Die Zuständigkeit für den Abschluss von internationalen Verträgen in diesem Bereich sollte gleichwohl nach wie vor bei den Euro-Mitgliedstaaten bleiben. Ein *gemeinsamer* Standpunkt müsste jedoch für die Euro-Mitgliedstaaten im vollen Umfang verbindlich sein.

Für die beiden Theorien wurden die schon in der Literatur vorhandenen Argumente angegeben, aber überwiegend neue Argumente entwickelt. Aus ihrer Gesamtheit ergab sich, dass zwei für die Konzeption der Theorien tatsächlich die zwei von ausschlaggebender Bedeutung sind:

- Einerseits das Prinzip der begrenzten Einzelermächtigung und die Einhaltung der vorherbestimmten Zuständigkeitsverteilung zwischen der Union und den Mitgliedstaaten als das Hauptargument für die *Theorie 1* und
- Andererseits, als Hauptargument für die *Theorie 2*, die Feststellung der Fragwürdigkeit des Art. 138 Abs. 1 AEUV, wenn nur die Bereiche in der Unionszuständigkeit mit einem *gemeinsamen* Standpunkt geregelt werden dürfen bzw. wenn der wirtschaftspolitische Teil des *gemeinsamen* Standpunktes für die Mitgliedstaaten nicht verbindlich ist, da die Bereiche in der Unionszuständigkeit gemäß der Rechtslage ohne Rücksicht auf Art. 138 Abs. 1 AEUV schon vorher mit einem *einheitlichen* Standpunkt geregelt werden konnten.

Nach der Erörterung der Argumente wurde eine neue Integrationsdimension des Art. 138 Abs. 1 AEUV als Vorschrift zur Verstärkung der wirtschaftlichen Zusammenarbeit der Euro-Mitgliedstaaten im Sinne der *Theorie 2* befürwortet.

Folglich gehören zu den Standpunkten des Euroraums sowohl die Unionsstandpunkte, die im Rahmen der wirtschafts- und währungspolitischen Unionszuständigkeit von den Unionsorganen festzulegen bzw. in den Verträgen verankert sind (neben den *einheitlichen* auch die *gemeinsamen* Standpunkte, die die ersten einbeziehen können), als auch die im Konsens festgelegten Standpunkte der Euro-Mitgliedstaaten in der sonstigen Wirtschaftspolitik (die *koordinierten* Standpunkte). Damit steht ein kohärenter Standpunkt des Euroraums fest, der den sachlichen Aspekt der einheitlichen Außenvertretung des Euroraums bildet.

Als Exkurs zur Problematik wurde die Stellung der Nicht-Euro-Mitgliedstaaten gegenüber einem Standpunkt des Euroraums behandelt. Einerseits stellt sich die Frage, ob überhaupt bzw. inwieweit die Nicht-Euro-Mitgliedstaaten an die Standpunkte des Euroraums gebunden sind, andererseits wurde die Frage behandelt, inwieweit die Interessen der Nicht-Euro-Mitgliedstaaten bei der Festlegung der Standpunkte des Euroraums zu berücksichtigen sind. Es erwies sich, dass in dieser Hinsicht eine besonders ausgeprägte Rücksichtnahmepflicht gilt, die eine gegenseitige Wirkung hat. Für die Nicht-Euro-Mitgliedstaaten sind nur die Unionsstandpunkte in dem Teil der Wirtschaftspolitik in vollem Umfang verbindlich, für den keine Ausnahmeregelung nach Art. 139 AEUV besteht. Sie können sich aber auch den anderen Standpunkt en des Euroraums jeweils anschließen.

II. Im Hinblick auf den organisatorischen Aspekt der Außenvertretung des Euroraumes wurde ein *Euroraum-Vertretungsmuster* aufgestellt, das auf den Überlegungen zu der *vertikalen* Vertretungsebene (Mitgliedschaft in einem internationalen Gremium) und der *horizontalen* (Vertreter des Euroraums) basiert.

Die *vertikale* Vertretungsebene bestimmt, wie schon erwähnt, das Subjekt der Außenvertretung des Euroraums, i.e. in welchem Namen bei der Vertretung des Euroraums gehandelt wird: entweder im Namen der Union oder im Namen der Euro-Mitgliedstaaten. Diese bestimmt folglich die Mitgliedschaftskonfiguration seitens des Euroraums in internationalen Gremien. Aus unionsrechtlicher Zuständigkeitsverteilung ergibt sich zuerst die unionsrechtlich erwünschte Mitgliedschaftskonfiguration. Sie wurde als die Mitgliedschaft der Union in den Gremien, die die währungspolitischen Themen behandeln, und als die Mitgliedschaft der Euro-Mitgliedstaaten in den Gremien, die sich mit den wirtschaftspolitischen Themen beschäftigen, identifiziert. Angesichts der Aufgaben der Union in der Wirtschaftspolitik könnte darüber hinaus je nach Sachbereich des Gremiums ein Sonderstatus wie ein Beobachterstatus der Union angebracht sein.

Die unionsrechtlich erwünschte Konfiguration der Mitgliedschaft ist allerdings nicht in jedem internationalen Gremium durchsetzbar, da die Teilnahmeregelungen eines solchen eine Nur-Staaten-Klausel beinhalten können. Dann könnte unionsintern mit der Ermächtigung der Mitgliedstaaten durch die Union gearbeitet werden. Die Konstruktion der Ermächtigung wurde durch detaillierte, mit Beispielen gefolgten Überlegungen und Unterscheidungen ausgearbeitet. Die Mediatorrolle bei der Durchsetzung der Unionsinteressen wurde in einem solchen Fall noch dem Sonderstatus der Union (wie dem Beobachterstatus) und der mitgliedstaatlichen Blockbildung zugeschrieben.

Als Zusatzfrage auf *vertikaler* Vertretungsebene stellte sich weiter die Problematik der Vertretung der ÜLG Frankreichs und der Niederlande, die nicht zum Hoheitsgebiet der Union gehören und folglich auch nicht zum Euroraum. Dazu musste die Analyse der währungs- und wirtschaftspolitischen Stellung der ÜLG (auch inmitten dieser Euro-Mitgliedstaaten) durchgeführt werden, da im Ergebnis über eine gesonderte Vertretung die Stellung eines ÜLG als eine von dem Mutterland separate Wirtschaftseinheit, wie im Fall von Aruba, Curaçao und Sint Maarten (ÜLG der Niederlande), entscheidet. Die ÜLG, die erstens den Euro übernommen haben, zweitens keine von dem Mutterland separate Wirtschaftseinheit bilden und drittens auf denen die Regelungen der Wirtschafts- und Währungsunion eingeführt werden – St. Pierre und

Miquelon und Saint Barthélemy (ÜLG Frankreichs) – können tatsächlich (nicht rechtlich) angesichts ihrer sehr kleinen internationalen wirtschaftlichen Bedeutung als innerhalb der Außenvertretung des Euroraums mitvertreten betrachtet werden. Die Währung der BES-Inseln (ÜLG der Niederlande) – der US-Dollar – ist international vertreten. Das einzige Problem bezieht sich hingegen auf Neukaledonien, Französisch-Polynesien, Wallis und Futuna (ÜLG Frankreichs), die eine eigene Währung – CFP-Franc – haben, welche andernfalls internationale nicht vertreten wird. Die Ermächtigung der EZB durch Frankreich fällt schon angesichts der anderen Währung aus. Es bleibt dann bei der internationalen Präsenz der nZB Frankreichs, wenn der CFP-Franc vertreten werden sollte.

Die *horizontale* Vertretungsebene bildet den Schwerpunkt der Aufstellung des *Euroraum-Vertretungsmusters* für die Außenvertretung des Euroraums. Erstens wurden die Grundlagen der Bevollmächtigung eines Vertreters des Euroraums seitens der Union (Art. 219 Abs. 3 AEUV und Art. 138 Abs. 2 AEUV) und der Euro-Mitgliedstaaten analysiert. Zweitens legte man den Spielraum der Auswahl fest, die in den Leitlinien (Teil II Unterteil II Kapitel II.2.f) ihr Ergebnis fand. Bei dem Spielraum für die Wahl eines Vertreters des Euroraums musste Folgendes in Erwägung gezogen werden: die Kohärenz der Außenvertretung der Union (mit der Unterscheidung je nach Politikbereich und je nach Zusammenarbeitsart), das Verhältnis zwischen der ESZB-, Euroraum- und Eurosystem-Außenvertretung, die spezifische Kommissionsstellung in der unionalen Wirtschafts- und Währungspolitik, das Problem der politischen Legitimation und das Problem der demokratischen Legitimation eines Vertreters des Euroraums. Drittens wurden die bisherigen Empfehlungen – das Luxemburger Modell 1997 und das Wiener Modell 1998 – erörtert, auf denen das heutige Vertretungssystem in der Wirtschafts- und Währungspolitik beruht. Aus dieser Gesamtheit ergab sich die notwendige Basis für die eigentlichen Lösungsvorschläge.

Das ganze Vertretungssystem wurde nach drei Vertretungsebenen gegliedert: Ebene der Zentralbanken, Ministerebene und Staats- und Regierungschefebene. Auf der Ebene der Zentralbanken ergab sich die Vertretung durch den Präsidenten der EZB. Problematisch war insbesondere die Vertretung auf der Ministerebene in der Wirtschaftspolitik. Es wurden verschiedene Möglichkeiten erwogen:

- die Lösung in Anlehnung an das GHP-Muster, auch zusätzlich mit der Idee des gesonderten Euroraum-Kommissars,
- die Lösung in Anlehnung an das GASP-Muster mit drei Varianten der Postenverbindung:
  - o *Variante 1:* Verbindung der Ämter des Vorsitzenden des ECOFIN-Rates und des Kommissars für Wirtschafts- und Währungspolitik[397] (Doppelhutstellung),
  - o *Variante 2:* Verbindung der Ämter des Präsidenten der Euro-Gruppe und des Kommissars für Wirtschafts- und Währungspolitik (Doppelhutstellung) und
  - o *Variante 3:* Verbindung der Ämter des Vorsitzenden des ECOFIN-Rates, des Präsidenten der Euro-Gruppe und des Kommissars für Wirtschafts- und Währungspolitik (Dreierhutstellung),
- die Lösung mit dem Präsidenten der Euro-Gruppe oder dem Präsidenten des Rates als Vertreter des Euroraums, zusätzlich mit drei Fusionsoptionen:
  - o *Option 1*, wonach der Präsident der Euro-Gruppe jeweils auch den Ratsvorsitz innehaben würde,
  - o *Option 2*, wonach der Ratsvorsitz jeweils die Präsidentschaft in der Euro-Gruppe innehaben würde und
  - o *Option 3*, wonach eine externe Person (i.e. weder aus den Mitgliedern des Rates noch aus der Euro-Gruppe) den Vorsitz sowohl im Rat als auch in der Euro-Gruppe führen würde.

Im Ergebnis kam man zu dem Schluss, dass auf der Ministerebene innerhalb der Unionszuständigkeit – sowohl in der Währungspolitik als auch im Rahmen der der Union zugewiesenen wirtschaftspolitischen Aufgaben – der Euroraum (die Union als Subjekt der Vertretung) von der Kommission, i.e. grundsätzlich dem Kommissar für Wirtschafts- und Währungspolitik (Organwalter), zu vertreten ist. Die Notwendigkeit der zusätzlichen Beteiligung der EZB, i.e. grundsätzlich des EZB-Präsidenten (Organwalter), wurde dabei durch die die ESZB-Aufgaben vorgegeben. Wenn hingegen die Mitgliedstaaten sich in der Wirtschaftspolitik, die über die Unionsaufgaben hinausgeht, auf einen Standpunkt im Rat (ein *gemeinsamer* Standpunkt) oder im Konsens (ein *koordinierter* Standpunkt) einigen, ist der Euroraum (die Euro-Mitgliedstaaten als Subjekte der Vertretung) von dem Präsidenten der Euro-Gruppe zu vertreten,

---

397 Angesichts der Vertretungsaufgaben handelt es sich hier zurzeit gemäß der Aufgabenteilung der Kommission 2014–2019 um den Vizepräsidenten der Kommission für den Euro und den sozialen Dialog. Siehe die Informationen auf S. 163.

der aus dem Kreis der an den Sitzungen der Euro-Gruppe teilnehmenden Ministern zu wählen ist.

Auf der Staats- und Regierungschefebene schlug man die Kandidatur des Präsidenten des Europäischen Rates, des Präsidenten des Euro-Gipfels und des Präsidenten der Kommission vor. Daran anschließend wurden auch drei Varianten der Verbindung von Posten vorgestellt:

- *Variante 1*: Verbindung der Ämter des Präsidenten des Europäischen Rates und des Präsidenten der Kommission, sog. „großer Doppelhut“ (im Unterschied zum „kleinen Doppelhut“ beim Hohen Vertreter der Union für Außen- und Sicherheitspolitik),
- *Variante 2*: Verbindung der Ämter des Präsidenten des Euro-Gipfels und des Präsidenten der Kommission als eine asymmetrische Verbindung (i.e. nur für die Euro-Mitgliedstaaten) bei der Beibehaltung des getrennten Postens des Präsidenten des Europäischen Rates,
- *Variante 3*: Verbindung der Ämter des Präsidenten des Europäischen Rates, des Präsidenten des Euro-Gipfels und des Präsidenten der Kommission („großer Dreierhut“).

Als Ergebnis gilt, dass für die Außenvertretung des Euroraums auf der Staats- und Regierungschefebene auf die für alle Politikbereiche gleiche Unionsaußenvertretung durch die „Janus“-Unionsdelegation abzustellen ist, die sich aus dem Präsidenten des Europäischen Rates und dem Präsidenten der Kommission zusammensetzt. Dabei ist der Präsident des Europäischen Rates jeweils zum Präsidenten des Euro-Gipfels zu berufen. Die Staats- oder Regierungschefs der Euro-Mitgliedstaaten werden jeweils mitvertreten.

Abschließend wurde noch der Posten eines einzigen „Mr. Euro“ in Erwägung gezogen, der die drei Vertretungsebene in einer Person verbinden würde. Die Idee schlägt sowohl aus rechtlichen als auch praktischen Gründen fehl.

In Anbetracht der Kontakthäufigkeit und geographischen Entfernungen der Zusammenarbeitszentren können noch stationäre Vertretungen des Euroraums bei internationalen Gremien gegründet werden, die zwangsläufig Sonderstrukturen mit Sondervertretern des Euroraums aufweisen werden (daher der Name: die Sondervertretung). Sie müssen die entsprechende Verbindung mit den allgemeinen Vertretern des Euroraums halten.

Zusammenfassend ergibt sich daher das folgende *Euroraum-Vertretungsmuster*:

Union	Euro-Mitgliedstaaten
Vertikale Vertretungsebene (unionsrechtmäßige Mitgliedschaftskonfiguration in internationalen Gremien)	
– Mitgliedschaft der Union in internationalen Gremien, die sich mit der Währungspolitik befassen – wenn sich das internationale Gremium nicht mit der Währungspolitik befasst: Beteiligungsrechte der Union bei der Betroffenheit der wirtschaftspolitischen Aufgaben, die der Union nach den Verträgen zugewiesen sind	– Mitgliedschaft der Euro-Mitgliedstaaten in internationalen Gremien, die sich mit der Wirtschaftspolitik befassen
Horizontale Vertretungsebene (Vertreter des Euroraums)	
– Staats- und Regierungschefebene –	
– Präsident des Europäischen Rates und – Präsident der Kommission	– Staats- und Regierungschefs der Euro-Mitgliedstaaten
– Ministerebene –	
– Kommissar für Wirtschafts- und Währungspolitik[398] – Präsident der Euro-Gruppe	– Präsident der Euro-Gruppe, der einer der Finanz- und Wirtschaftsminister der Euro-Mitgliedstaaten ist, vertritt die Standpunkte des Euroraums. (Im Fall der mitgliedstaatlichen Zuständigkeit sind es: die *gemeinsamen* und die *koordinierten* Standpunkte; dazu: Teil II Unterteil I) – Finanz- und Wirtschaftsminister der Euro-Mitgliedstaaten
– Ebene der Zentralbanken – Präsident der EZB	
– Sondervertretung –	

Der Name „Mr. Euro" sollte dann dem monetären Zweig der Außenvertretung des Euroraums vorbehalten werden, i.e. dem Präsidenten der EZB.

Nach der Ausarbeitung des *Euroraum-Vertretungsmusters*, konnte eine umfassende Bewertung der Vertretung in einzelnen internationalen Gremien, i.e. in G7, G20, OECD, BIZ, FSB und IWF durchgeführt werden: entweder durch

398 Siehe: Fn. 397.

die Klärung der Stichhaltigkeit der zurzeit bestehenden Vertretungskonfiguration oder durch die Bestimmung ihrer Änderungsnotwendigkeit. Die Bewertung erfolgte nach einem detaillierten Prüfungssystem und mit der Erstellung einer dem Euroraum-Vertretungsmuster entsprechenden Vertretungstabelle für das jeweilige Gremium. Es hat sich erwiesen, dass sich die Vertreterzahl in den internationalen Gremien mit dem vorgeschlagenen *Euroraum-Vertretungsmuster* nicht bahnbrechend änderte. Das Wesentliche liegt jedoch in der Ordnungssetzung und dem Verständnis dafür, warum eine bestimmte Mitgliedschaftskonfiguration (*vertikale* Vertretungsebene) in dem Gremium gegeben werden ist und warum dort bestimmte Amtsträger als Vertreter des Euroraums (*horizontale* Vertretungsebene) auftreten sollen. Die einzigen Änderungen beziehen sich auf den Ausschluss des Vorsitzes des Rates von der Vertretung in der Wirtschafts- und Währungspolitik und punktuell – im IWF – auf den Vorschlag, eine Euroraum-Stimmgruppe zu bilden.

Auf dem in dieser Arbeit vorgeschlagenen Weg – die Verbindung eines kohärenten Standpunktes des Euroraums mit dem *Euroraum-Vertretungsmuster* – wird gewährleistet, dass der Euroraum einheitlich vertreten wird und dass der Euroraum mit *einer Stimme* spricht.

Ausblick

Die Architektur der Wirtschafts- und Währungsunion befindet sich zurzeit in einem entscheidenden Umbruch, der durch die Euroraumschuldenkrise bedingt ist. Die Ereignisse zeigten, dass die bisherigen unionsrechtlichen und intergouvernementalen, die Stabilisierung des Euroraums bezweckenden Regelungen nicht vollkommen sind.

So ist die Architektur ein aus drei interdependenten Basiselementen – der *Funktion*, dem *Baumaterial* und der *Form* – zusammengesetztes Werk. In der Architektur der Wirtschafts- und Währungsunion liegt die Funktion in der *Gewährleistung des reibungslosen Funktionierens der Wirtschafts- und Währungsunion* (ihrer Stabilität), das Baumaterial in der dafür relevanten *Reichweite der Wirtschafts- und Währungspolitik* und die Form in *der Zuständigkeitsverteilung und der unionalen Organbefugniszuweisung*. Bei den Regelungsänderungen wurde und wird folglich mit den Änderungen der Wahrnehmung des Baumaterials (insbesondere der Reichweite der relevanten Wirtschaftspolitik) und der Form gearbeitet.

Die in Erwägung gezogenen und teilweise schon in Gang gesetzten Neuerungen[399] beziehen sich zuallererst auf die unionsinternen Verbesserungen. Ihre Implikationen können sich aber auch auf den Modus der Festlegung von international einzunehmenden Standpunkten des Euroraums und auf die Zusammensetzung der Euroraum-Delegation des Euroraums erstrecken. Die Vertretung hat jeweils die Basis in den internen Regelungen der Wirtschafts- und Währungsunion, deren inhaltliche, fundamentale Änderung nur vereinzelt in der Arbeit reflektiert wurde.

Vorstellbar im weitesten Sinne ist zum Beispiel, dass die Mitgliedstaaten – die „Herren der Verträge" – sich auf eine gemeinsame Finanzpolitik (den SKS-Vertrag als ihre Anfangsphase behandelnd) und sogar auf ein gemeinsames Unionsbudget einigen. Dies würde sich mit der Entstehung einer zentralisierten Wirtschafts- und Währungseinheit oder sogar eines föderalistischen Superstaats – der Vereinigten Staaten von Europa – verbinden lassen. Es würden sich folglich die dafür notwendigen, dem Staat ähnlichen Regierungsstrukturen

399 Siehe insb. Mitteilung der Kommission vom 30. November 2012 „Ein Konzept für eine vertiefte und echte Wirtschafts- und Währungsunion: Auftakt für eine europäische Diskussion", COM(2012) 777 final/2; und weiter: Bericht der fünf Präsidenten vom 22. Juni 2015 „Die Wirtschafts- und Währungsunion Europas vollenden".

herauskristallisieren. Die Kommission wäre dafür am ehesten ein sich aufdrängender Kandidat.

Auf diese Weise würde sich zweifellos auch die Außenvertretung des Euroraums ändern. Den IWF als Beispiel für die Folgen nehmend, würde dies dann potenziell die Grundlage für die alleinige Mitgliedschaft der Union (mit Ausschluss der Mitgliedstaaten) bedeuten, die heutzutage noch nicht der unionsrechtlichen Kompetenzverteilung entspricht.

Es bleibt dann abzuwarten, ob die Mitgliedstaaten für einen derartigen Meilenstein in der Zukunft bereit sein werden und damit der Außenvertretung des Euroraums eine völlig neue Grundlage gegeben wird.

Literaturverzeichnis

Ahearne, Alan/Eichengreen, Barry, External monetary and fiscal policy: a review and proposal, in: Sapir, André (Hrsg.), Fragmented Power: Europe and the Global Economy, Brussels 2007, S. 128 ff.

Arnauld, Andreas von (Hrsg.), Europäische Beziehungen (Enzyklopädie Europarecht Band 10), Baden-Baden 2014.

Beck, Reiner, Stabilitätspolitik in der Europäischen Wirtschafts- und Währungsunion. Der geld- und finanzpolitische Policy-mix im Europa von Maastricht, Baden-Baden 1997.

Bergmann, Jan, Handlexikon der Europäischen Union, Baden-Baden 2015.

Bini Smaghi, Lorenzo, Powerless Europe: Why is the Euro Area Still a Political Dwarf?*, International Finance 2006, S. 261 ff.

–, A single EU Seat in the IWF?, JCMS 2004, S. 229 ff.

Bognar, Zoltan, Europäische Währungsintegration und Außenwirtschaftsbeziehungen: eine Analyse des gemeinschafts- und völkerrechtlichen Rahmens der europäischen Außenwährungsbeziehungen, Baden-Baden 1997.

Broin, Peadar ó/Kaczyński, Piotr Maciej et al., The Treaty of Lisbon: a second look at the institutional innovations, Politics and Institutions, CEPS Paperbacks, Brussels September 2010.

Broome, André, The politics of IMF-EU cooperation: institutional changes from the Maastricht Treaty to the launch of the euro, Journal of European Public Policy 2013, S. 589 ff.

Buiter, Willem H., Alice in Euroland, JCMS 1999, S. 181 ff.

Bungenberg, Marc, Außenbeziehungen und Außenhandelspolitik, EuR 2009 Beiheft 1, S. 195 ff.

Bütikofer, Reinhard/Giegold, Sven/*Trüpel, Helga/Brantner, Franziska*, Europäische Wirtschaftsregierung – oder was?, Diskussionspapier vom 24. November 2011, abrufbar unter: http://www.franziska-brantner.eu/wp-content/uploads/2012/02/Positionspapier.pdf.

*Calliess, Chr*istian/*Ruffert, Matthias* (Hrsg.), EUV/AUEV. Das Verfassungsrecht der Europäischen Union mit Europäischer Grundrechtecharta. Kommentar, 4. Auflage, München 2011.

Canterbery, E. Ray, Alan Greenspan: The Oracle Behind the Curtain, Singapore 2006.

Creifelds, Carl (Begr.)/*Weber, Klaus* (Hrsg.), Rechtswörterbuch, München 2014.

Cremona, Marise, The Draft Constitutional Treaty: External Relations and External Action, CMLRev. 2003, S. 1347 ff.

Cromme, Franz, Eine Konsequenz aus der Krise: Fortentwicklung der EU als Staatenverbund – Verknüpfung intergouvernementalen und supranationalen Handelns in der EU, DÖV 2012, S. 209 ff.

Deutsche Bank Research, Schweden zeigt dem Euro die kalte Schulter, EU-Monitor September 2003.

–, Vom Franc-CFA zum Afro-Euro, EU-Monitor Juni 1999.

Deutsche Bundesbank, Die Europäische Wirtschafts- und Währungsunion, Sonderveröffentlichung April 2008.

Dutheil de La Rochère, Jacqueline, EMU: Constitutional Aspects and External Representation, Yearbook of European Law 1999, S. 427 ff.

Eijffinger, Sylvester C. W./Haan, Jakob de, European monetary and fiscal policy, Oxford 2000.

Emerson, Michael et al., Upgrading the EU's role as global actor. Institutions, law and restructuring of European diplomacy, EU Foreign Policy, CEPS Paperbacks, Brussels January 2011.

Epiney, Astrid/Gross, Dominique, Zu den verfahrensrechtlichen Implikationen der Kompetenzverteilung zwischen der EG und den Mitgliedstaaten im Bereich der Außenbeziehungen unter besonderer Berücksichtigung des Umweltrechts, Natur und Recht 2005, S. 353 ff.

Eurodad, European Coordination at the World Bank and the IWF: A question of harmony?, Januar 2006, abrufbar unter: http://www.weed-online.org/publika tionen/124055.html.

European Central Bank, The international role of the euro, Frankfurt am Main July 2012.

Everts, Steven, The case for a Mr. (or Ms.) Euroland, European Affairs, Spring 2000.

Frenz, Walter, Handbuch Europarecht, Band 6: Institutionen und Politiken, Berlin/Heidelberg 2011.

Geiger, Rudolf, Grundgesetz und Völkerrecht mit Europarecht, 5. Auflage, München 2013.

–*/Khan, Daniel-Erasmus/Kotzur, Markus*, EUV/AUEV. Kommentar, 5. Auflage, München 2010.

Giovannini, Alessandro/Gros, Daniel/Paul, Ivan/Kaczyński, Piotr Maciej/Valiante Diego, Extrenal representation of the euro area. Study, IP/A/ECON/FWC/ 2010_19, Mai 2012.

Glöckner, Gabriel/Truchlewski, Zbigniew, From polyphony to harmony? The external representation of EMU, in: Lieb, Julia/Ondarza, Nicolai von/Schwarzer, Daniela (Hrsg.), The European Union in international fora: lessons for the Union's external representation after Lisbon, Baden-Baden 2011, S. 117 ff.

Görgens, Egon/Ruckriegel, Karlheinz/Seitz, Franz, Europäische Geldpolitik, Stuttgart 2014.

Grabitz, Eberhard (Begr.)/*Hilf, Meinhard* (Fortgef.)/*Nettesheim, Martin* (Hrsg.), Das Recht der Europäischen Union, München 2015.

–, Das Recht der Europäischen Union, München 2009.

Greenspan, Alan, The Age of Turbulence, London 2007.

Grieser, Veronika, Flexible Integration in der Europäischen Union: Neue Dynamik oder Gefährdung der Rechtseinheit?, Berlin 2003.

Groeben, Hans von der/Schwarze, Jürgen/Hatje, Armin (Hrsg.), Europäisches Unionsrecht. Kommentar, 7. Auflage, Baden-Baden 2015.

Hacker, Björn, Konturen einer Politischen Union. Die europäische Wirtschafts- und Währungsunion durch mehr Integration neu justieren, Veröffentlichung der Friedrich-Ebert-Stiftung 2011, abrufbar unter: http://library.fes.de/pdf-files/id/ipa/08542.pdf.

Häde Ulrich, Währungsintegration mit abgestufter Geschwindigkeit. Primärrechtliche Grundlagen für das Verhältnis der Mitgliedstaaten innerhalb und außerhalb der Europäischen Wirtschafts- und Währungsunion, in: Weber, Albrecht (Hrsg.), Währung und Wirtschaft: das Geld im Recht, Festschrift für Prof. Dr. Hugo J. Hahn zum 70. Geburtstag, Baden-Baden 1997, S. 141 ff.

Hafke, Heinz Christian, Rechtliche Aspekte der Währungsbeziehungen zwischen Mitgliedstaaten der Europäischen Währungsunion und Territorien außerhalb des Geltungsbereiches des EGV, ZEuS 2000, S. 25 ff.

Hahn, Hugo J., "Allgemeine Orientierungen" oder "allgemeine Leitlinien" für die Wechselkurspolitik der Europäischen Währungsunion?, BayVBl 1999, S. 741 ff.

–/*Häde, Ulrich*, Währungsrecht, 2. Auflage, München 2010.

Hatje, Armin, Die Reform des Stabilitäts- und Wachstumspaktes: Sieg der Politik über das Recht?, DÖV 2006, S. 597 ff.

Hellmann, Vanessa, Der Vertrag von Lissabon, Berlin Heidelberg 2009.

Henke, Christoph, Plädoyer *für kürzere Legitimationskette in der Europäisch*en Union, EuR 2010, S. 118 ff.

Henning, Randall C., External Relations of the Euro Area, in Mundell, Robert A./Clesse, Armand (Hrsg.),The Euro as a Stabilizer in the International Economic System, Boston 2000, S. 35 ff.

Herrmann, Christoph W., Monetary Souvereignity over the Euro and the External Relations of the Euro Area: Competences, Procedures and Practice, EFA-Rev. 2002, S. 1 ff.

–, Währungshoheit, Währungsverfassung und subjektive Rechte, Tübingen 2010.

Hervé, Alan, The Participation of the European Union in Global Economic Governance Fora, ELJ 2012, S. 143 ff.

Horng, Der-Chin, The ECB's Membership in the IWF: Legal Approaches to Constitutional Challenges, ELJ 2005, S. 802 ff.

–, The European Central Bank's External Relations with Third Countries and the IWF, EFARev. 2004, S. 323 ff.

Ipsen, Knut, Völkerrecht, 5. Auflage, München 2014.

Issing, Otmar, Der Euro. Geburt. Erfolg. Zukunft, München 2008.

Jaag, Tobias, Demokratische Legitimation der EU-Außenpolitik nah Lissabon, EuR 2012, S. 309 ff.

Karalus, Kirstin, Die diplomatische Vertretung der Europäischen Union, Tübingen 2009.

Kellerbauer, Manuel, Von Maastricht bis Nizza: Neuformen differenzierter Integration in der Europäischen Union, Berlin 2003.

Koch, Eckart, Internationale Wirtschaftsbeziehungen, München 2006.

Krauskopf, Bern/Steven, Christine, Einführung des Euro in außereuropäischen Territorien und währungsrechtliche Regelungen im Verhältnis zu Drittstaaten, EuZW 1999, S. 650 ff.

Krück, Hans, Völkerrechtliche Verträge im Recht der Europäischen Gemeinschaften, Berlin 1977.

Lenz, Carl Otto/Borchardt, Klaus-Dieter (Hrsg.), EU-Verträge Kommentar, Wien 2013.

Louis, Jean-Victor, The Economic and Monetary Union: Law and Institutions, CMLRev. 2004, S. 575 ff.

MacLeod, Iain/Hendry, Ian/Hyett, Stephen, The external relations of the European Communities, Oxford 1996.

Martenczuk, Bernd, The External Representation of the European Union. From Fragmentation to a Single European Voice?, in: Fischer-Lescano, Andreas (Hrsg.), Frieden in Freiheit, Festschrift für Michael Bothe zum 70. Geburtstag, Baden-Baden 2008, S. 941 ff.

–, Die Außenvertretung der Europäischen Gemeinschaft auf dem Gebiet der Währungspolitik, ZaöRV 1999, S. 93 ff.

Martha, Rutsel Silvestre J., The Fund Agreement and the surrender of monetary sovereignty to the European Community, CMLRev. 1993, S. 749 ff.

McNamara, Kathleen R./Meunier Sophie, Between national sovereignty and international power: what external voice for the euro?, International Affairs 2002, S. 849 ff.

Metz, Andreas, Die Außenbeziehungen der Europäischen Union nach dem Vertrag über eine Verfassung für Europa: eine Untersuchung aus kompetenzrechtlicher Sicht – mit Erläuterungen zu den Außenkompetenzen nach dem Vertrag von Nizza, Berlin 2007.

Missiroli, Antonio, Eine kleine Abhandlung über Methoden und ihre Formen in der EU-Praxis, Integration 2011, S. 247 ff.

Mittendorfer, Roland, Benötigt eine Europäische Wirtschafts- und Währungsunion einen europäischen Staat?, Wien 1995.

Müller-Brandeck-Bocquet, Gisela/Rüger, Carolin, Zehn Jahre Hoher Vertreter für EU-Außen- und Sicherheitspolitik nach Lissabon, Integration 2011, S. 24 ff.

Müller-Graff, Peter-Christian, Euroraum-Budgethilfenpolitik im rechtlichen Neuland, Integration 2011, S. 289 ff.

–, Differenzierte Integration': Konzept mit sprengender oder unitarisierender Kraft für die Europäische Union, Integration 2007, S. 129 ff.

Neframi, Eleftheria, The duty of loyalty: Rethinking its scope through its application in the field of EU external relations, CMLRev. 2010, S. 323 ff.

Oppermann, Thomas, Europarecht, 6. Auflage, München 2014.

Pechstein, Matthias, Die Mitgliedstaaten der EG als „Sachwalter des gemeinsamen Interesses", Baden-Baden 1987.

Pohlmann, Christoph/Reichert, Stephan/Schillinger, Hubert René (Hrsg.), The G20: A "global economic government" in the making, Veröffentlichung der Friedrich-Ebert-Stiftung 2010, abrufbar unter: http://library.fes.de/pdf-files/id/ipa/07284.pdf.

Repasi, René, Studie zur Vereinbarkeit der Fiskalunion mit Völker- und Europarecht sowie zur rechtlichen Umsetzung des Diskussionspapiers „Europäische Wirtschaftsregierung – oder was?", Januar 2012, abrufbar unter: http://www.igw.uni-heidelberg.de/lehrstuehle/prof_mg/files_repasi/Studie.pdf.

Reumann, Ute, Die Europäische Zentralbank zwischen Selbstbestimmung und vertragsmäßiger Zusammenarbeit mit der Gemeinschaft, Herbolzheim 2001.

Rosenbach, Georg, Status und Vertretung der Europäischen Gemeinschaften in internationalen Organisationen, München 1979.

Sarrazin, Manuel/Kindler, Sven-Christian, „Brügge sehen und sterben" – Gemeinschafts-methode versus Unionsmethode, Integration 2012, S. 231 ff.

Schmidt, Karsten, Gesellschaftsrecht, 4. Auflage, Köln/Berlin/Bonn/München 2002.

Schorkopf, Frank, Die Einführung des Euro: der europäische und deutsche Rechtsrahmen, NJW 2001, S. 3734 ff.

Schwarze, Jürgen (Hrsg.), EU-Kommentar, Baden-Baden 2012.

–, EU-Kommentar, Baden-Baden 2009.

Schwarzer, Daniela, A consolidated representation of interests in the context of Europe's relative economic decline – drivers and obstacles, in: Lieb, Julia/Ondarza, Nicolai van/Schwarzer Daniela (Hrsg.), The European Union in international fora: lessons for the Union's external representation after Lisbon, Baden-Baden 2011, S. 137 ff.

–, Zehn Jahre Governance der Eurozone: ökonomische Bilanz und institutionelle Dynamiken jenseits der Vertragsrevisionen, Integration 2009, S. 17 ff.

Seidl-Hohenveldern, Ignaz/Loibl, Gerhard, Das Recht der Internationalen Organisationen einschließlich der Supranationalen Organisationen, 7. Auflage, Köln/Berlin/Bonn/München 2000.

Sèze, Nicolaus de/Marchand, Aurélie/Bardy, Romain, French overseas territories and the euro, Banque de France Bulletin, Quarterly Selection of Articles No. 24, Winter 2011–2012, S. 101 ff.

Smits, René, International Representation of Europe in the area of Economic and Monetary Union: legal issues and practice in the first ten years of the Euro, Paper presented at the ECB Conference „10 years of European Monetary Union: a legal perspective", Frankfurt am Main, 29–31. Januar 2009, abrufbar unter: http://www.ecb.europa.eu/events/pdf/conferences/emu/RSmitsInternationalRepresentationOfEMU.pdf?1bec5fb734c90cf90ee2dcabb387daaf.

–, The European Central Bank – institutional aspects, The Hague/London/Boston 1997.

Spinelli Group, A federal step forwards to end the eurocrisis, Shadow European Council Conclusions, October 2011, abrufbar unter: http://www.spinelligroup.eu/de/article/federal-step-forwards-end-eurocrisis.

Stadler, Rainer, Der rechtliche Handlungsspielraum des Systems der Zentralbanken, Baden-Baden 1996.

Stein, Torsten/Buttlar, Christian von, Völkerrecht, 13. Auflage, München 2012.

Streinz, Rudolf (Hrsg.), EUV/AEUV. Vertrag über die Europäische Union und Vertrag über die Arbeitsweise der Europäischen Union, 2. Auflage, München 2012.

Strohmeier, Gerd, Die EU zwischen Legitimität und Effektivität, APuZ 10/2007, S. 24 ff.

Strupp, Karl (Begr.)/*Schlochauer, Hans-Jürgen* (Hrsg.), Wörterbuch des Völkerrechts, 2. Auflage, Berlin 1962.

Stumpf, Christoph A., Die auswärtigen Beziehungen der Europäischen Währungsunion, ZaöRV 2003, S. 1075 ff.

Torrent, Ramon, Whom is the European Central Bank the central bank of?: Reaction to Zilioli and Selmayr, CMLRev. 1999, S. 1229 ff.

Tschekuschina, Tatjana, Rechtliche Aspekte der gelpolitischen Instrumente des Europäischen Systems der Zentralbanken, Köln 2008.

Waltzek, Chris, Wealth Building Strategies in Energy, Metals and Other Markets, New Jersey 2010.

Weiß, Wolfgang, Kompetenzverteilung in der Währungspolitik und Außenvertretung des Euro, EuR 2002, S. 165 ff.

Windbichler, Christine, Gesellschaftsrecht, München 2013.

Wolf, Dieter, Währungspolitik, in: Heinelt, Hubert/Knodt, Michèle (Hrsg.), Politikfelder im EU-Mehrebenensystem. Instrumente und Strategien europäischen Regierens, Baden-Baden 2008, S. 97 ff.

Woods, Ngaire/Lombardi, Domenico, Effective representation and the role of coalitions within the IWF, GEG Working Paper 2005/17.

Vedder, Christoph, Die Außenbeziehungen der EU und die Mitgliedstaaten: Kompetenzen, gemischte Abkommen, völkerrechtliche Verantwortlichkeit und Wirkung des Völkerrechts, EuR 2007 Beiheft 3, S. 57 ff.

–/Heintschel von Heinegg, Wolff (Hrsg.), Europäisches Unionsrecht. EUV/AEUV/Grund-rechte-Charta. Handkommentar, 1. Auflage, Baden-Baden 2012.

Zilioli, Chiara/Selmayr, Martin, The external relations of the euro area: legal aspects, CMLRev. 1999, S. 273 ff.